신의 정원, 나의 천국

신의 정원, 나의 천국

고정희의 중세 정원 이야기 1

초판 1쇄 펴낸날 _ 2011년 10월 14일
지은이 _ 고정희
펴낸이 _ 신현주 ‖ 펴낸곳 _ 나무도시
신고일 _ 2006년 1월 24일 ‖ 신고번호 _ 제396-2010-000140호
주소 _ 경기도 고양시 일산동구 장항동 733 한강세이프빌 201-4호
전화 _ 031.915.3803 ‖ 팩스 _ 031.916.3803 ‖ 전자우편 _ namudosi@chol.com
편집 _ 남기준 ‖ 디자인 _ 임경자
필름출력 _ 한결그래픽스 ‖ 인쇄 _ 백산하이테크

ISBN 978-89-94452-09-8　04610 (세트)
ISBN 978-89-94452-10-4　04610

* 이 책은 한국간행물윤리위원회의 '2011년 우수저작 및 출판지원사업' 당선작입니다.
* 파본은 교환하여 드립니다.

정가 20,000원

신의 정원, 나의 천국

고정희 지음

바무도시

굳게 문 닫힌 정원은 나의 누이 같아라. 마실 수 없는 샘.
너의 동굴은 석류와 같아라. 단 열매가 가득한 낙원.
향신료와 몰약과 계피와 유향이 있고
정원의 샘은 레바논에서 흐르는 물처럼 달고 시원해라.

- 아가서 4,12~15 [1]

---

1 아가는 솔로몬이 술람미 여인에게 보낸 사랑의 시이다. 신부, 합창단, 신랑의 노래로 이루어져 있으며 구약성서의 일부이다. 여기서는 불가타본 원문의 루터 번역본을 필자가 한글로 번역하였다. 한글 성경을 그대로 따르지 않은 것은 한글 번역본에 시의 느낌이 제대로 살아 있지 않다고 판단했기 때문이다.

시간 여행

없는 것을 찾으러 다니는 것처럼 허망한 일이 또 있을까. 늙은 기사 돈 키호테가 풍차를 향해 돌격했을 때 중세는 이미 없었다. 없는 것을 향해 창을 옆구리에 끼고 용감하게 돌진한 늙은 기사의 심정이 이렇지 않았을까. 지난 삼 년 동안 기회 닿는 대로 부단히 찾아다녔지만 중세의 정원은 어디에도 없었다. 건축물은 많이 남아 있지만 정원은 없었다. 있는 것은 오리지널이 아니라 현대에 재현한 복제품이었다. 정원은 시간을 이기지 못한다. 진작 중세 정원 이야기를 쓰겠다고 예고해 놓은 참이라 무척 당황스러웠다. 천신만고 끝에 찾아낸 중세 정원은 엉뚱하게 그림 속에, 그리고 시문학 속에 들어가 박제되어 있었다.

유럽의 중세 정원 이야기를 쓰면서 망설여지는 부분이 많았다. 첫 번째 정원박람회의 이야기를 쓸 때는 물론이고 두 번째 바로크 정원의 경우에도 실물들이 많이 남아 있으므로 그 중 가장 대표적인 것을 선발하여 소개하는 방식을 취했었다. 독자들이 답사할 경우를 대비해서 경로와 동선도 함께 고려했었다. 다른 볼거리와 같이 엮어 주는 여유도 부려볼 수 있었다. 그런데 이번엔 그게 가능하지 않았다. 구도를 다르게 잡아야 했다.

　　중세 정원은 크게 수도원 정원과 성의 정원, 도시의 정원 및 농가 정원으로 나누어 살펴보아야 한다. 중세라는 사회가 기사, 수도사, 농부로 확연히 삼분된 사회구조를 가지고 있었고 각자 살아가는 모습이 많이 달랐다. 왕과 기사들, 주교와 수도사들의 삶이 아무리 흥미롭다 하여도 당시 인구의 팔십 퍼센트 이상을 차지했던 농부들의 삶도 감안하는 것이 예의일 거다. 묵묵히 땅에 엎드린 채 사회의 밑거름이 되었던 사람들이었고 그들의 노력으로 정원이 가꾸어졌을 것이기 때문이다. 유럽의 농가 정원은 나름대로 확실한 틀을 가지고 있고, 현대 정원예술가들에게도 많은 영감을 주고 있다. 그 기원이 중세에 놓여있는 것인지 확인해 볼 필요가 있다. 중세 성기에 교역이 크게 발달하면서 전혀 새로운 세상이 만들어지기 시작했다. 도시였다. 고딕 성당과 대학이 도시 경관을 장악하기 시작했다. 도시의 삶은 수도원의 삶과 다르고 궁정의 삶과 또 달랐다. 그 삶이 만들어 낸 정원은 어떠했는지 살펴보아야 한다.

　　그리고 또 천 년이라는 긴 세월이 있다. 이 세월을 한꺼번에 다 살펴보는 것은 분명 무리일 것이다. 역사서에서처럼 전기, 성기, 후기 이렇게 나눌 수 없더라도 전반부와 후반부 정도로는 나누어 보아야 한다. 그래서 시간과 유형을 함께 감안한다면 수도원 정원을 중세 전기와 후기로 나누고, 성의 정원을 전기와 후기로 나누고, 또 도시 정원을 전기와 후기로…… 도합 여덟 개의 이야기를 해야 할 것이다. 지리적으로 보면 우선 중세의 주 무대였던 프랑스와 독일, 영국과 이탈리아로 이루어지는 중앙 유럽이 있고, 동쪽에 콘스탄티노폴리스 즉, 지금의 서 이스탄불을 중심으로 동로마제국이 있었으며 서쪽에는 스페인

6

과 포르투갈이 있었다. 동로마제국은 그리스 헬레니즘을 물려받고 오리엔트의 영향을 보태 신비한 비잔틴 문화를 형성했었고 이베리아 반도는 중세 내내 이슬람의 영향 하에 있던 땅이었다. 그래서 중앙 유럽의 문화와는 성격이 다른 독특한 문화가 형성되었던 곳이다. 그렇기 때문에 문제가 점점 더 복잡해져 갔다. 그래서 이렇게 결론을 냈다.

수도원과 성은 거의 비슷한 시기에 형성되었으므로 이 둘을 하나로 묶되 지리적으로 중앙 유럽에 집중시키고, 중세 후반부에 비로소 번성해간 도시를 살피면서 농부들의 이야기를 대비시켜보고, 비록 지리적으로는 동서의 양극에 위치하였지만 동방의 문화라는 공통분모를 가졌던 비잔틴과 모어 문화를 하나로 묶는 것이다. 유럽 중세의 이야기는 이렇게 책 세 권을 써야 다 할 수 있을 것 같다.

이제 그 첫 번째 이야기를 내어 놓는다. 수도사들과 기사들의 정원 이야기이다. 실물이 없는 것에 대해 이야기해야 했기 때문에 당시의 정원을 보았던 증인들, 즉 수도사와 기사들을 따라다니며 그들의 눈으로 중세의 정원을 보고 이해하고자 했다. 그들을 만나려면 우리가 중세로 가야 한다. 그래서 중세라는 시대에 대해서 많은 이야기를 했다. 정원처럼 삶에 밀착되었던 것을 이해하려면 우선 그 시대를 알아야 했기 때문이다. 중세에 수도원이 왜, 어떻게 형성되었으며 어떤 까닭으로 그들은 그런 정원을 만들었을까를 이해해야 중세 정원이 비로소 손에 잡히게 된다.

나 자신이 지금 중세라는 시대에 푹 빠져 있다. 중세 시리즈가 다 끝날 때까지 이러고 있어야 할 것 같다. 수도사와 기사들을 따라다니며 그들이 전해주는 이야기를 이해하기 위해서는 그들의 삶과 언어를 이해해야 했고 그러기 위해서는 그들의 시대에서 같이 사는 것이 가장 옳은 방법이라고 여겼기 때문이다. 물론 중세의 삶을 그대로 산다는 것은 불가능한 일이다. 그러나 될수록 가까이 다가가기 위해 온갖 수단을 동원했다. 서재가 중세의 책과 그림과 물건들로 서서히 채워졌다. 그리고 중세의 음악을 듣고, 중세의 시와 이야기를 읽고, 중세와 관련된 영화란 영화는 모조리 보고…… 심지어는 중세풍의 음식도 만들어 먹었다. 다행히 12세기에 맹활약했던 힐데가르트 폰 빙엔이라는 수녀가 조리법을 남긴 것이 있어서 흉내를 내 보았는데 지금의 미각으로는 도저히 먹을 수 없는 음식들이 많다. 물론 엄청난 건강식이긴 하지만 이런 맛없는 것을 먹으며 종일 기도하고 노동하며 힘든 삶을 살았구나 하며 가여워하기도 했다. 기회가 되면 중세 건강식을 한번 소개해 볼까 하는 엉뚱한 생각도 해봤다. 물론 14~15세기에 프랑스, 스페인 그리고 바티칸에서 쓰였다는 요리책들이 있다는데 소문만 무성했지 막상 구하려니 쉬운 일이 아니었다.

정원 이야기를 쓰다가 요리책까지 쓸 생각이 들 줄은 상상도 못했던 일이지만 중세 정원의 속성상 그리 터무니없는 이야기는 아니다. 중세 정원의 출발은 실용 정원이었다. 정원은 관상용으로 꾸미고 필요한 식품은 따로 장에서 샀던 것이 아니라 정원에서 심고 가꾼 것들을 그대로 부엌으로 가지고 가서 요리해 먹었던 시대였다. 그러던 정원이 서서히 아름다운 것이라고 느껴지면서, 아름다움 자체가 독립하여 '감상'의 대상이 된 것은, 즉 정원이 예술이 된 것은 아주 오랜 시간이 지난 후의 이야기이다. 그러므로 중세의 정원을 지금의 관점에서 바라본다면 이해하기 어렵다. 실용 정원이 감상용 정원이 되기까지 또 여러 단계의 과정을 거치게 되기 때문이다.

우리들이 지금도 조상신들의 존재를 어느 정도 믿고 존중하는 것처럼 중세 사람들은 신과 각종 악귀와 잡귀들의 존재를 믿었고 요정과 마법사를 믿었다. 세상에는 사람들과 사람이 아닌 존재들이 공존한다고 믿었다. 하늘에 그리고 땅 밑에 다른 세상이 있다고도 굳게 믿었다. 오로지 사람들이 사는 지상이 전부라고 믿고 있는 우리들과는 근본적으로 다른 우주관을 가지고 있었다. 그래서 고대도 마찬가지였지만 중세 역시 마법으로 가득한 시대였다. 이런 다차원적인 세계관을 표현하기 위해 그들은 상징의 힘을 빌어야 했었다. 그것이 그들이 알고 이해하던 세상이었다. 그런 그들의 세상을 지금 우리의 눈으로 보고 해석하면서 미신이 가득했고 미개했던 세상이라고 말 할 자신이 없다. 오히려 아직도 풀어내야 하는 수수께끼가 많은 신비한 세상이었다고 말해야 할 것 같다. 독자들에게 그 시대의 마법을 조금이라도 가까이 전달해 주고 싶었다. 이 세상에 오로지 인간만이 존재하고 인간 중심으로 돌아간다고 생각하면 세상이 덜 아름다워 보인다. 지금 지구촌 도처에서 벌어지고 있는 일들 때문에 더욱 그러하게 느껴진다. 우리가 증명할 수 없고 볼 수 없기 때문에 믿지 않는다는 좁은 사고에서 벗어나 좀 더 다양하고 깊은 세상을 독자들과 함께 여행하고 싶었다. 이 책을 읽으며 중세의 매력에 빠져보는 즐거운 시간이 되었으면 한다.

지난 삼 년 동안 묵묵히 기다려 준 나무도시의 남기준 편집장님께 깊이 감사드린다. 그동안 기다려 준 독자들께도 그 기다림이 조금이라도 보상되었으면 하는 심정이다.

2011년 10월
고정희

차례

Part 2. 정 원

프롤로그

중세의 정원, 에덴의 동쪽과 서쪽

유럽 중세의 정원은 여러 이름으로 불린다.

수도원 정원, 파라다이스 정원, 장미 정원, 기쁨의 정원, 사랑의 정원, 비밀의 정원……. 하긴 천 년에 가까운 세월이 만들어 낸 것이니 이름이 많을 수밖에. 그러나 이렇게 많은 이름들이 생긴 것은 중세의 정원이 다양하고 풍부했기 때문이 아니었다. 오히려 유럽 중세 정원의 실체는 단순했다. 위의 많은 이름 중 실제로 만들어진 정원은 수도원 정원과 기쁨의 정원뿐이었다. 중세 사람들에게 정원은 우선 '식물이 심겨있는 곳, 혹은 식물이 있는 곳'이었다. 이 식물들은 대개 유용 식물들이었다. 아직 정원 디자인의 개념이란 것이 없던 시절이었다. 정원이 감상의 대상은 더더욱 아니었다. 유용한 식물을 심은 약초원, 채소밭, 과수원을 모두 정원이라 불렀고 자연경관 속에서 사람이 '머물기에 좋은 곳'이 있으면 이것도 정원이라고 불렀다. 정원은 유용한 곳이었고 머무는 곳이었다. 먼저 유용한 정원으로 시작되었다가 후에 머물기 좋은 곳이 되었고 머물기 좋은 곳을 의도적으로 설계하기 시작했으며 이것을 '기쁨의 정원'[1]이라고 불렀다. 이것이 유럽 정원의 출발이 되었다.

그럼에도 많은 이름을 갖게 된 것은 정원의 개념이 확연하게 두 방향으로 나뉘어 있었기 때문이었다. 하나는 위에서 본 실제 정원의 개념이고, 다른 하나는 '상징'으로서의 정원이었다. 파라다이스 정원, 사랑의 정원, 비밀의 정원은 실제로 만들어진 정원이 아니고 상징으로만 존재했었다. 상징으로서의 정원은 또 다시 종교적 상징성과 문

---

1 '기쁨의 정원'은 'Lustgarten'을 번역한 것인데, 한국 서양조경사 서적에는 '열락의 정원'으로 번역되어 있다. Lust는 기쁨 내지는 즐거움과 관련된 여러 가지 뜻을 가지고 있고, 그 중 물론 열락, 쾌락의 뜻도 가지고 있다. 하지만 처음 Lustgarten이 만들어질 때는 기존의 실용적인 정원의 개념을 넘어서서 즐거움을 주는 정원이란 의미에서 출발한 것이므로 열락 정원 보다는 기쁨의 정원이 적절한 번역인 것으로 여겨진다. 처음 이 개념을 쓴 알베르투스 마그누스는 독일 주교였지만 당시 유럽 전체가 교회와 라틴어로 묶인 하나의 문화권이었고 알베르투스 마그누스 역시 유럽 전역에 큰 영향을 미친 신학자였으므로 그의 정원 개념이 곧 전 유럽으로 확산되었다.

학적 상징성으로 나누어야 한다. 종교적인 것은 주로 그림으로 표현되었고, 문학 속에서 비로소 속세의 이야기가 펼쳐졌다. 속세의 그림은 이야기책의 삽도로 감추어져 있었다. 중세 때 가장 인기 있었던 장르는 영웅들의 무훈담과 기사들의 모험담이었다. 중세를 편의상 전반과 후반으로 나눈다면, 건국신화가 만들어졌던 전반부에는 영웅들의 무훈담이, 기사도가 형성되었던 후반부에는 기사들의 모험담이 노래로 불렸다. 이 노래들 속에서 많은 정원과 만나게 된다. 이 정원들은 장미 정원, 비밀의 정원, 혹은 그저 정원이라고 불렸지만 상징적인 의미로 더 많이 쓰였다. 본문에서 자세히 살펴볼 것이다.

그렇다면 중세 정원과 관련되어 가장 흔하게 만나는 개념, 즉 파라다이스 혹은 파라다이스 정원은 무엇일까. 이것이 좀 복잡하다. 실제로 파라다이스 정원이라는 중세의 정원 유형은 없었다. 파라다이스를 꿈꾼 것은 사실이지만 파라다이스를 정원에서 찾지는 않았다. 파라다이스는 하늘에 속한 개념이었다. 중세는 종교가 지배했던 세상이었고 성서에 나오는 에덴 정원이 파라다이스와 동일한 것이기 때문에 파라다이스는 철저히 종교적 개념으로만 이해되었다. 중세에서 하늘나라를 대신하는 것이 교회였으니 당연히 교회 주변에서 파라다이스를 찾았다. 교회 앞의 마당이나, 교회 문을 열고 들어서자마자 나오는 전실을 파라다이스라고 불렀다. 지금도 가톨릭 성당에서는 이런 공간을 파라다이스라고 부르고 있다. 정원과는 아무 상관없었다.

중세 사람들의 파라다이스는 창세기에 나오는 잃어버린 에덴 동산이 아니었다. 사람들이 잃어버린 에덴 동산에 연연하기 시작한 것은 훨씬 뒤의 일이다. 창세기가 성서의 출발이라면 요한계시록은 성서의 마지막을 장식한다. 중세는 요한계시록에 미쳐있었다. 이 요한계시록에 앞으로 다가올 새로운 하늘나라가 상세히 묘사되어 있다. '새 예루살렘'이라고도 했는데 바로 이 다가올 새 예루살렘이 중세 사람들이 믿었던 파라다이스였다. 클로이스터 혹은 클라우스트룸이라고 불리던 수도원 건물의 중정이 이 파라다이스를 상징하는 공간이었다. 말하자면 교회를 중심으로 양쪽에 모두 파라다이스가 있었던 거였다. 여기서 명확히 해두어야 할 것은 이들을 파라다이스라고 불렀지 파라다이스 정원이라고는 하지 않았다는 것이다. 정원으로 이해하지 않았다는 뜻이다. 정원은 어디까지나 유용식물들이 심겨있는 곳이었다. 정원은 지상에, 파라다이스는 하늘에. 구별이 명확했다. 그러므로 중세적 의미에서 파라다이스는 어느 경우에도 정원이 아니었다. 에덴 정원 혹은 파라다이스를 지상에서 정원의 형태로 재현하기 시작한 것은 후세에 시작된 일이다. 하늘나라, 즉 다가올 새 예루살렘에 대한 믿음을 버리면서 지상에 천국을 지으려 했던 것이다.

중세에는 파라다이스가 정원이 아니었다. 하늘나라를 대신하는 거였다. 왼쪽의 성당 전실과 중앙의 중정을 파라다이스라고 불렀고, 오른쪽의 식물이 심겨있는 곳만이 리얼한 정원이었다.

그럼에도 불구하고 지금까지도 여러 사가들이 '중세'에 파라다이스 정원의 전통이 시작되었다고 하는 이유는 무엇일까?

그건 그림 한 점 때문이었다.

중세의 파라다이스 정원은 마리아였다

실물로 남아 있는 것이 없기 때문에 부득이 글과 그림에 의존하여 중세 정원을 재현해야 했으니 오해가 발생할 수밖에 없었다. 그건 말을 똑 부러지게 하지 않고 모든 것을 상징적으로 표현한 중세의 책임이 크다.

1410년 이름이 밝혀지지 않은 화가가 "파라다이스 정원"이란 그림을 그렸다. 그저 바라만 보고 있어도 행복해지는 아름다운 그림이다. 정원의 역사를 다루는 책에 빠지지 않고 등장하는 그림이기도 하다. 바로 이 그림의 제목 때문에 중세의 정원이 파라다이스 정원이었다는 오해가 시작된 것이다. 파라다이스 정원이라는 이름을 가진 중세의 그림은 이것이 또한 유일했다. 만약에 파라다이스 정원이 당시에 유행하던 정원의 형태였다면 좀 더 많은 그림이 존재했을 것이다.

이 그림은 지상에 존재하는 정원을 옮겨 그린 것이 아니고 성모 마리아를 그린 것이다. 그림의 중앙에 책을 읽고 있는 파란 옷의 여

파라다이스 정원(1410
년경, 작자 미상, 프랑
크푸르트 슈테들 미술
관 소장)

인이 성모 마리아다. 중세 내내 성모 마리아에게 많은 상징물이 바쳐졌었다. 백합과 장미로 시작해서 최소한 여덟 종류의 꽃이 마리아의 상징이 되었다. 이들을 다 모아놓으려면 정원이 필요했다. 주변의 인물들은 모두 성자와 성녀들이다. 마리아 발치에 아기 예수가 놀고 있다. 이 그림의 의미는 본문에서 더 자세히 살펴 볼 것이다. 여기서 중요한 것은 이 그림이 파라다이스를 그린 것도, 정원을 그린 것도 아니라는 것이다. 파라다이스 정원은 다름 아닌 성모 마리아였던 것이다.

중세는 신비주의가 지배했던 시대였다. 볼 수 있고 증명할 수 있는 것만을 믿는 지금과는 사정이 많이 달랐다. 볼 수 없고 증명할 수 없는 것일수록 더욱 깊게 믿었다. 평생 신만을 사랑하며 영적인 삶을 살던 사람들이 모여 수도원을 만들었다. 수도원은 천 년을 넘게 지탱했다. 한편 사탄을 늘 두려워했고, 지옥의 유황불을 믿었다. 기적을 믿었고 마법을 믿었다. 우주의 비밀을 터득하면 돌을 금으로 바꾸는 것이 가능하다고 믿었다. 그리고 자연을 '신의 언어'라고 해서 신성시했던 시대였다. 자연은 지금 우리들이 느끼는 것처럼 '아름다운' 감상의 대상도, 과학적 탐구의 대상도 아니었다. 신의 언어였으므로 식물, 동물과 돌 하나에도 신의 뜻이 숨어있는 것이고 이 뜻을 해독하면 그것이 곧 상징이 되고 기호가 되었다. 기호로 우주의 신비와 신의 세계를 그려냈다. 예술도 신의 세계와 교회의 영광을 표현하기 위해서만 존재했다. 그러므로 중세의 그림은 액면 그대로 해석해서는 이해할 수가 없는 것이다. 예를 들어 장미는 거의 늘 마리아와 함께 그려졌다. 장미처럼 아름다운 꽃은 창조주가 마리아를 찬양하기 위해 만든 것으로 이해했다.

장미원에 앉아 있는 성
모 마리아와 아기 예수
(1448년경, 슈테판 로
흐너 그림, 발라프 리하
르츠 박물관 소장)

성모 마리아에 대한 사랑으로 불타던 시대였다. 수많은 신학자와 사제들이 마리아를 뜨겁게 사랑했다. 신학에서 '마리아 론Mariology'이 별도로 존재했을 정도였는데 이는 마리아에 대한 학문적 탐구라기보다는 마리아를 우주에서 가장 신성하고 아름답고 순수하고 완벽한 여성이자 어머니로, 그리고 신과 인간 사이의 중재자로 승화시키는 데 필요한 영적인 근거들을 모은 거였다. 중세에는 주로 사제들이 글을 쓰고 그림을 그렸으므로, 마리아에 대한 사랑이 수도 없이 조각과 그림과 시와 노래로 표현되었다. 그 중에 '장미원에 앉아 있는 마리아'를 그린 그림이 하나의 장르를 이루었다. 파라다이스 정원은 바로 이 장르에 속한 그림으로서 궁극적으로 마리아를 찬양한 그림으로 이해해야 한다. 정원을 묘사한 그림이 아니었던 것이다.

기사와 시인들의 정원은 모험이었고 사랑이었다

그러나 사람이 영혼으로만 살 수 있는 것이 아니니, 육신을 위해서 정원이 만들어졌다. 실체로서의 정원은 실질적인 필요에 의해서 시작된 것이다. 수도원의 역할 중 가장 중요한 것이 질병의 치료였으므로 약초밭은 필수였다. 자급자족을 해야 했으므로 채소밭도 있어야 했고, 과수원과 포도밭도 필요했다. 미사에 쓰일 와인을 직접 생산해야 했기 때문이다. 이런 수도원 정원은 중세 중반쯤부터 기사들이 성을 짓고 정착할 때 본보기가 되어 모방된다. 그리고 도시가 생기면서 시민들이 집을 짓고 정원을 만들 때도 본보기가 되어 주었다. 수도사들도, 기사들도 시민들도 먹고사는 모습은 비슷비슷했고 중세의 정원이 실용적인 정원이었던 것은 모든 정원에 적용되었던 원칙이었다.

중세 성기에 들어서면서 기사들이 사회의 아이돌로 부상하기 시작했다. 시인들은 이들의 행적을 시로 지어 널리 알렸다. 긴 서사극이 만들어지기도 했다. 그리고 이런 시 속에, 서사극 속에 정원이 자주 등장했다. 이 정원은 물론 약초밭, 채소밭이 아닌 상징적인 정원이었고 참으로 다양한 의미를 가졌다. 이 역시 본문에서 자세히 살펴보겠지만, 하필 결투의 장소로 정원을 선택하는 경우도 있었고, 으스스한 모험이 벌어지는 장소를 정원이라 부르기도 했다. 죽음의 장소를 정원이라고도 했다. 이들은 비밀의 정원, 마법의 정원들이었다.

또한 연인들의 사랑의 보금자리가 정원이었다. 수도사들이 마리아만을 사랑할 수 있었다면 속세의 여인에 대한 사랑은 기사들의 특권이었다. 수도사들이 마리아를 정원이라고 한 것처럼 기사들도 사랑을 정원이라 불렀다. 여인을 정원이라고 불렀다. 모험도 사랑도 정원이었다.

중세의 정원은 이렇게 어디까지가 상징이고 어디까지가 실체였는지 구별하기가 쉽지 않다. 실체는 소박했다. 그러나 상징성은 컸다. 그러므로 정원의 상징성을 함께 조명하지 않을 수 없다.

상징은 시대의 암호이다. 한 시대가 지나가면 상징도 함께 묻혀버리고 만다. 다음 시대의 사람들은 지나간 시대의 상징을 알지 못한다. 그래서 후세 사람들이 오랫동안 중세를 이해하지 못했다. 덕분에 중세는 암흑기라는 오명을 쓰고 있었다. 누군가 농담처럼 이렇게 말한 적이 있다. 중세가 어두웠던 건, 밤을 밝힐 수 있는 것이 촛불 밖에 없었기 때문이라고. 이 촛불설 외에도 두 가지 설이 있다. 하나는 교회의 그림자가 너무 짙어서 세상이 어두웠다는 거였다. 다른 하나는 중세 초기에 대한 사료가 없어 시대를 이해하기 어렵다는 거였다. 그래서 어두운 시대, 즉 dark ages라고 부른 것이다. 교회의 그림자가 깊었던 것도 맞고 사료 탐구가 어려운 것도 맞는 말이다. 그렇다고 시대 전체가 암흑에 싸여 있었다고 믿는 것은 좀 가혹하다.

중세의 정원은, 그리고 정원을 노래한 많은 글과 그림이 중세가 결코 어둠의 시대만은 아니었음을 말해준다. 줄기차게 정원과 사랑을 노래했던 시대가 어두웠을 리 만무하다. 실제로 세상이 어두워지기 시작한 것은 중세 말기부터였다. 그리고 근세 초기가 되면 세상은 정말 어두웠다. 르네상스 예술의 불이 그리 환하게 타올랐던 것은 아마도 세상의 어둠을 밝히려 스스로를 태웠던 때문일지도 모르겠다. 이어서 바로크 시대가 오자 역사에 그리 밝지 못한 사람들이 어두웠던 시대가 중세였다고 말했던 거다.

이 글의 1부에서는 중세라는 시대만을 살펴보고, 2부에서 수도원 정원을, 3부에서 기사들의 정원을 이야기 하려고 한다. 물론 실존했던 정원과, 상징으로서의 정원을 둘 다 살펴볼 것이다. 상징으로 가득한 중세의 정원을 이해하기 위해서는 중세라는 시대를 먼저 이해해야 한다. 시대에 대한 이해가 상징성을 풀어낼 수 있는 열쇠이기 때문이다. 상징성을 풀지 못하면, 중세 정원에 대한 오해도 풀 수 없게 된다.

　　천년의 세월을 다 이야기한다는 것은 무모한 도전이다. 필요한 만큼만 살펴보고자 한다. 그럼에도 그저 이런 일이 있었고 저런 일이 있었다고 이야기하는 건 별 의미가 없어 보인다. 앞 뒤 맥락을 같이 풀어가야 한다. 그래서 이야기가 좀 길어질 것 같다. 다만 한 가지, 중세 성당 건축에 대한 이야기는 남겨두려고 한다. 성당 건축은 그 자체가 하나의 세계를 이룬다. 지금 함께 살피기에는 벅차고 다음 이야기, 중세 도시 정원 이야기와 함께 엮을 생각이다.

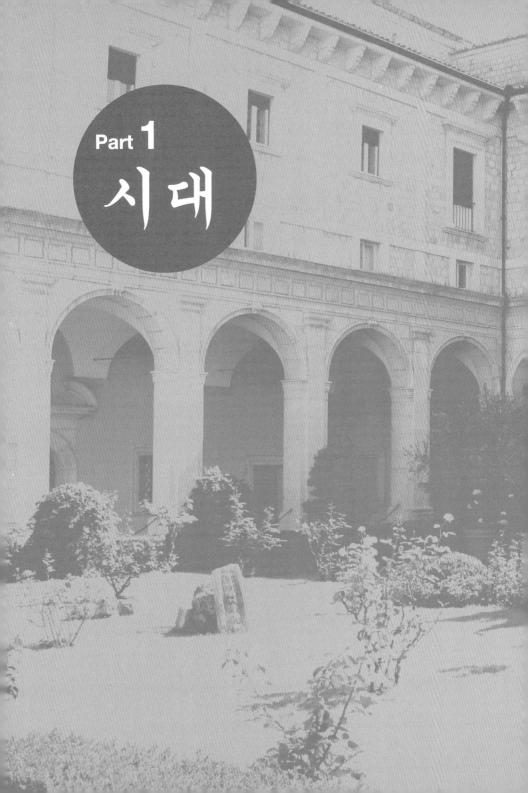

Part **1**

시대

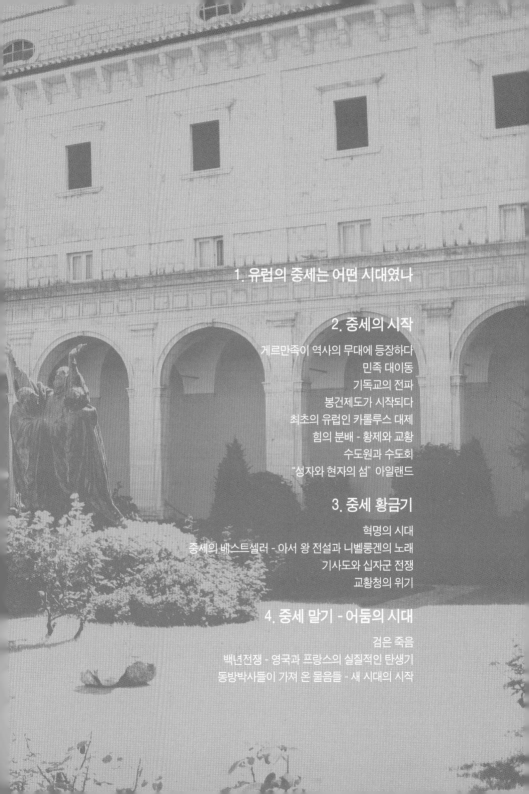

1
유럽의 중세는 어떤 시대였나?

커서 무엇이 되고 싶니? 이런 질문이 필요 없던 시대였다. 수도사, 기사 아니면 농부. 간단했다. 태어난 대로 겸허하게 신의 뜻에 따라 살면 됐다. 신의 뜻은? 수도사와 수녀들이 가르쳐 주었다. 의사는? 변호사는? 선생님은? 모두 수도사들의 몫이었다. 중세의 수도사는 팔방미인이었다.

그러나 전 인구의 팔십 퍼센트가 농부였으니 실제로 세상은 농부들의 굽은 허리로 지탱되었다. 늘 그렇듯이 농부의 삶에 대해선 알려진 것이 별로 없다.

기사들은 무엇을 했는가. 설명이 필요 없을 것이다. 전쟁이 주업이었고 나중에 여유로워지면서 시인으로 전향하기도 했다. 사실 기사라는 건 직업을 말하는 것이고 그들의 신분은 귀족이었으므로 시를

신 의 정 원 , 나 의 천 국

짓는 것이 하등 이상할 건 없지만 이들이 시인이 된 데는 다른 이유가 있었다. 여인들의 환심을 사기 위해서 시작했다. 이것이 기사문화로 정착을 하고 중세의 시문학을 꽃피우게 했다.

귀족들은 곧 땅을 소유한 지주였다. 그리고 기사 내지는 귀족의 우두머리를 왕이라고 불렀으니 왕 역시 기사이면서 가장 신분이 높은 귀족이며 가장 큰 지주였다. 왕에게 국가 전 영토의 소유권이 있었다. 기사들에게 땅을 나눠주었지만 아주 준 것이 아니고 이용권만 준 거였다. 이것으로 기사들의 충성심을 보장받을 수 있었던 것이다. 이것이 소위 말하는 중세의 봉건제도였다. 그러므로 한창 시대의 기사들은 지주였고 전사였고 시인이었다.

물론 소수그룹이 있긴 했지만 ㅡ유대인, 떠돌이 극단 등ㅡ 중세의 사회는 이렇게 세 계층의 신분으로 확실하게 나뉘었었다. 나중에 교역이 성행하면서 도시들이 생기고, 대학이 생기고, 전문직이 생기고 세상이 조금씩 복잡해지기 시작했다. 그럼에도 어떻게 살아야 하나라고 고민할 필요는 없었다. 늘 그랬듯이 신의 뜻대로, 정확히 말하자면 교회에서 정해주는 방식대로 살면 되는 거였다. 그건 선택의 여지가 없는 일이었다. 왕들이 기독교를 나라의 종교로 받아들인 후부터 기독교가 모든 사람들의 종교가 되었던 것이다. 고위 성직자들 역시 귀족 신분이었으므로 자연히 교회도 대지주가 되어갔다. 한 국가에 교회의 나라와 왕의 나라가 공존했다. 교회의 나라가 하늘에만 있었으면 좋았을 텐데 그렇지 않다보니 세속의 권력을 놓고 왕과 교황이 끊임없이 다툼질을 했다. 왕은 백성들의 인정을 받기 위해 신성이 필요했고 교회는 왕들의 영혼을 사기 위해 사탄이 필요했다. 그리고 이글거리는 지옥의 불길이 필요했다. 공포정치, 이것이 교회 권력의 비밀이었다. 이런 권력 다툼이 세상에 깊은 그늘을 드리우고 사탄과 지옥에 대한 끝없는 두려움을 가져다주었다. 하늘나라에 대한 희망보다 지옥에 대한 두려움이 앞섰던 시대. 그래서 중세는 어둠의 시대라고 불렸다. 그런데 실제 상황은 조금 달랐다. 교회가 실제로 이런 두려움을 조장하며 사람들을 본격적으로 옥죄기 시작한 것은 중세 말기에 와서의 일이었다.

신이 없는 세상을 상상도 할 수 없던 시대였다. 이건 유럽의 중세에만 국한되는 이야기가 아니다. 선사시대에도 신이 있었고 고대 그

중세의 사회 구조와 신분 제도. 중앙의 그리스도를 중심으로 왼쪽에는 기사들, 오른쪽은 사제들이 있고 가장 하층 신분으로 농부들이 묘사되어 있다. "수도사는 모두를 위해 기도하고, 왕은 모두를 위해 싸우고, 농부는 모두를 먹여 살린다."

리스와 로마에도 신이 있었으며 게르만족과 켈트족도 자신들의 신을 모시고 있었다. 그러다 자신들의 신을 버리고 동방에서 온 그리스도교의 신을 맞아들였다. 이 새로운 신은 오랫동안 유럽을 지배했다. 니체가 "신이 죽었다"고 말했을 때가 19세기 말이었다. 신이 죽었다고 선언한 것은 결국 신이 살아있다는 뜻이다. 그리고 니체가 우긴다고 해서 정말 신이 죽은 것도 아니었다. 지금도 유럽은 신과의 씨름을 계속하고 있다. 그럼에도 유독 중세만이 기독교의 시대로 기억에 남아 있는 이유는 로마 교회의 독재 때문이었다.

최근에 와서 중세에 대한 평가가 달라지고 있다. 눈에 띄게 중세에 대한 연구들이 많이 진행되고 있으며 명예도 조금씩 회복되는 중이다. 그리고 중세의 문화가 다시 유행을 타고 있다. 이제는 사가들 사이에서도 중세를 싸잡아 어두운 시대라 칭하지 않고 세분화된 평가를 위해 노력하고 있다. 자세히 들여다보니 정작 어두웠던 시대는 중세가 아니라 근세 초기였던 거였다.

11세기에서 13세기까지는 오히려 황금기라 하여 유럽 문화의 뿌리가 내려진 시대라는 데에 의견의 일치를 보고 있다. 종교를 중심으로 하여 하나의 정신적인 축으로 묶였던 시대. 유럽이라는 문화공동체의 기초가 그때 닦인 것으로 보고 있다.

2
중세의 시작

게르만족이 역사의 무대에 등장하다

중세가 정확히 언제 시작되고 언제 끝났는가에 대해선 사가들 사이에 일치된 의견이 없다. 대개는 중세를 초기, 성기, 후기로 삼분한다. 그런데 중세의 성기, 즉 황금기가 11~13세기였다는 것에는 의심의 여지가 없지만 시작과 끝이 불분명하다. 지역마다 조금씩 다르고 어디에 기준을 두는 가에 따라서도 달라지기 때문이다. 그래서 중세를 전반부, 후

신 의 정 원 , 나 의 천 국

반부로 나누는 경우도 있다.

쉽게 생각하면 고대 다음에 중세가 오니까 고대 로마가 망한 시점이 곧 중세의 시작이 아니겠는가 싶지만 문제는 고대 로마의 멸망 시기가 분명치 않다는 데 있다. 우선 적절한 시기에 제국을 동과 서로 나누었기 때문에 서쪽의 로마가 망했어도 동로마는 계속 건재했다. 아니 건재한 정도가 아니라 비잔티움제국이 되어 오히려 다시 한 번 화려한 문화의 꽃을 피우게 된다. 그리고 15세기에 오스만터키에 완전히 내몰릴 때까지 유럽의 동쪽을 굳게 지키고 있었던 거다.

그렇다면 종교가 지배했던 시대였으니 그리스도교의 도입이 곧 중세의 시작일 것이라 생각할 수 있다. 그러나 그것도 좀 어렵다. 왜냐하면 전 유럽이 기독교화 되는 데 꼬박 천 년이 소요되었기 때문이다. 유럽의 마지막 나라가 기독교를 국교로 받아들인 것이 14세기의 일이었다. 이때는 오히려 중세가 끝나가고 있었다. 유럽이 기독교화 되는 과정은 유럽의 모태 국가였던 프랑크 왕국이 프랑스와 독일로 갈라지고, 프랑스와 독일이 각각 세력을 넓혀가는 과정, 즉 유럽이 완성되어가는 과정과 맞물린다. 그 마지막 나라는 발트 해의 리투아니아였다. 리투아니아의 제후는 1386년에야 세례를 받고 폴란드의 공주와 혼인하여 폴란드의 왕이 되었다. 가톨릭의 나라 폴란드의 왕이 되기 위해 세례를 받은 것이다. 이 무렵 중세는 이미 끝나가고 있었다. 그러므로 기독교의 도입을 중세의 시작으로 보는 관점은 포기해야 한다.

종교나 로마제국의 흥망보다는 5세기 말엽, 유럽 중부지방의 주도권이 게르만족에게 넘어간 시점. 거기서부터 근본적으로 고대와

2세기, 안토니우스 기념탑에 묘사된 게르만족들의 모습(뉴욕 퍼블릭도서관 디지털 갤러리)

3~4세기 게르만족 가족의 모습(발굴 자료를 토대로 1913년에 그린 그림. 뉴욕 퍼블릭도서관 디지털 갤러리)

다른 시대가 시작되었고 이것을 중세의 시작으로 보는 편이 옳을 것이다. 고도로 발달한 문화를 누렸던 로마인에 비해 게르만족은 "꼭 짐승 같은 야만인들"이었다. 물론 심한 표현이지만 적어도 세련된 로마인들의 눈에 그렇게 비쳤었다. 그들은 짐승 털과 가죽으로 옷을 만들어 입고 작은 마을을 중심으로 농경생활을 했으며, 나무를 신으로 모셨고 많은 신화를 가지고 있었다. 그리고 뛰어난 전사였다. 전시에는 벌거벗은 채 도끼를 휘두르고 괴성을 지르며 달려들어 로마군을 혼비백산하게 했다고 한다.

게르만 신들의 황혼

5세기 무렵 게르만 부족들이 유럽 중심지역에서 로마제국을 내몰고 국가를 세웠다. 이 국가는 단일 민족국가가 아니라 서로 말도 잘 통하지 않는 여러 부족들이 모여 이루어진 것이다. 게르만이라는 말 자체가 어느 특정 부족을 일컫는 것이 아니라 로마제국의 경계 북쪽과 동쪽에서 살던 모든 유럽 부족들을 통칭하는 거였다. 그들이 세운 새로운 국가는 기독교를 종교로 받아들였다. 비록 '야만인'들이었지만 그들도 눈이 있는지라 자신들이 지배한 로마의 문화 수준이 자신들의 문화 수준과는 비교되지 않을 만큼 높다는 것을 알고 있었다. 국가를 이루긴 했지만 다양한 언어와 다양한 신과 다양한 전통을 가지고 있는 부족들이 모인 것이어서 문화 왕국을 구축하고 이를 지속적으로 유지하려면 강한 결속력이 필요했다. 이 때 이미 로마제국의 정교가 되어 교황청까지 가지고 있던 기독교는 새 게르만 국가에 필요한 결속력을 줄 수 있으리라 여겨졌다. 예나 지금이나 게르만들은 '지속가능'한 것에 크게 신경을 쓰는 민족들이다. 그 목표를 달성하기 위해선 커다란 희생도 잘 치르는 사람들이다. 그것이 하루아침에 종교를 바꾸는 것일지라도. 그래서 그들은 천 년 동안 그들을 지켜 온 게르만의 신들을 하늘로 되돌려 보내고 예수 그리스도를 새로운 신으로 맞이했다.

게르만 신들에 대해선 많이 알려져 있지 않지만 그들 역시 하늘 궁전에 다양한 신들을 모시고 있었다. 우두머리는 오딘 혹은 보단이라 불리며 "영감을 주는" 신이었다. 그리고 천둥의 신 토어 혹은 돈너가 있었고 정의와 전쟁의 신 키르가 있었으며 대지의 여신 프릭, 생산의 여신 훌라 혹은 우올라, 운명의 여신, 태양의 여신, 아침의 별 신, 대장장이의 신 등으로 신들의 궁전이 가득 찼었다. 일반적인 신의 개념에서는 벗어나지만 인간도 아니고 신도 아닌 별다른 존재들, 즉 요정, 난장이, 거인, 물의 정령들이 사는 "또 다른 세상other world"이 있었다. 이 또 다른 세상은 기독교에서 말하는 천국과 지옥하고는 다른 개념이다.

톨킨의 『반지의 제왕』을 보면 마지막 장면에서 엘프족과 마법사와 난쟁이와 호빗족이, 즉 사람이 아닌 신기한 존재들만 배를 타고 어디론가 떠난다. 그들이 가는 곳이 엘프족의 섬, 즉 '또 다른 세상' 이었던 것이다. 한편 신화와 전설 속에 묶여 있던 모든 '존재' 들을 다 끄집어내서 생생히 살려놓은 작가가 『해리 포터』의 저자 조안 롤링이다.

리하르트 바그너 역시 게르만 신화와 평생 씨름한 예술가였다. 그의 유명한 연작 오페라 〈니벨룽겐의 반지〉 중 마지막 작품인 "신들의 황혼" 에서 그는 게르만 신들을 모두 멸망시킨다. 우선 게르만의 대표 영웅 지그프리트가 죽는다. 그의 사체를 태우는 불길 속으로 그의 여인 브륀힐데가 뛰어든다. 불길은 걷잡을 수 없이 번져 온 세상을 다 태우고 하늘에 다다라 하늘에 있는 신들의 궁전까지 다 태워버린다. 아마 작품에서 신들을 모조리 불에 태워버린 방화범은 바그너 밖에 없

신들의 황혼(스페인 극단 La Fura dels Baus 의 2010년 무대, 출처: ZDF)

신 의 정 원 , 나 의 천 국

을 것이다. 바그너의 말을 빌면 "지그프리트와 브륀힐데의 죽음은 구원의 죽음이다. 기존 신들의 죽음이며 새로운 질서의 탄생을 의미한다"고 했다. 여기서 새로운 질서가 무엇인지 그는 말하지 않는다. 바그너의 시대, 즉 19세기 중후반의 상황에 비추어 볼 때 독일에서 영원히 일어날 것 같지 않았던 시민혁명을 말한다는 해석도 있다. 그러나 그의 전기를 살펴보면 기독교를 바탕으로 한 새 세상을 암시하고 있음을 알게 된다. 이로 인해 기독교를 거부한 니체와의 우정에도 금이 가게 된다.

유럽의 중세는 이렇게 게르만 신들이 황혼을 맞으며 시작되었던 것이다.

게르마니아

그리스와 로마를 제외하고 유럽 대륙에 살던 토착민을 보면 우선 라인 강 서쪽 지방과 브리타니아, 아일랜드까지 주로 켈트족이 살았고 동쪽에 뚝 떨어져서 기마족인 스키타이족들이 살았다. 이 켈트족과 스키타이족 사이, 그러니까 라인 강의 동쪽 지역에서 스칸디나비아까지를 게르마니아라고 했다. 다양한 부족들이 살았지만 모두 통틀어서 게르만이 된 것이다. 나중에 스칸디나비아의 게르만족들이 바이킹으로 이름을 떨치며 적지 않은 역할을 하게 된다.

라인 강 서쪽을 갈리아 지방이라고 했는데 여기는 대개 켈트족이 살았다. 카이사르는 『갈리아 정복기』를 썼고 타키투스는 『게르마니아』라는 역사서를 썼다. 글로 남겼으니 개념도 정착될 수밖에 없었다.

갈리아 지방에 살던 켈트족은 '식물과 대화를 나누는 사람들'로 알려져 있었다. 이들은 마법을 쓴다는 드루이드를 중심으로 작은 부족을 이루고 살았다. 이 점은 게르만족들도 켈트족들과 크게 다르지 않았다. 농경민들이었기에 달과 별의 움직임에 민감했고 밤하늘의 별을 보며 날씨와 운수를 점치고 식물을 바라보며 살던 사람들이었다. 나중에 이들이 기독교로 개종한 후에도 이런 속성은 크게 변하지 않았다.

이야기를 조금 거슬러 올라가 잠깐 고대 로마로 가보자. 기원전, 로마 군이 지중해를 떠나 알프스 북쪽에도 정벌할 만한 땅이 있는지 살피러 갔을 때 우선 서쪽의 비옥한 갈리아 지방을 보았다. 그리고 정복했다. 기원전 50년경에는 이미 브리타니아를 포함해서 서쪽의 모든 땅이 로마제국의 영토로 편입되었다. 문제는 라인 강 동쪽이었다. 거긴 깊은 숲과 늪으로 뒤덮인 험한 땅이어서 생각보다 정복이 여의치 않았다. 로마 군대의 전술은 평지에서만 위력을 발휘했다. 게다가 날씨마저 흐리고 추웠다. 별로 정복할만한 매력이 있을 것 같지 않았지만 로마 황제들의 생각은 달랐다. 수차례 시도 끝에 부분적으로 게르만 부족들을 굴복시키는데 성공하고 여러 곳에 진영을 세웠다. 그러나 다른 곳처럼 로마제국의 영토로 복속시키는 데는 끝까지 성공하지 못했다.

그러다가 1세기 초, 정확히 말하자면 서기 9년에 유명한 '토이토부르크 숲의 전투'가 벌어지고 이 전투에서 로마 군의 팔분의 일이 게르만 군에게 몰살당한다. 그 이후 로마와 게르만의 관계는 근본적으로 변화한다. 팔분의 일이면 십 퍼센트가 넘는 대단한 숫자인데 단 한 번의 전투에 전멸한 것이다. 로마의 자랑스러운 정예부대가 오합지졸

의 게르만 부족연맹 군에게 속절없이 당했던 거였다. 거기에는 그럴만한 사연이 있었다. 그 전에 로마는 국지전에서 승리할 때마다 게르만 부족의 아들들을 로마로 데리고 가 로마인을 만들었다. 인질이었다. 아들들이 로마에 잡혀 있는 한 엉뚱한 생각을 품지 않으리란 생각이었을 것이다. 그 중에 아르미니우스(헤르만)도 끼어있었다. 게르만의 체루스키 부족장의 아들이었던 그는 뛰어난 자질을 보여 로마 정예군의 장교가 되었다. 그러나 겉으로는 로마인이 되었을지 몰라도 그의 마음속은 자신의 부족을 떠난 적이 없었다. 그는 당시 게르마니아 정벌을 지휘하고 있던 바루스 총독의 신임을 얻어 대대적인 게르만 정벌에 동행하게 된다. 고향으로 돌아간 것이다. 그는 휴가를 받아 집으로 가서 다시 로마 진영으로 돌아가지 않는다. 그 대신 게르만 부족들을 모아 반란을 도모한다. 로마 군의 내막을 속속들이 알고 있는 아르미니우스는 교묘한 작전을 펼쳤다. 로마 군대를 토이토부르크 숲으로 유인하는 거였다. 중무장한 로마 군대가 토이토부르크 숲의 깊은 원시림을 통과하는 것은 낙타가 바늘구멍을 통과하는 것만큼 어려웠다. 조심조심 좁은 협곡을 지나는 로마 군의 행렬이 수 킬로미터 이어졌다고 한다. 복병을 데리고 숨어 있던 아르미니우스가 후방을 쳤다. 갑자기 시작된 공격으로 혼란에 빠진 로마 군은 우왕좌왕했고 후방이 공격을 받는 바람에 회군을 할 수도 없었다. 계속 행군하여 빨리 숲을 빠져나가는 수

2009년 토이토부르크 숲의 전투 2000주년을 맞아 독일 수상이 참석한 가운데 대형 행사를 가졌다. 그 중 전투 장면을 재현하기도 했다.

밖에 없었던 거였다. 간신히 숲을 빠져나오자 대열을 정비할 사이도 없이 기다리고 있던 게르만 군이 다시 덮쳐왔다. 로마 군은 몰살당하고 바루스 총독은 자결했다. 게르만 군은 그 기세를 몰아 로마 진영을 치고 라인 강 유역에 세워 둔 경계초소를 차례로 파괴했다. 이때 로마의 황제는 그 유명한 아우구스티누스였다. 그는 소식을 듣고 "바루스여, 내 군대를 돌려다오!"라고 탄식했다고 한다.

로마 군의 타격이 심하긴 했지만 회복이 불가능한 정도는 아니었다. 다만 라인 강 동쪽을 로마제국에 복속시키려는 계획은 '당분간' 보류하게 된다. 이 당분간이 거의 4세기 동안 지속되었다. 한편 게르만 부족 연맹에선 내부 분열이 일어나 아르미니우스가 암살을 당하면서 더 이상 진격해 오지 않았다. 로마제국은 라인 강 동쪽에 철통같은 방어막을 치는 것으로 대처했다. 러셀 크로우에게 오스카상을 안겨 준 영화 〈글래디에이터〉 초반에 보면 그의 군대가 게르마니아를 격파하는 장면이 나온다. 이때가 아우렐리우스 황제의 통치기간이었으니 서기 2세기였다. 이미 토이토부르크 숲에서 몰살당하고 2세기 지난 후의 일이었다. 그러나 실제로는 영화에서처럼 게르마니아를 평정하는 일은 벌어지지 않았다.

이렇게 5세기가 시작될 때까지 라인 강변에서 게르마니아와 로마가 서로 대치하는 관계가 유지되었다. 물론 경계를 철저히 하고 이따금 충돌이 있긴 했지만 우리의 휴전선처럼 철조망을 사이에 두고 서로 으르렁대기만 하진 않았다. 어느 정도 평화가 유지되었고 서로 왕래도 있었다. 황제의 정복욕과 무관한 평민들은 서로 교역도 했고 용감무쌍한 게르만 남자들이 대거 로마 군대의 용병으로 편입되기도 했다. 로마의 사치품은 게르만 여인들을 들뜨게 했고 게르만 여인들의 금발은 검은 머리의 로마 여인들의 부러움을 샀다. 그래서 그 금발을 사서 가발을 만들어 쓰는 것이 로마 여인들 사이에 유행했다고 한다.

　한편 라인 강 서쪽은 브리타니아 섬까지 로마의 문화와 본래 살던 갈리아인들의 문화가 서로 융합되어 로마-갈리아 문화권이 형성되어 있었다. 5세기 초 게르마니아가 대치 상태를 깨고 갑자기 서쪽으로 뛰어 들어오기 시작할 무렵 로마-갈리아 문화는 오백 년 동안 무르익을 대로 무르익어 있었다.

아르미니우스 동상.
1900년에 세워졌다.

민족 대이동

프랑크 왕국과 흉노족

라인 강 동쪽에서 잘 살고 있던 게르만족들이 왜 갑자기 경계를 넘어 뛰어들기 시작했는지 그 원인은 아직도 시원하게 밝혀지지 않고 있다. 근본적인 원인이 기근에 있었다고 하는 설이 제일 유력한 듯하다. 실제로 서기 4세기 말에 자연재해가 잦았다는 기록이 있다. 거듭되는 지진과 해일, 대형 화산 폭발과 운석 낙하, 화재 등 일련의 참사가 일어나며 이것이 원인이 되어 기후가 변하기까지 하였다.

　　몇 해 수확이 없었다. 그 시절에 수확이 없다는 것은 곧 기근과 죽음을 의미한다. 살 곳을 찾아 길을 떠나는 수밖에 없었다. 재앙이 동쪽에서 시작되었으므로 먼저 그쪽 사람들이 서쪽으로 움직였다. 동쪽에서 이동해 온 민족 중에는 흑해변의 스텝에 본거지를 둔 훈족이라는 무시무시한 기마민족이 포함되어 있었다. 이 훈족이 흉노족과 같은 뿌리를 가지고 있다는 설이 유력하긴 하지만 서기 사백 년경에 흉노족이 중국 대륙을 거쳐 유럽까지 밀고 들어 간 것은 아니다. 흉노족과 여러 모로 유사성을 가지고 있는 종족들이 이미 흑해 연안에 근거를 두고 살고 있었던 거였다. 이들은 말 타는 기술과 활 쏘는 기술이 뛰어났으며 부족연합체를 이루고 살았다. 이들을 훈족이라고 불렀다. 훈족이 비록 싸움을 즐겼다고는 하나 4세기 말에 서쪽으로 이동을 시작한 이유가 단순히 정복과 파괴 본능은 아니었을 것으로 보고 있다. 위에서

신 의 정 원, 나 의 천 국

언급한 것과 같은 생존을 위협받는 일이 벌어졌을 것이다. 이들은 우선 돈 강이나 볼가 강 유역의 마을들을 파괴하고 그곳에 살고 있던 게르만 부족들을 복속시켰다. 더러는 도망가고 더러는 훈족에 섞여 같이 이동한 것으로 보인다. 훈족은 서쪽으로 계속 이동했고 가는 곳마다 그곳에 살고 있던 부족들이 도미노처럼 서쪽으로 계속 밀려 종국에는 로마의 국경을 넘게 된 것이다.

406년경부터 이미 게르만계의 부르군트족과 반달족이 라인 강을 건너 지금의 독일 마인츠 일대에 정착했었다. 그리고 여기에 부르군트 왕국을 세웠다. 이 소왕국은

헝가리의 박물관에 전시된 아틸라(출처: A. Berger)

로마로부터 이 지역에 대한 권리를 문서로 부여받았다. 그런데 435년 서로마의 야심찬 아에티우스 장군이 훈족을 몰고 와 이들을 부순다. 이때의 이야기는 후세에 "니벨룽겐의 노래"로 전해진다. 당시 훈족을 지휘하던 왕이 한 때 온 유럽을 벌벌 떨게 했던 아틸라(?~453)였다. 그의 지휘 하에 훈족은 갈리아 지방까지 깊숙이 진출한 적이 있지만 소문만 무성했지 실제로 유럽을 호령했던 적은 없었다. 그들은 지금의 헝가리 남쪽에 근거지를 마련하고 왕국을 세웠다. 그러나 이 왕국은 아틸라의 죽음과 함께 무너지고 만다. 반짝 왕국이었던 거다. 아틸라의 개인적인 능력과 흡인력이 국가 기반의 전부였기 때문이었다. 여러 부족들의 집합체였으므로 동맹 간의 결속력이나 충성심을 '사야' 했고

그러기 위해서 끊임없이 정복전쟁을 치렀다. 돈 벌러 갔던 것이다. 이 점은 다른 왕국의 성립과정과 크게 다르지 않았다. 달랐다면 아틸라의 경우 나라 살림 자체를 아예 조공으로 꾸려갔다는 것이다. 다른 나라를 공격한 것은 영토를 확장하기 위해서가 아니라 전리품이나 조공을 얻어내기 위해서였다. 그렇기 때문에 원정이 끝나면 정복한 영토를 차지한 것이 아니라 본거지인 헝가리로 돌아왔다. 왕국이라기보다는 싸움질로 먹고 살고 자릿세를 뜯어내는 마피아 집단이었던 거다.

로마로도 쳐들어가 협박을 했다. 아틸라는 '금품을 요구' 했고 그 대가로 로마가 전쟁을 치를 때 용병으로 뛰어줄 것을 약속했다. 아에티우스 장군이 아틸라와 손을 잡고 부르군트 왕국을 부순 데에는 이런 배경이 있었던 거다.

아에티우스 장군은 살아남은 부르군트족을 론 계곡으로 깊숙이 이주시킨다. 지금의 스위스 서쪽 지방이다. 그러나 그들은 거기서 다시 힘을 추스르고 북쪽에 들어와 있던 프랑크족과 합치게 된다. 그리고 새로운 왕국을 이루는데 그것이 프랑크 왕국이다. 이 작은 프랑크 왕국에서 바로 유럽이 시작된 것이다. 초기 프랑크 왕국의 영역은 지금으로 말하면 네덜란드, 벨기에 그리고 쾰른을 위시하여 남독까지를 어우르는 지역이었다. 부르군트 왕국이 아닌 프랑크 왕국을 유럽의 모태라 보는 이유는 전자가 스스로를 왕국이라고 부르긴 했어도 국가가 될 만한 기반이 마련되어 있지 않았던 상태에서 몰락한 반면 프랑크 왕국은 지속적으로 영토를 확장하고 봉건제도를 도입했으며 기독교를 국가의 종교로 받아들이면서 국가적 면모를 갖추었기 때문이다.

서로마제국은 프랑크 왕국의 성립과 함께 무너지기 시작한다.

유럽의 판도가 정리되다

물론 프랑크 왕국이 핵심적인 세력이긴 했지만 유럽에 프랑크족만 있었던 것은 아니다. 민족대이동이 대이동인 것은 수많은 민족들이 옮겨 다니며 유럽의 판도를 근본적으로 변화시켰기 때문이다. 중요한 것만 꼽는다면, 고트족이 서쪽으로 이동하여 우여곡절 끝에 스페인에 왕국을 세웠다는 것과, 반달족이 북아프리카에 정착하여 지금의 모로코, 리비아 등지에 자리 잡았다는 것이다.

서쪽의 섬나라 브리타니아, 즉 영국 역시 민족대이동으로부터 자유로울 수 없었다. 406년에 게르만의 침입으로 라인 서쪽의 경계가 무너지자 로마제국은 브리타니아를 포기하고 완전히 철수했다. 라인 강의 수비가 더 절실했기 때문이다. 2004년도에 개봉된 영화 〈킹 아더〉가 바로 이런 시대 상황을 배경으로 하고 있다. 이 때 로마계 영국인들은 신변보호를 위해 앵글로색슨족(작센족)의 전사들을 용병으로 고용하게 된다. 이들은 대륙에서 넘어 온 게르만족들이었다. 앵글로색슨족은 앵글족과 색슨족을 합해서 부르는 것이다. 이들은 우선 영국의 동쪽 해안지방에 자리 잡게 된다. 그리고 부분적으로 본래 살고 있던 켈트족을 밀어내기도 하고 동화되어 함께 살기도 했다. 7세기말까지 앵글로색슨족은 섬의 대부분을 차지하게 된다. 그리고 지도세력으로 부상하여 세력을 유지하다가 1066년에 덴마크에서 넘어 온 노르만족에게 지배당한다.

바이킹이란 명칭으로 더 잘 알려져 있는 노르만족은 스칸디나비아에 거점을 둔 게르만계 부족들이었다. 841년 덴마크에서 살던 노르만족이 지금의 프랑스 노르망디에 홀연히 나타났다. 그리고 노략질

앵글로색슨족의 전설적
인 레드발트 왕의 가면
투구(7세기 초). 두려움
을 주면서도 아름답다.
세공이 대단히 섬세하
다. 복원한 것이 현재
대영박물관에 전시되어
있다. 벤델시대의 스웨
덴에서도 유사한 투구
를 썼다.

을 한 후 돌아가지 않고 그대로 눌러앉아 살기 시작했다. 911년엔 센 강을 따라 파리까지 위협해 들어갔다. 수도가 위협을 당하자 프랑스 왕은 노르만족의 우두머리에게 공작 칭호를 내리고 노르망디 땅을 정식으로 하사했다. 거기서 앞으로 다른 바이킹들을 막아달라는 것이 조건이었다. 노르망디라는 이름이 그래서 생긴 것이다. 거기서 세력을 키운 노르만족의 기욤 공작이 해협을 건너 영국을 침략한다. 그는 영국의 왕 윌리엄 1세가 된다. 그리고 런던을 거점으로 삼고 영국과 노르망디를 함께 통치한다. 영국 사람들은 그를 "정복자 윌리엄"이라 불렀다. 이때부터 영국 왕실은 노르만식-로마식-프랑스어를 썼다. 그리고 중세가 끝날 때까지 영국과 프랑스가 노르망디의 패권을 놓고 줄기차게 싸웠던 것도 바로 이런 역사적 배경 때문이었다. 셰익스피어가 햄릿의 무대로 덴마크를 설정한 것도 그저 우연이 아니었다.

한편 랑고바르드족은 568년에 이탈리아를 침공하여 왕국을 세웠다. 이 왕국은 774년 프랑크 왕국의 카롤루스 대제에게 정복될 때까지 이탈리아를 지배했다. 랑고바르드족의 이동을 끝으로 민족대이동은 일단 마무리 된다. 이로써 서로마제국의 영역은 완전히 게르만의 손에 넘어가게 된 것이다. 민족대이동의 여파를 크게 받지 않은 동로마에서는 아직 고대 구조가 유지되고 있었다. 오히려 이슬람 문화권과 인접해 있었으므로 아랍쪽의 움직임에 더 민감했다. 그러므로 이슬람이 시작되고 아랍국가가 팽창하기 시작할 무렵, 즉 7세기에 이슬람과 대치하는 과정에서 서유럽의 게르만들과 어쩔 수 없이 손을 잡게 되고 이것을 중세의 시작으로 본다.

기독교의 전파

백성들은 진지하게 새로운 신을 받아들였는지 몰라도 왕들의 결정은 정치적인 거였다. 북쪽 끝, 얼음의 나라 아이슬란드가 기독교를 국교로 받아들인 것은 서기 1000년도의 일이었다. 그에 관해 다음과 같은 이야기가 전해져 내려온다.

　　아이슬란드 사람들도 게르만계에 속했었다. 이들은 숲 속에 팅이라고 하는 신성구역을 두고 큰 일이 있을 때마다 부족장들이 모여의논을 하곤 했었다. 서기 1000년도에도 물론 팅은 존재했었다. 팅에부족장들이 모여들었다. 백성들 사이에 이미 널리 퍼진 기독교를 받아들이는 문제에 대해 열띤 토론이 벌어졌다. 쉽게 결론이 나지 않았다. 이럴 때는 제사장이 결정을 하게 되어 있었다. 아직 왕은 없었고 제사장이 우두머리였다. 그는 이 문제를 놓고 사흘 간 칩거에 들어갔다고한다. 넓은 망토자락을 펼쳐 온 몸을 감싼 채 사흘 밤낮을 앉은 자리에서 움직이지 않고 깊은 생각에 빠져 있었다고 한다. 그러다 홀연히 일어나 기독교를 수용하겠다고 선포했단다. 정치적 결정이었다. 이미 유럽 전역에 퍼진 기독교를 받아들이지 않을 때 확실하게 닥칠 전쟁의위협과 수많은 갈등, 분쟁을 피하는 길은 기독교를 정교로 삼는 일 밖에는 없다는 결론에 도달한 것이다. 이로 인해 아이슬란드는 피 한 방울 흘리지 않고 기독교를 받아들인 국가로 역사에 남게 된다.[1]

　　이것이 1000년도의 일이었고 이미 살펴본 대로 리투아니아의 제후가 1386년 세례를 받으면서 유럽은 남김없이 기독교의 땅이 된다. 그리스도가 부활하여 사도들에게 내 뜻을 땅 끝까지 전하라고 명한 후, 사도들이 소아시아를 거쳐 아프리카와 유럽으로 향한 지 거의 천 사백년 만이었다.

그리스도의 사후에 시작된 그리스도교는 처음에 유대교의 한 종파로 이해되었었다. 그러던 것이 서기 48년경, 즉 그리스도 사후 십여 년이 지난 후 예루살렘에서 열린 '사도들의 모임'에서 처음으로 그리스도교의 방향이 결정되었다. 그리스도교를 이스라엘에 국한 시킬 것이 아니라 이방인들에게도 전파하여 구원의 기회를 주기로 했다. 여기서 기독교의 특징적인 전도의 원칙이 탄생한 것이다. 이 모임을 후에 예루살렘 공의회라고 하여 기독교 최초의 공식적 모임으로 인정했

게르만족의 팅. 부족장들이 모여 회의하던 장소이다.

---

1 Peter Arens, Wege aus dem Finsternis

다. 이후 기독교는 사도들과 장로들을 중심으로 로마제국 영역 전체에 걸쳐 활발한 전도 사업을 벌인다. 이 때 가장 명성을 떨친 인물이 아마도 사도 바울일 것이다. 당시 온 세상이 로마였다. 서로는 이베리아반도에서 브리타니아까지 로마의 통치권 하에 있었고, 북으로는 라인 강과 도나우 강이 제국의 경계를 이루고 있었으며 동으로는 아르메니아와 메소포타미아 그리고 남으로는 아프리카 북부 해안까지 모두 로마제국이었다. 그러므로 이스라엘을 떠난 초기 기독교인들은 바울을 중심으로 소아시아를 거쳐 로마제국 내에서 비교적 자유로이 이동할 수 있었으며 가는 곳마다 신앙공동체를 형성하고 키워갔다. 각 공동체가 발전하여 교구가 되고 이 교구를 이끄는 주교가 정해지면서 조직의 체계도 굳혀갔다. 북아프리카와 히스파니아까지 기독교의 교구가 생기는데 2세기 정도 걸렸던 것으로 추정되고 있다. 이 무렵은 기독교의 교리도 어느 정도 확립된 시기였다.

콘스탄티누스 대제

콘스탄티누스 대제(~337)는 중세의 인물이 아닌 고대 로마의 황제였지만 그를 언급하지 않을 수 없다. 그의 통치 하에 중세를 규정짓는 정치적, 종교적 기틀이 마련되었기 때문이다. 그의 역할은 크게 두 가지로 볼 수 있다. 하나는 기독교를 종교로 인정한 사실이고 다른 하나는 제국을 동서로 나눈 것이다. 기독교를 종교로 인정함으로써 중세 유럽의 정신적 기틀을 구축하였고, 제국을 동서로 나눠 동쪽의 콘스탄티노폴리스, 지금의 유럽 쪽 이스탄불에 최초의 기독교 도시를 세워 찬란한 비잔틴 문화의 탄생을 유도하였다. 비잔틴은 이스탄불의 옛 이름이다. 기원전 6세기 이스탄불이 그리스에 속했을 때부터 그렇게 불렸었다.

로마가 정복한 후에도 계속 비잔틴이라고 불리다가 콘스탄티누스 대제가 천도하면서 이름도 콘스탄티노폴리스로 바꾼 것인데 중세에는 비잔틴이라는 이름이 그대로 남아 있었다. 그래서 동로마제국을 비잔틴제국이라 부르게 된 것이다.

콘스탄티누스 대제는 비잔틴, 즉 콘스탄티노폴리스에 자리 잡고 통치했다. 이렇게 로마제국의 중심지가 동으로 옮겨지면서 서로마는 자연히 쇠약해지고 그 결과 게르만에게 넘어갈 수밖에 없었던 거였다. 게르만은 이후 스스로를 로마제국의 후예라고 일컬었고 서로마제국의 실질적인 주인이 되었다. 이런 기본구조가 중세말까지 지속된다.

콘스탄티누스 대제가 기독교를 종교로 인정한 서기 313년, 다시 말하자면 밀라노 칙령을 통해 모든 종교의 자유를 선포하고 이로써 기독교가 더 이상 탄압의 대상이 아니게 되었을 무렵, 로마 시민의 십 퍼센트 정도가 기독교인이었다고 한다. 밀라노 칙령은 기독교의 역사에 결정적인 전환점을 제공한 사건으로서 유럽 역사에선 상당히 중요하게 취급되고 있다. 물론 아직 기독교를 국가의 종교로 선포한 것은 아니었다. 국교로 선포한 것은 콘스탄티누스 대제가 아니고 그의 후예 테오도시우스 황제였으며 이는 밀라노 칙령 이후 칠십년이 지난 380년경의 일이었다.

콘스탄티누스 대제의 행적을 살펴보면 기독교를 서서히 본인의 종교로 받아들인 것이 확실한 것 같다. 이것이 순수한 종교적 차원이었는지 아니면 정치적인 계산의 결과였는지 판단하기가 애매하다. 지금도 이를 놓고 학자들 사이에서 다툼이 끊이지 않는다. 그도 그럴 것이 대제의 마음속에 들어가 보지 않은 이상 문서나 기록, 기타 행적만 가지고는 신앙심까지 판단하기 어렵기 때문이다. 원래 그는 황제로서 당연히 태양신을 숭배했었다. 당시 황제들은 전쟁 전에 신에게 제사를 지내 승리를 기원했었고 전쟁이 승리로 끝나면 승리의 탑이나 개선문을 지어 바쳤다. 그리고 황제 주변에는 늘 수호신의 상징물이 따라다녔다. 콘스탄티누스 황제의 경우를 보면 황제의 동상에는 물론이고 기념주화 등에도 황제의 초상과 함께 태양신의 상징이 함께 표현되었었는데 언제부터인가 태양신의 상징과 십자가가 함께 나타났고 그러다가 태양신은 사라지고 십자가만 남게 되었다. 초기에는 태양신과 기독교의 신이 서로 오버랩 되어 동일시되었던 것으로 보인다. 그러다가 차차 기독교로 방향이 정리되었던 것이다.

콘스탄티누스 대제의 초상이 박힌 금화. 태양신과 나란히 그려져 있다(서기 313년경). 기독교를 종교로 인정한 직후이지만 아직 태양신의 상징을 쓰고 있다.

서기 373년의 주화에는 십자가가 그려져 있다.

대제는 삼두정치 혹은 사두정치 시스템으로 분열되어 있던 시절에 경쟁자들을 몰아내고 단독 황제체제를 재구축한 강력한 인물이었다. 로마의 황제는 세습되는 것이 아니라 군사적으로 정치적으로 실력을 인정받아 쟁취할 수 있는 자리였다. 콘스탄티누스 본인이 힘들게 황제가 되었던 터라 그 자리를 지키기 위해서도 혼신의 힘을 다했을 것이다. 그

신 의 정 원 , 나 의 천 국

는 황위를 위협하는 친아들과 황후까지 죽인 무서운 사람이기도 했다. 콘스탄티누스 대제 뿐 아니라 당시 왕실에는 실제로 부자지간이란 게 없었다. 왕과 후계자와의 관계만 있을 뿐이었다. 그래서 왕위를 오래 지킨 왕들은 황태자들의 반란을 늘 걱정해야 했고 반란을 도모한 황태자들은 실패하는 경우 죽음까지도 각오해야 했다. 실제로 부자지간의 살상이 그리 드문 일이 아니었다. 살해까지 가지 않는 경우 평생을 가두어 두는 일이 비일비재했다. 우리의 사도세자는 일도 아니었다.

아무리 막강한 황제라 하더라도 나라에 천 년간 유지되어 온 본래의 종교를 버리고 새 종교를 들이기가 쉽지 않았다. 국가의 근본이 되는 사안인 만큼 신중에 신중을 기했어야 했다. 그는 몇 십 년에 걸쳐 아주 서서히 제국을 기독교의 나라로 바꾸어갔다.

당시 제우스며 비너스 등 로마의 신들은 기운이 다 한 상태였던 것 같다. 인간들보다 신들이 더 타락해서 실제로 아무도 신을 신뢰하지 않았던 시절이었다. 변화가 있었다면 동방의 영향을 받아 영적인 요소가 로마의 종교에 가미되어 있었다는 점이다. 기독교를 받아들일 준비가 시작되었던 거였다. 콘스탄티누스 이전에도 제국의 힘이 쇠약해 지는 것을 느낀 여러 황제들이 종교 개혁을 시도했지만 시민들에게 제사를 강요하는 등 기존의 틀에서 크게 벗어나지 못했었다. 그러다가 나타난 기독교는 여러모로 사회적 충격을 주었다. 특히 순교의 정신은 많은 사람들에게 기이한 현상으로 보였다. 자신들의 신을 부정하기 보다는 오히려 죽음의 길을 선택하는 사람들을 보면서 콘스탄티누스 대제는 무슨 생각을 했을까. 이런 기독교가 서민층과 지식층 사이에 불길 같이 번지는 것을 관찰하면서 이 종교야 말로 제국을 다시 결속시키는 데 적합한 도구가 아닐까 고민해 보지 않았었을까.

기독교가 기존의 종교와 달랐던 점은 크게 네 가지로 꼽을 수 있다. 우선 다신교로서 개인적으로 혹은 용도에 따라 모시는 신이 저마다 달랐던 로마와는 달리 전지전능한 유일신의 존재였다. 둘째로는 제물을 받고 전쟁의 승리나 풍요를 가져다주는 제물신이 로마의 신들이었다면 기독교의 신은 영혼을 구제하고 내세를 약속하는 구원의 신이라는 점이었다. 셋째는 기독교인들의 공동체 의식이었다. 체계적인 조직을 구축하고 이것을 기반으로 서로 돕고 구호하는, 종교를 바탕으로 한 새로운 사회를 이룩했던 거였다. 마지막으로 기독교의 신은 형이상학적인 신이었다. 이는 특히 지식층의 관심을 끌기에 충분했다. 그리고 바로 이런 점들이 콘스탄티누스 대제가 기독교를 받아들이게 된 원인이 되었던 거였다.

어쩌면 종교도 시대에 맞게 진화하는 것인지도 모르겠다. 자연신이나 제물신들은 그 기운이 다 해 우주로 돌아가 별자리를 지킬 때가 되었던 것 같았다. 로마제국이 그리스도교를 국교로 받아들이면서 그리스도교의 전파는 로마의 과제가 된다. 제국의 행정조직이 교회의 조직체계에 그대로 반영되었다. 행정구역이 곧 교구가 되고 각 교구마다 지도자, 즉 주교를 두었다. 주교 중에서 우두머리를 '파파'라고 했다. 이 철저한 조직력을 바탕으로 제국 전체에 수도사들이 보내지고 본격적인 전도 사업이 시작되었던 것이다. 제국의 종교가 된 후부터 다른 종교가 금지되었던 것은 물론이다. 그렇다고 해도 옛 종교의 자취는 최소한 6세기 정도까지 남게 된다. 물론 신들에 대한 기억이 아주 사라진 것은 아니었다. 이야기로 혹은 그림으로 예술작품의 주인공이 되어 주었지만 한 번 내준 신의 자리를 되찾지는 못했다.

　　　로마 신들의 운명은 그렇게 끝이 났다. 켈트족의 풍요의 여신이나 게르만족의 천둥신도 같은 운명을 겪었다. 게르마니아에 새로운 신을 가져다 준 것은 바그너가 아니라 프랑크 왕국의 클로비스 1세였다.

예수 그리스도의 후예 - 메로빙거 가의 신화

클로비스 1세의 가문 이름은 메로빙거다. 바로 이 메로빙거 가문이 '예수 그리스도의 핏줄'이라고 하는 주장이 세상을 떠들썩하게 한 적이 있다. 그것도 20세기 후반의 일이었다. 1982년 미국에서 『성혈과 성배』[2]라는 책이 발표되어 물의를 일으킨 바 있다. 중세로부터 사람들이 줄기차게 찾아다닌 '성배'라는 것이 실은 예수님의 피가 담긴 잔이 아니고 예수님의 혈통을 의미한다는 것이었고 이 혈통이 메로빙거 왕가를 세웠다는 거였다. 예수 그리스도와 마리아 막달레나는 부부였고 예수님이 실은 그 때 사망한 것이 아니라 아내와 함께 탈출할 수 있었다는 거였다. 당시 임신 중이었던 마리아 막달레나는 갈리아 지방, 즉 지금의 프랑스로 멀리 도망가서 아이를 낳았다는 것이다. 예수 그리스도와 마리아 막달레나의 자손들이 나중에 메로빙거 가문을 세웠다는 주장이었다. 알고 보니 모든 것은 프랑스의 피에르 플랑타르(1920~2000)라는 사람의 판타지에서 출발한 거였다. 그는 메로빙거 가문이 예수 그리스도의 후예라는 것을 증명하는 데 평생을 바친 사람이었다. 이를

---

2 Michael Baigent, Richard Leigh, The Holy Blood and the Holy Grail, 1982

위해서 수많은 문서를 위조해 사실인 것처럼 꾸미고 종친회도 만들었으며 끊임없이 기사를 발표했다. 위의 『성혈과 성배』라는 글을 쓴 미국 작가들은 프랑스 여행 당시 우연히 이 문서들을 읽고 이를 바탕으로 하여 책을 썼던 것인데 근거로 삼았던 자료들이 모두 플랑타르라는 개인의 상상의 산물이었던 거였다. 아마도 수많은 문서위조 사건 중 가장 강심장적인 것이 아니었나 싶다.

　　　　　이 출판물에 영감을 받은 댄 브라운이 그의 소설 『다빈치 코드』에 이 에피소드를 차용한다. 이것이 세계적인 베스트셀러가 되면서 성혈에 대한 전설이 전 세계에 알려지게 된 것이다.

　　　　　그런데 정작 이 소문을 처음에 퍼트린 쪽은 플랑타르도 아니고 댄 브라운도 아니었다. 클로비스 1세 자신이었다. 그것이 긴 세월을 거쳐 20세기까지 살아남아 있던 거였다. 클로비스 1세(466~511)는 프랑크 왕국의 왕위를 물려받자마자 로마 세력을 몰아내고 다른 여러 부족국가들을 복속시켜 왕국의 영토를 확장했다. 그리고 파리를 수도로 정하고 왕권 강화를 도모하기 시작했다. 아틸라 왕과는 달리 국가관을 가지고 있던 왕이었다. 그는 우선 발전된 로마제국의 제도들을 받아들였다. 그리고 그리스도교로 전향했다. 세례를 받기 전, 클로비스 1세는 로마 교회와 협상을 통하여 유리한 조건들을 얻어냈다고 한다. 성직자들의 임명권을 교황이 아닌 왕이 가질 것과 성직자들도 왕에게 세금을 바칠 것을 약속받았다고 한다. 로마 교회로 보아서는 그 대가로 프랑크 왕국의 영혼 전부를 얻게 된 것이니 크게 손해될 것은 없었을 것이다. 클로비스 1세는 이렇게 하여 영향력을 교회에까지 확보해 놓았다. 그러나 정작 클로비스 1세에게 필요했던 것은 모든 부족들을 설득시킬 수 있는 '공통의 신화' 였다.

사실은 클로비스 1세 역시 콘스탄티누스 대제와 같이 냉철한 계산 하에 그리스도교를 받아들인 것이다. 프랑크족이 세운 왕국에는 게르만인보다 로마와 갈리아인들이 더 많이 살고 있었다. 이들은 이미 오래 전부터 그리스도인들이었다. 대개는 정복자의 종교가 피정복자에게 강요되는 것이 보통이다. 예나 지금이나 합리적인 프랑크족의 생각은 달랐다. 그들의 전통에 의하면 왕은 신의 자손이어야 했다. 메로빙거 가는 물론 게르만 신의 혈통을 이어받고 있었다. 문제는 그리스도교로 개종하면 게르만 신의 자손임을 스스로 부정하는 결과가 된다는 사실이었다. 게르만족의 전통에 따라 팅 회의를 소집하여 이 문제를 해결해야 하는 순간이 왔을 때 클로비스 왕은 지략가답게 부족장들의 현실감에 호소했다고 한다. 소수가 다수를 이끌려면 다수의 신을 받아들여 그들에게 인정을 받아야 성공할 수 있다는 것이 그의 지론이었고 부족장들도 동의했다고 한다.

클로비스 왕은 서기 498년에 세례를 받았다. 클로비스 왕의 세례는 역사적으로 의미가 크다. 그래서 세례 장면이 그림으로 많이 남아 있다. 게르만 왕이 최초로 기독교를 받아들인 것이고 이는 유럽이 기독교의 대륙으로 변하는데 결정적인 역할을 하게 되었기 때문이다. 한편 프랑크 귀족들은 기독교로 개종하면서 자

클로비스 1세의 세례 장면은 프랑크 왕국의 역사를 바꾼 중요한 사건이었으므로 자주 묘사되었다.

클로비스 1세와 수와송의 전리품. 프랑크 왕국의 건국신화와 함께 자주 등장하는 장면. 개종하기 전, 클로비스 1세는 부하들과 함께 많은 성당과 수도원을 노려 전리품을 챙겼다고 한다. 서기 486년 부하 한 명이 어느 성당에서 어마어마하게 크고 아름다운 화병을 가지고 나왔다. 그러자 주교가 전갈을 보내오기를, 다른 것은 다 가져도 좋은데 그 대형 화병만은 돌려주었으면 좋겠다고 했단다. 이에 클로비스 1세는 수와송에서 전리품을 모두 모아놓고 나누어 가질 텐데 만약 그 화병이 자신의 차지가 되면 돌려주겠다고 했다. 부하들이 다투어서 "용맹한 왕이시여, 전리품은 모두 폐하의 것입니다"라고 했단다. 다만 불만을 품은 부하 한 명이 있어 도끼로 화병을 쪼갰다고 전해진다. 물론 이 겁 없던 부하는 클로비스 1세의 손으로 저세상에 보내졌다는 이야기이다.

동적으로 선택받은 민족이라는 자부심을 갖게 되었고 아직도 개종하지 않은 주변의 게르만족들을 '이방인'이라 부를 수 있게 되었다. 새로운 정복 전쟁을 위한 구실이 생겼던 거였다. 그리고 측근들이 클로비스 1세가 사실은 하나님의 자손이었다는 소문을 퍼뜨리기 시작했다. 기독교 국가의 왕으로서 예수 그리스도의 직속 후계라는 것보다 더 훌륭한 족보가 있을까.

봉건제도가 시작되다

클로비스 1세는 전쟁에서 획득한 영토를 부하들에게, 즉 기사들에게 후하게 나누어주고 그 대가로 평생 왕에게 충성과 봉사를 맹세하게 한다. 충성과 봉사는 다시 말하면 전쟁에 같이 나가 목숨 걸고 싸워 주는 것이었다. 봉건제도가 시작된 것이다. 왕에게 봉토를 하사받은 귀족들은 봉토를 다시 쪼개서 농노들에게 빌려주어 소작하게 하였다. 봉토를 나누어 주기는 했지만 소유권은 여전히 왕에게 있었다. 말하자면 평생 빌려주는 거였고 별 문제 없으면 자손들에게 세습되었었다. 실제로 왕과 갈등을 겪고 봉토를 회수당한 귀족들도 적지 않았다. 영토를 잃으면 결국 세력을 잃게 되니 봉토 하사의 제도는 힘의 분배와 깊은 관계가 있었다. 이로서 토지 소유에 의거한 피라미드형 신분층이 형성되었던 것이다. 클로비스 왕 자신은 물론 가장 넓은 땅을 차지했고 광산이며 생산력이 높은 땅을 골라가졌다. 여러모로 능력 있는 인물이었음엔 틀림이 없는 것 같다.

일반적으로 봉건제도는 생산제도와 신분제도가 서로 얽힌 것으로 알려져 있다. 그래서 흔히 간과하는 일이지만 봉건제도는 사실 군사제도이기도 했다. 중세 유럽은 군대를 따로 가져본 적이 없다. 국가기관으로 조직화된 적이 없다는 말이다. 군주와 귀족들 사이에 맺은 충성서약이 곧 군사제도였다. 전쟁이 일어나면 귀족들이 왕을 도와 출정하는 시스템을 고수했던 것이다. 귀족만이 기사가 될 수 있었고 귀족만이 전쟁에 나갈 수 있었다. 물론 민족대이동 때나 부족국가 시대에는 농부들도 도끼를 들고 싸웠지만 국가적 체계가 잡혀 가면서 전쟁은 기사들만의 의무이자 특권이 되어갔다. 기사들은 투잡족이었다. 평화 시에는 자기 영토에서 다스리고 생산에 매진했으며 전시에는 갑옷으로 바꿔 입고 말에 올라 전장으로 향했던 거였다.

농노들은 자기에게 배당된 땅에서 수확한 것의 일부를(대개는 십 퍼센트를) 영주에게 세금으로 바쳤던 외에도 영주에게만 속한 땅에서 농사도 지어줘야 했다. 주 육일제로 일했으며 나흘은 자신들의 땅에서 일하고 이틀은 영주들 밭을 갈아주었다. 그 대가로 영주는 농노들의 신변 보호를 책임졌다. 땅에 대한 소유권은 왕에게 있어도 봉토의 관리권과 행정권은 전적으로 귀족에게 있었다. 왕이라고 해서 귀족들의 일에 직접 관여하거나 참견할 수 없었다. 이로 인해 영주들의 독립성이 보장되었고 이를 바탕으로 후에 공작령, 백작령 등이 세력을 키워 갈 수 있었다.

이렇게 영토와 영토 관리권을 바탕으로 한 중세 초기의 봉건제도는 사회를 경제적, 제도적으로 어느 정도 안정시키는 구실을 했다. 그러나 이 봉건제도가 중세 전반을 지배했던 것은 아니다. 11세기 초 교역과 수공업이 급속히 발달하면서 상인과 공인을 중심으로 도시경 제체제가 형성되었던 것이다. 그리고 자유 시민이라는 새로운 계층이 형성되면서 봉건제도에 입각한 신분제도가 흔들렸다.

초기 프랑크 왕국의 문제는 게르만의 전통에 따라 영토를 아들 들에게 고루 나눠주었다는 데 있었다. 후세들이 이 점을 많이 비판했 다. 일반 농가도 아니고 왕국을 마치 개인 소유물처럼 다루었다는 것 이다. 실제로 이런 제도는 실제로 문제를 불러일으켰다. 클로비스 1세 사후 네 아들이 프랑크 왕국을 나누어 가졌다. 처음에는 형제들이 힘 을 합해 동서로 정복전쟁을 지속하여 영토를 더욱 확장하는 데 성공했 다. 그런데 나라가 부강해지자 혼자 차지하고 싶은 욕심이 생긴 것이 다. 결국 한 사람이 모든 것을 차지할 때까지 형제들 사이에서 피비린 내 나는 싸움이 지속되었다. 다음 왕 대에 또 다시 나뉘었다가 합쳐지 기를 거듭하는 동안 클로비스 1세가 이루어 놓은 강력한 프랑크 왕국 은 서서히 흔들리기 시작했다.

이런 현상을 걱정스러운 눈으로 바라보던 사람들이 있었다. 그 건 대대로 왕국의 살림을 책임지고 있는 피핀이라는 재상 가문 사람들 이었다. 통치자들이 권력 싸움에 몰두해 있는 동안 재상들이 실세를 키워갔다. 피핀 가문은 7세기 초에서 8세기 초까지 실세를 누려오다 가 결국 왕을 수도원으로 쫓아 보내고 스스로 왕좌에 올랐다. 이 가문 이 유럽의 아버지라고 불리는 카롤루스 대제를 배출한다. 후세에 그의 이름을 따서 가문 이름도 카롤링거 가문이라고 고쳐 부르게 되었다.

최초의 유럽인 카롤루스 대제

클로비스 1세가 중세의 시작을 유도했다면 카롤루스 대제(747/748~814)의 등장과 함께 유럽이 시작되었다고 말한다. 그는 유럽의 아버지로 불린다. 사실 카롤루스 대제를 어떻게 부르는 것이 옳은지 좀 판단하기가 어렵다. 라틴어로는 카롤루스 마그누스였다. 독일에서는 카를 대제라고 부르고 프랑스에서는 샤를마뉴 대제라고 한다. 물론 자기 나라에서 부르는 이름으로 부르는 것이 가장 좋겠지만 바로 그것이 문제인 것이다. 그가 통치했던 프랑크 왕국이 나중에 갈라져서 반은 프랑스가 되고 반은 독일이 되었기 때문이다. 게다가 나중에 신성로마제국의 황제로 등극하면서 로마의 공식적인 후예가 되었으니 신성로마제국의 재임연표에는 샤를 1세 혹은 카를 1세로 등장한다. 이럴 수도 저럴 수도 없으니 당시에 공식적인 칭호였던 라틴어 이름, 즉 카롤루스 대제로 부르는 것이 공평해 보인다.

카롤루스 내세. 일브레히트 뒤러가 1513년에 그린 초상화. 미화시킴. 왼손에 들고 있는 것은 로마제국 황제의 상징인 황금사과. 양쪽의 독수리와 백합 문장은 각각 독일과 프랑스를 상징함. 카롤루스 대제가 독일과 프랑스의 왕임을 뜻한다(뉘른베르크 게르만 박물관 소장).

신 의 정 원 , 나 의 천 국

카롤루스 대제는 서부, 중부 유럽의 대부분을 차지해 프랑크 왕국을 제국으로 확장했다. 이탈리아의 롬바르드 왕국을 부수고 이탈리아를 복속시켜 교황을 보호한다는 명분을 확실히 했다. 그때까지 롬바르드 왕국은 로마의 교황청을 수시로 위협하고 있었던 터였다. 이로 인해 교황 레오 3세가 그를 신성로마제국의 황제로 추대한다. 로마에서 화려하게 대관식을 올리고 이제 로마의 황제가 된 것이다. 이후 독일의 왕이 신성로마제국의 황제 직을 겸하게 된다. 그리고 로마에서 대관식을 하는 전통이 굳어지는데 황제가 친히 로마로 가서 교황으로부터 황제의 관을 받는 의식은 결국 교황의 콧대를 더 높이는 결과를 초래했다. 결국 이 전통은 후에 황제와 교황 사이 권력 다툼의 빌미가 되기도 했다.

카롤루스 대제는 롬바르드 왕국을 정복한 후 사라센과의 장기 전쟁을 승리로 이끌어 동로마제국의 신임도 얻는다. 특히 외교적으로 동로마제국과의 교류에 많은 힘을 기울였다. 이제 남은 것은 유럽 동쪽에 사는 작센족뿐이었다. 그는 작센족과 삼십 년에 걸친 오랜 실랑이를 벌인다. 신성로마제국의 황제로서 유럽을 전부 기독교로 개종시키는 것이 그의 목표였던 것이다. 작센족을 군사적으로 굴복시키는 건 큰 문제가 되지 않았지만 기독교로 개종시키는 건 몹시 힘든 과업이었다. 결국 삼십 년 간의 전쟁 끝에 작센의 영토를 프랑켄 국에 영입시키고 개종시키는데 성공한다. 많은 피를 흘린 뒤였고 작센족의 우두머리 비두킨트를 사로잡아 강제로 세례를 받게 한 후에야 가능했다. 카롤루스 대제는 작센족들이 다시 변심할 것이 두려워 그들을 대거 서쪽으로 이주시켰다.

카롤링거 르네상스 - 기독교 제국 건설의 꿈

카롤루스 황제의 행적을 살펴보면 두 가지 커다란 목표를 따르고 있었음을 알게 된다. 하나는 강력한 제국의 건설이고 다른 하나는 이 강력한 제국이 기독교 국가가 되는 거였다.[3] 그는 로마제국에 버금가는 거대한 제국 건설의 꿈을 꾸었던 것이다. 작센과의 삼십 년에 걸친 끈질긴 싸움이 말해주듯 기독교 국가의 건설은 그에게 대단히 중요한 사안이었다. 로마의 콘스탄티누스 대제, 클로비스 1세에 이어 카롤루스 대제 역시 기독교라는 종교에서 국가의 결속을 보장하는 강한 구심력을 보았던 것이다. 그가 제국을 일으킬 무렵의 상황은 사백여 년 전 콘스탄티누스 대제가 삼두정치로 분열된 로마를 통일하고, 기독교를 이용하여 통일된 제국을 단단히 묶어 두었던 때와 여러모로 흡사하였다.

8세기의 프랑크 왕국 역시 카롤루스 대제의 영토 확장의 결과로 새로운 부족들이 유입된 인위적인 공동체였다. 영토는 비교할 수 없을 만큼 커졌지만 5세기 클로비스 1세의 시대와 비슷한 상황으로 돌아 온 거였다. 클로비스 1세가 하늘의 아들임을 주장하며 기독교로 전향하긴 했어도 기독교를 국가 종교로 확립하는 데는 큰 노력을 보이지 않았다. 이런 상태로 강력한 대제국의 건설은커녕 당분간의 결속도 보장하기 어렵다는 것을 카롤루스 대제는 잘 알고 있었다. 그는 이제 게르만으로서의 과거를 뒤로하고 로마제국의 정치적, 종교적 유산을 물려받는 것만이 대제국의 건설을 보장해 준다는 결론에 도달했다. 이 의도는 물론 교황의 전폭적인 지지를 받았다. 콘스탄티누스 대제 때와

---

3 Axel Hausmann, Aachen, Residenz der Karolinger, 1995, Meyer und Meyer S. 13ff

신 의 정 원 , 나 의 천 국

달라진 점이 있다면 동로마와 서로마의 교회가 완전히 분리되어 서로 견제하는 관계가 되어 있다는 사실이었다. 그만큼 교황의 영향력이 감소된 상태였다. 여기에 프랑크 왕국으로 통합된 모든 부족들이 기독교로 전향한다면 그만큼 교황의 세력도 커질 것이었다. 그래서 교황은 처음부터 카롤루스 대제의 정복전쟁을 지지했던 것이다.

카롤루스 대제와 두 명의 교황, 겔라시우스 1세와 그레고리우스 1세 (870년 그림)

　　카롤루스 대제는 교회와 수도원을 중심으로 예술, 종교, 문화를 크게 발전시켜 소위 카롤링거 르네상스를 일으켰다. 오늘날 그는 프랑스와 독일 양국에서 최초의 군주일 뿐 아니라 서유럽을 정치적, 종교적, 문화적으로 통일시킨 인물로 추앙받는다. 카롤루스 대제가 왜 그렇게 기독교의 전파에 안간힘을 썼는가에 대한 해답은 바로 카롤링거 르네상스에서 찾을 수 있다. 게르만의 유럽은 일자무식으로 출발했다. 왕과 귀족들이 문맹이었던 시절이 있었다. 게르만족은 본래 글을 몰랐다. 그 뿐 아니라 왕, 영주, 부족장들 중 장자들은 쓸모 있는 일, 즉 무술 연마에만 정진해야 했다. 글과 학문은 나약한 수도사들의 몫이라고 여겼다. 게다가 많은 민족이 이리저리 이동하다 보니 서로 섞여 살게 되고 그러면서 언어와 문화에도 심한 혼란이 왔었다. 카롤루스 대제는 당시 "성자와 현자의 섬"이라 불렸던 아일랜드 수도사들을 불러 수도원과 수도원 학교를 짓게 했고 그리스, 로마, 이집트 등지에서도

카롤루스 대제 좌상(취
리히 대성당 소장, 15세
기 중반, 출처: lqRS)

신 의   정 원 ,   나 의   천 국

수많은 학자들과 시인, 예술가들을 불러 왕실을 채웠다.

그는 맹목적으로 로마의 문화를 본뜨려 했던 것이 아니라 문화 왕국을 만들려 했던 거였다. 왕실학교를 지어 왕실과 귀족의 자녀들 교육에 힘썼고, 문자와 문법을 통일했으며 구전되어 오던 게르만족의 신화를 글로 쓰게 했다. 법을 정리하고 고대로부터 전해지던 수많은 서적들과 성서 사본들을 모조리 수집하고 정리하여 학문연구의 기반이 되게 했다. 교육의 목적은 교육 그 자체이며 다른 목적의 도구로 이용되어서는 안 된다는 것이 그의 지론이었다. 그러므로 카롤루스 대제의 왕실에서 많은 학자와 시인과 예술가들이 그들의 뜻을 마음대로 펼칠 수 있었던 황금기를 누렸다.

종교를 통한 문화의 공유, 라틴어라는 공통의 언어, 공통의 믿음, 의식과 제도 그리고 축제까지. 수많은 국가로 쪼개져 있는 유럽이 21세기에도 공동체로 결속할 수 있는 불가사의한 힘은 그 때 얻어진 것으로 보고 있다.

그런데 아쉽게도 그의 아들이 왕위를 물려받은 후 기독교 서적을 제외하고 모두 불태워버린다. 그는 경건 왕이란 별명을 가진 광신도였던 것이다. 이로써 수백 년 후 콘스탄티노폴리스의 학자들이 고대 그리스 서적을 가지고 들어올 때까지 프랑크 왕국은 고대 문화와 단절된 상태로 살아가게 되었다.

힘의 분배 - 황제와 교황

"또 내가 네게 이르노니 너는 베드로라 내가 내 반석 위에 내 교회를 세우리니 음부의 권세가 이기지 못하리라. 내가 천국의 열쇠를 네게 주리니 네가 땅에서 무엇이든지 매면 하늘에서도 매일 것이요, 네가 땅에서 무엇이든지 풀면 하늘에서도 풀리리라 하시고……"

- 마태복음 16장 18~19절

가톨릭에서는 교황이 성 베드로의 후계자라고 주장하고 있다. 지금 바티칸에 성 베드로 성당이 우뚝 서 있고 베드로가 공식적인 로마 교회 초대 교황으로 알려져 있지만 실제로 그가 로마에 교회를 세웠다거나 로마에서 순교했다는 결정적인 증거는 없다. 로마에서 활동을 했었는지조차 확실치 않다고 한다. 다만 클레멘스 주교(88?~97?)가 편지에서 언급한 것이 전부라고 한다. 클레멘스는 서기 1세기 후반에 로마 교회를 이끌었던 주교로서 그 당시 이미 교회 분열로 시끄러웠던 코린트의 동료들에게 편지를 썼다. 이 편지 속에서 그는 로마에서 그리스도인들에 대한 핍박이 날로 커지고 있다고 전하며 베드로 역시 "수많은 질시 속에서 엄청난 고통과 수난을 받고 돌아가셨다"라고 쓰고 있다. 이 편지는 '클레멘스 1서'라고 하여 초기 기독교의 중요한 기록으로 취급되고 있지만 신약에 포함되지는 않았다. 비록 베드로의 고난과 사망에 대해 디테일한 정보는 전하고 있지 않지만 로마의 근황을 전하는 문맥

속에 베드로를 언급한 것으로 보아 그가 로마에서 머물며 싸우다 순교했으리란 사실의 유추가 가능했던 것이다.

로마 교회는 이 클레멘스의 편지, 그리고 히에로니무스(348~420)가 집필한 "역사적 인물들에 대한 전기"에서 베드로의 행적을 비교적 소상히 기록한 것을 근거로 삼고 있다. 여기서 히에로니무스는 베드로가 25년 동안 로마 교회를 이끌었으며 네로 황제 시대에 바울과 함께 순교했다고 쓰고 있다. 그리고 베드로는 십자가에 거꾸로 매달려 숨졌다고 전했다. 이것이 로마가 그리스도교에서 최고의 자리를 주장하는 두 가지 근거가 되었다. 베드로는 그리스도에게 교회의 반석으로 불렸으며 하늘나라의 열쇠를 받았다고 했다. 그리고 바로 이 베드로가 로마 교회를 세웠다. 고로 로마와 교황은 교회의 반석이며 하늘나라 열쇠를 물려받은 것이라는 논리였다. 후에 마틴 루터가 신랄하게 비난한 것도 바로 이 점이었다. 아무리 베드로가 교회의 반석이고 하늘나라의 열쇠를 받았다고 하더라도 이는 모든 그리스도인을 대표해서 받은 것이지 로마에게만 특권이 있다는 뜻은 아니라고 했다. 마틴 루터 전에 천 이삼백 년 이상의 시간이 있었음에도 아무도 이 점을 지적하지 않은 것이 신기할 따름이다.

4세기부터 10세기까지 로마의 주교들은, 혹은 교황들은 세속의 왕들과 갈등이 있을 때마다 위의 마태복음 구절을 들이밀며 우선권을 주장했고 권력을 키워갔다. 그리고 또 하나, 황제 테오도시우스 1세가 380년에 내린 칙령이 있었다. 여기서 그는 하나님의 사도 성 베드로가 로마인들에게 그리스도교를 가져다주었고 그는 곧 하늘과 연결된 다리라고 했다. 베드로와 로마의 연관성을 다시 한 번 강조한 것이다. 물론 그리스도교를 로마에만 가져다 준 것은 아니지만 그들은 그렇게 우겼다.

그 다음 "콘스탄티누스의 기증"이라는 것이 있다. 이는 위의 콘스탄티누스 대제가 쓴 문서인데 로마 제국의 수도를 콘스탄티노폴리스로 옮기면서 "로마 도시와 서방 제국을 교황 실베스테르 1세와 그의 후계자들에게 넘기고" 자신은 동로마의 황제 권만 보유한다는 내용으로 되어있다. 자신을 그리스도교로 교화하고 세례를 베풀어준 것에 대한 감사의 표시로 선물한다고 했다. 그리고 교황은 이제 교회의 우두머리일 뿐 아니라 세상의 주인이니 황제와 같은 모자를 쓰고 황제와 같은 백마를 타고 황제와 같은 자주색 망토를 걸쳐야 한다는 것까지 세세하게 썼다. 그리고 황제는 이제 교황이 말을 탈 때 고삐를 잡아 주어야 한다고도 했다. 이 문서로 인해 교황이 황제보다 오히려 우위에 있게 되어버렸다. 나중에 이 문서를 근거로 교황이 이제는 황제를 추대하거나 승인하고 심지어 교체할 수도 있다는 해석도 나왔다.

콘스탄티누스 1세는 이 문서를 베드로의 묘에 넣어 두겠다며 글을 마친다. 왜 공식적으로 발표하지 않고 하필 묘에 넣어 두었는지는 밝히지 않았다. 아마 두었다가 요긴할 때 꺼내 쓰라는 뜻이었던 모양이다. 정말 그 요긴한 때가 왔다. 근 사백 년이 지난 후였다. 8세기에 교황과 프랑크 왕 사이에 중대한 협상이 이루어져야 했다. 로마가 롬바르드 왕국으로부터 다시금 위협받던 때였다. 콘스탄티노폴리스의 황제에게 지원 요청을 보냈으나 황제는 강 건너 불 보듯 했다. 어쩔 수 없이 프랑크 왕에게 협조와 보호를 요청해야 했다. 이 때 교황은 프랑크 왕이 너무 많은 대가를 요구할 것이 두려웠다. 그런데 때마침 베드로의 묘에서 콘스탄티누스 황제의 편지가 발견된 것이다. 덕분에 교황

콘스탄티누스의 기증.
콘스탄티누스 대제가
교황에게 로마를 바치
는 장면(13세기 벽화)

의 뜻대로 일이 이루어진다. 황제가 교황청을 보호하는 것이 너무나 당연한 일이 되어 버린 것이다. 프랑크 왕으로서는 커다란 대가를 요구할 수 없는 상황이었다. 이에 교황은 너그럽게 프랑크 왕국을 서로마제국의 공식적인 후계자로 인정한다. 그리고 프랑크 왕은 영원히 교황을 보호할 의무를 가지게 된 것이다. 왕이 공식적으로 교황의 보디가드가 된 것이다. 그 뿐 아니다. 왕은 롬바르드 정복으로 얻은 이탈리아 영토의 일부를 교황에게 기증했다. 뇌물이었다. 그리고 이것이 바로 교황령의 출발이 된 것이다. 교황을 매수한 이 왕이 바로 카롤루스 대제의 선왕이었다. 후에 카롤루스 대제 때 롬바르드 왕국이 교황령을 다시 위협했고 그는 선왕이 했던 약속을 지키기 위해 이탈리아로 가서 롬바르드 왕국을 쳤던 것이며 앞으로도 로마를 지킬 것을 맹세하고 황제 대관식을 치르게 된다. 물론 이 문서는 위조였다.

　　로마에서 베드로의 행적이 확실치 않았다거나 위의 문서가 위조라는 점을 들어 로마 교황의 권력 자체가 위조된 것이라 할 수는 없다. 교황의 권력은 리얼했다. 조작된 이야기나 문서들은 이 권력을 정당화하기 위한 방편일 뿐이었다. 어쩌면 프랑크 왕은 이 문서가 위조임을 간파했었을 것이다. 사실이기에는 너무 적시에 나타난 문서에 속을 만큼 프랑크 왕이 어리석지는 않았다. 다만 당시의 세상은 이 문서의 내용을 받아들일 준비가 되어 있었던 것이다. 15세기에 이르러 콘스탄티누스의 기증이 위조임이 드러났지만 교황청은 그리스가 위조한 것이라고 구차한 변명을 했다. 19세기에 이르러서야 교황청이 위조했다는 사실을 인정했다.
　　교황은 교황령을 바탕으로 군림하며 세속의 왕권과 맞먹는 권력 구조를 완성한다. 교황청 자체가 정부가 되고, 세상은 거미줄같이 짜인 교구로 나뉘었다. 이렇게 하여 교황이 다스리는 세상과 왕이 다스리는 세상이 공존하는 중세의 이중구조가 확립되었다.

수도원과 수도회

18세기 말 프랑스 혁명군에 의해 해체되고 파괴될 때까지 수도원은 중세의 신앙과 문화와 교육의 산실로 중요한 역할을 했다. 고대로부터 내려온 문화유산을 정리하고 보존하는 것으로부터 학교를 설립하여 아이들에게 읽고 쓰는 것을 가르치는 것까지 수도원의 몫이었다. 농사를 지으며 농업기술을 증진시켰고 각종 공방도 운영하여 기술의 발달에도 크게 기여했다. 약초와 식물 재배 역시 그들의 소관이었다. 의술을 베푼 것도 수도원이었으므로 약초 재배는 필수였던 것이다. 이렇게 수도원은 보호된 공간에서 학문과 기술과 예술을 제대로 꽃 피울 수 있었던 것이다. 수도원은 그 이름 그대로 폐쇄된 세계였지만 세상을 향해 문을 아주 닫아걸고 수도사들의 영혼만 걱정했던 것은 아니었다. 수도원 담장 밖에 사는 가난한 양떼들을 돌보는 사회단체이기도 했다. 그래서 똑똑한 영주들은 자신의 영토 내에 낙후된 곳이 있으면 수도원을 세우고 땅을 넉넉히 할당해 주었다. 그러면 사제나 수녀들이 팔을 걷어붙이고 나서서 비옥한 땅으로 개간했고 인근을 아담한 마을로 바꾸어 갔던 거였다. 수도원이 없었더라면 일자무식에 전쟁을 일삼던 왕들이 어떻게 문화 사업을 꾸려갔을까. 학문과 예술은 어떻게 되었을까. 이런 질문을 하지 않을 수 없다.

그렇다면 수도원은 어떻게 시작되었을까.

수도원은 동방에서 시작되었다

기독교가 도입되기 전 유럽에서의 신들은 사람의 일상에 개입하는 신들이었다. 때론 죽기도 하고 다시 살아나기도 했다. 결혼도 하고 아이도 낳는 신들이었다. 그런데 그리스도교의 신은 달랐다. 혼자였다. 전지전능하고 절대적이었다. 멀리 하늘나라에 있었고 사람들에게 다가오지 않았다. 그 신에게 다가가는 것은 사람들의 몫이었다. 그러기 위해 사람들은 정신적인 발돋움을 하지 않을 수 없었다. 고대의 신들에 비해 그리스도교의 하나님은 형이상학적이고 난해했다. 그래서 철학자 등 높은 정신 수준을 가진 사람들 중에 신을 이해하는 데만 평생을 바치려는 사람들이 생겨났다. 3세기경에 이집트를 중심으로 도시의 외곽이나 외딴 곳, 동굴 등에 터를 잡고 오로지 금욕과 수행으로 사는 사람들이 생겨났다.

시리아 쪽에는 좀 더 급진적인 수도사들이 있었다. 이들은 기둥 위에 올라가 수도를 했다고 한다. 이런 수도사들을 주상고행자라고 한다. 전설이 아니고 사실이다. 실제로 지금 시리아나 터키에 가면 이들이 올라가 있던 기둥 터가 더러 남아 있다. 그 기둥을 중심으로 해서 세워진 성당도 있다. 주상고행자 중 시메온 스틸리테스라는 수도사가 가장 유명했다. 그는 기둥 위에서 무려 삼십오 년을 지냈다고 한다. 사십년이라는 기록도 있다. 시메온은 이미 젊은 시절부터 성인 취급을 받았다. 사람들이 그의 옷의 실밥 하나씩만 가져도 병이 나았다고 한다. 그래서 그의 단벌옷을 탐내는 사람들이 많아지자 처음에는 2미터 정도 되는 기둥 위로 도망을 갔던 것이 발단이

시메온 기둥. 주상고행자 시메온이 올라가 살았다는 기둥의 기초가 지금도 남아 있다.

었다고 한다. 거기서 아주 내려오지 않았다. 나중에 담당 주교가 엔지니어들의 도움을 받아 기둥 높이를 이십 미터 정도로 올려주었다는 말이 전해진다. 사실 이십 미터 높이에서 내려오기도 쉽지 않았을 것이다. 거기서 삼십오 년을 보냈다니 의식주는 고사하고라도 화장실 문제

시메온의 기둥 위에 지은 성당의 잔재. 시리아에 소재하고 있다.

는 어떻게 해결했는지 등의 세속적인 의문이 떠오른다. 그 정도 성자면 그런 세속적인 틀은 이미 벗어났었을 것이다.

많은 사람들이 그를 보러 왔다고 한다. 그가 거기서 하루에 두 번씩 설교를 했기 때문이었다. 물론 이런 고행자들은 수도원 설립에 보탬이 되지 않았다. 그러나 모든 수도사들이 고독한 수행을 원했던 것은 아니다.

본래 그리스도의 정신은 공동생활에 있다. 그것이 교회의 출발이기도 했다. 이집트의 타바네세라는 곳에 파코미우스라는 수행자가 있었는데 그는 수행자들이 모여서 공동생활을 해야 한다고 주장한 사람이었다. 고독하게 수행하던 현인들을 한 데 모아 기도원을 짓고 높은 담장을 둘러 세상과 격리시켰다. 수행자들은 각자 자기 공간을 가지고 있었지만 일과 기도와 식사는 함께 했다. 정확하지는 않지만 3~4세기경의 일이었을 것으로 추정하고 있다. 이것이 수도원의 모태가 된 것이다. 수도원은 라틴어로 클라우스트룸claustrum이라고 하는데 이는 폐쇄된 공간이라는 뜻도 있지만 완결된 공간이라는 뜻도 된다. 속세와의 격리를 뜻하기도 하고 그리스도의 뜻을 완성하는 곳이라는 해석도 가능하다.

고독한 수행자로 유명했던 성 안토니우스가 사망하자 주변 사람들이 그를 기리기 위해 안토니우스 수도원을 세웠다. 363년의 일이었다. 공식적으로는 이 수도원이 그리스도교 최초의 수도원으로 꼽히고 있다. 비슷한 시기, 즉 371년에는 프랑스 투르에, 397년에는 지금 터키 땅인 투르압딘이라는 곳에 각각 수도원이 세워졌다. 이렇게 해서 수도원이 하나 둘씩 생기기 시작했다.

그리고 4세기 말엽 수도원 생활의 기본 원칙도 정해졌다. 바실리우스 카에사레아라는 신학자가 정리한 것이다. 침묵, 금욕, 겸손, 복종이었다. 그리고 기도와 노동이었다. 이 원칙을 나중에 성 베네딕도가 집약하고 정리해서 베네딕도 수도원의 원칙으로 삼는다. 이는 지금까지도 모든 수도원 생활의 바탕이 되고 있다. 수도사들은 폐쇄된 공간에서 각자 수행만 하면 되는 것이 아니라 속세에 대해 구제의 의무도 다 하여야 했다. 이 구제의 의무는 기도를 통한 영혼의 구제와 의술을 통한 병든 육신의 구제를 다 포함하는 거였다. 기적을 베풀어 병자를 고친 그리스도를 닮은 삶이었다. 이 원칙이 먼저 세워진 곳이 시리아, 이집트 등의 동방이었다. 이것이 지중해를 건너 로마를 거쳐 머나먼 아일랜드에 먼저 도착한다.

"성자와 현자의 섬" 아일랜드

유럽 가장 서쪽의 섬나라 아일랜드는 로마제국에 속한 적도 없고 민족대이동의 물결에 휩쓸리지도 않았다. 민족대이동으로 인해 다른 나라들이 혼돈의 시대를 겪는 동안, 기독교 전파가 수월치 않았던 반면 아일랜드에서는 비교적 평탄하게 진행될 수 있었다. 아일랜드가 기독교를 받아들이는 과정에서 특이했던 점은 귀족층과 서민들이 성직자들을 '드루이드의 후예'로 받아들였다는 것이다. 이는 그레고리 교황 1

신 의 정 원 , 나 의 천 국

세의 현명한 판단에 기인한 것이다. 그는 가톨릭교회 역사상 몇 안 되는 훌륭한 교황 중 한 명이었다. 432년경 전도사들을 내보내는 자리에서 그는 토착민들의 성소를 절대 파괴하지 말라는 지령을 내렸다. 그 대신 성수를 뿌려 정화한 뒤 그 자리에 우선 단을 쌓으라고 했다. 그리고 단 위에 예배당을 짓고 그 다음 예배당 안에 성유물을 모셔놓으라는 지시를 내렸다. 토속신앙의 성소를 점진적으로 기독교의 예배당으로 바꾼 것이다. 아마 이것이 성공비결이었을 것이다.

아일랜드엔 이렇게 해서 전통 문화와 새로운 종교가 결합된 단단한 사회적 기초가 만들어졌고 전도 사업과 수도원 건설은 순풍을 타게 되었다. 로마 교황청에서 크게 간섭을 받지 않았으며 교회 행정구역도 로마식으로 나누지 않았다. 모름지기 수도원이 종교적, 사회문화적 구심점이 되었던 거였다. 이는 드루이드를 중심으로 신앙과 생활공동체를 꾸려갔던 기존의 사회 구조를 그대로 이어받은 것이었다.

아일랜드 수도원은 후에 유럽 수도원 문화에 지대한 영향을 미치게 된다. 우선 고대 철학과 시문학의 자료들을 수집하고 정리했으며, 성서 탐구를 최대의 과제로 삼아 '성자와 현자들의 섬'이란 별칭을 얻기도 하였다. 카롤루스 대제가 아일랜드 수도사들을 부른 것도 이런 이유 때문이었다. 그리고 또 한 가지, 수도원이 예술의 산실이 된 것도 아일랜드의 영향이 컸다. 특히 손꼽을 수 있는 것이 스크립토리움Scriptorium, 즉 기록실의 도입이었다. 중세 수도원에서 예배당 다음으로 중요한 역할을 했던 장소이다. 여기서 소위 미니어처라고 하는 책장식 기법이 탄생한다. 움베르토 에코의 〈장미의 이름〉이란 영화를 본 독자라면 스크립토리움을 기억할 것이다. 그 곳에서 많은 사건들이 벌어지기 때문이다. 햇빛이 가득한 아름다운 공간에 교단같이 생긴 책상들이 놓여 있고 수도사들이 그 앞에 서서 책을 번역하거나 필사본을 만들고 그림을 그려 넣었던 장소였다. 아일랜드의 수도사들은 이렇게 고대 철학과 시문학, 성서에 대한 지식, 그리고 뛰어난 책 장식 기법 등으로 무장을 하고 프랑크 왕국으로 건너와 수도원 문화를 이식했다.

당시는 카롤루스 대제가 탄생하기 전이었다. 교회의 체계가 제대로 잡히지 않은 상태였다. 영주들은 마침 성자와 현자들의 섬에서 찾아 온 수도사들을 반겼다. 수도사들은 영주들의 적극 후원을 받아 시골에 성당을 짓고 전도를 했다. 이렇게 하여 7세기까지 프랑크 왕국 전역에 근 삼백 개의 수도원을 건설하게 된다. 그렇다고 해도 수도원은 있었지만 수도회는 아직 조직되지 않았었다. 아일랜드 형 수도원은 수도회라는 조직을 거부했다. 성직자 간의 위계질서도 인정하지 않았다. 성직자도 세금을 냈고 신도들에게 십일조를 강요하지 않았다. 교회와 수도원의 살림은 순전히 기부금에 의존했다. 수도원 하나하나가 독립적으로 존재했던 거였다. 이것이 베네딕도 수도회의 출현으로 달라지기 시작했다.

베네딕도 수도회

성 베네딕도가 6세기에 세운 베네딕도 수도회는 11세기까지 유일한 수도회 조직체로 존재했다. 오백 년 동안 '독점' 했던 거였다. 아일랜드로 전도사를 보냈던 교황 그레고리 1세가 베네딕도 수도회에 큰 감명을 받고 적극 지지했을 뿐 아니라 베네딕도 수도회를 교황청의 공식적인 수도회로 지정했다. 아일랜드 형 수도원도 베네딕도 수도회의 원칙을 받아들일 것을 종용받았다. 늦어도 9세기 이후로는 모든 수도원

신 의 정 원 , 나 의 천 국

이 베네딕도 수도회의 방식대로 운영되었다.

　　성 베네딕도는 서기 540년 그 유명한 베네딕도 규칙서를 만들었다. 수도원이라는 공동체를 어떻게 영위하는 것이 옳은지에 대한 지침서이다. 서론까지 포함해서 총 74장으로 되어 있어 수도원 삶을 구석구석 세세히 규정짓고 있다. 일찍이 파코미우스가 주창한 그리스도 공동체의 의미를 되살리고 카에사레아가 내건 수도원의 생활 수칙을 집대성한 것이라 볼 수 있다. 이 베네딕도 규칙서는 중세가 끝날 때까지 수도원 삶의 원칙이 된다. 규칙서의 정신을 한 마디로 표현한 것이 "기도하고 일하라 ora et labora" 였다. 금욕을 우선으로 했고, 검소한 식사 그리고 기도와 낭독, 노동을 원칙으로 정했다. 그리고 수도사들은 수도원을 될수록 벗어나지 말라고 했으므로 자급자족해야 했다. 노동의 원칙과 자급자족의 원칙을 서로 연결하니 농사를 직접 지어야 한다는 결론이 나왔다.

　　수도원에서는 매시간 기도하는 것을 원칙으로 한다. 이는 유대교에서 유래한다. 시편 119편 164절에 보면 "주의 의로운 규례들로 말미암아 내가 하루 일곱 번씩 주를 찬양하나이다" 라고 여호와에게 고백하는 장면이 있다. 그리고 또 시편 119편 62절에 보면 "내가 주의 규례로 말미암아 밤중에 일어나 감사하리라" 라고 쓰여 있다. 유대교와 그리스도교 모두 시편에서 기도 규례의 근원을 찾고 있는 것이다. 시편은 총 150편으로 되어 있다. 이것을 기도문으로 쓰고 있는 것이다. 초기 그리스도인들은 매일 시편 150편을 모두 낭송했다고 한다. 베네딕도가 규칙서를 만들 때 조금 느슨해 졌다. 시편 150편을 일주일에 나누어 읽도록 한 것이다. 사실 시편 150편을 모두 읽으면 일할 시간이 없어진다. 기도하고 일하라는 원칙을 지킬 수 없는 것이다. 이 규

성 베네딕도. 왼쪽에 서
서 애기 수도사를 축복
하고 있는 성자가 베네
딕도이다(로렌초 모나
코 그림, 1413~1414
년경).

신 의 정 원 , 나 의 천 국

칙은 20세기에 와서야 풀어진다. 1960년 교황이 칙서를 통해 시편 150편을 4주에 나누어 읽어도 좋게 되었다.

　　베네딕도는 하루에 여덟 번 기도하도록 권고했다. 시편과 성인들이 쓴 기도문 낭독 그리고 성서 봉독 등이 기도의 내용이었다. 문자 그대로 어두웠던 중세에는 햇빛이 있는 시간에만 글을 읽을 수 있었으므로 일출과 일몰 사이의 시간을 다섯 부분으로 나누었다. 그러니까 시간은 여섯 단위였던 것이다. 거기다 한 밤중에 일어나 기도해야 했고 자기 전에 또 한 번 기도했으니 총 여덟 번이 되었다. 일출을 라우데스라고 했고 그 다음부터 대략 세 시간 간격으로 테르츠, 섹스트, 논, 베스퍼, 그리고 콤플렛이라고 했다. 일출과 일몰 사이의 시간이라는 것이 늘 변하였기 때문에 테르츠와 콤플렛 사이의 시간도 늘었다 줄었다 했다. 14세기에 태엽시계가 발명되기까지는 그랬다. 그전까지는 해시계, 물시계 혹은 천문시계로 시간을 측정했고 교회의 첨탑에서 종을 울려 시간을 알렸다. 9세기부터는 촛불시계가 널리 분포되었었다. 일정한 크기와 형태의 초를 만들어 눈금을 그린 후 초의 타들어가는 속도를 보고 시간을 가늠하는 방법이었다. 중세의 도시에 시계탑이 처음으로 세워진 것이 1370년경이라고 한다.

　　낮이 긴 여름에만 점심 식사가 있었고 9월에서 부활절까지는 하루 한 번 저녁에만 식사를 했다. 기도를 위해 중간에 손을 놓기는 했지만 아침부터 저녁까지 각자 맡은 일과가 있었다. 성서 공부도 여기 속했고 각자의 능력과 소질에 따라 주어진 일을 했다. 정원일, 부엌일 그리고 도서관에서 필사하는 일들이었다.

베네딕도는 수도사의 위계질서에서부터 문지기의 역할, 의식 주며 벌칙에 이르기까지 정말 세세하고 꼼꼼한 규정을 만들어 놓았다. 이유는 밝히지 않았지만 네 발 달린 짐승을 먹지 못하게 했기 때문에 수도원에서는 닭이나 오리 등 두 발 달린 짐승을 많이 길렀다. 유럽의 큰 축제날에 고기가 아닌 칠면조나 거위를 먹는 풍습이 생긴 것이다. 그리고 생선을 많이 먹었는데 그래서 수도원이 양어장을 가지고 있는 경우가 드물지 않았다.

귀족들의 수도원

비록 베네딕도가 검소함을 강조하긴 했지만 시간이 흐르면서 왕과 귀족들이 수도원에 토지를 기증하는 일이 잦아지다보니 수도원의 규모가 점점 커지고 부를 축적하게 되었다. 11세기경, 당시 가장 크고 유명했던 프랑스의 클뤼니 수도원은 작은 왕국을 방불케 하는 방대한 영토를 지니게 되었고 수도원 건물은 영주들의 성보다 화려하였다. 수도원은 어느새 농노들을 거느리고 넓은 영토를 경작하는 영주로 변해 있었다.

왕과 귀족들이 수도원에 토지를 기증한 이유는 우선 위에서 이미 말한 것처럼 낙후된 영토를 수도원에 기증함으로써 개발을 꾀했기 때문이기도 했지만, 다른 한편 귀족들이 수도원에 들어가 몸을 의탁하는 경우가 빈번해 졌기 때문이다. 몸만 들어가는 것이 아니라 큰 재산을 같이 가지고 들어갔기 때문에 수도원이 부유해지는 걸 막을 재간이 없었다. 프랑크 왕국에서 재산 분배로 인해 여러 번 곤욕을 치른 이후 장남이 왕위를 물려받고 차남과 서자들이 수도사가 되는 전통이 생긴 것이다. 이들은 모두 수도원에 재산을 가지고 들어오든가 아니면 아예 수도원을 새로 짓고 들어가기도 했다. 게다가 속죄의 의미로 혹은 천

국에 가기 위해 수도원에 값비싼 선물, 이를 테면 금과 보석으로 화려하게 장식된 십자가 등을 바치는 일도 점점 빈번해졌다. 이렇게 신앙심에서라기보다는 사회적, 정치적 동기에서 수도원으로 몰려드는 귀족들이 늘어가면서 수도원의 성격도 점점 세속화되었음은 물론이다. 특히 클뤼니 수도원이 이 방면으로 유명하였다. 이 수도원에서 여러 명의 교황을 배출하였기 때문에 거들먹거려지는 건 어쩔 수 없었다. 미사 의식도 점점 장엄해져서 기도와 노동이라는 베네딕도의 원칙은 이미 잊은 지 오래고 몇 시간에 걸쳐 복잡한 과정의 미사를 보고 화려한 복색을 떨쳐입고 행렬을 하는 것이 일과였다고 한다. 그래서 일어난 것이 클뤼니 수도회의 개혁이었다. 그러나 개혁된 수도회 역시 시간이 흐르면서 다시 부를 축적하게 되었고 세속화의 길을 걸었다. 이런 식으로 개혁과 세속화를 거듭하며 개혁의 바람이 불 때마다 새로운 수도회가 결성되어, 시토 수도회, 프란체스코 수도회, 도미니코 수도회 등이 차례로 생겨나게 되었다.

시토 수도회는 11세기 클뤼니 수도원에서 일부 수도사들이 갈라져 나와 새로 세운 수도회였다. 잊혀져가는 베네딕도의 규칙을 그대로 지키고 살겠다는 다짐이었다. 시토라는 이름은 그 때 수도원을 세운 장소가 프랑스의 시토라는 곳이었기 때문에 정착된 것이다. 여기서 수도원 역사상 가장 큰 영향을 미친 베르나르 클레르보 원장을 배출한다. 그의 명성 덕에 시토 수도회는 급속한 발전을 하게 되고 곧 전 유럽에 걸쳐 수많은 수도원이 설립되어 1300년경에는 이미 700개의 시토 수도원이 건설되었다고 한다. 시토 수도원은 각각 계보를 가지고 있다. 수도원이 커지면 확장을 하는 것이 아니라 일정한 수의 수도사 혹

대표적 시토 수도원 중
의 하나인 프랑스의 세
낭끄 수도원. 시토 수도
회의 단순하고 검소한
건축 양식을 아직 원형
그대로 간직하고 있고
주변의 농경지가 농가
를 방불케 한다. 현재
여섯 명의 수도사들이
이끌어 가고 있으며 라
벤더 생산지로도 유명
하다.

신 의 정 원 , 나 의 천 국

은 수녀들을 독립시켰다. 이들은 멀찍이 다른 장소로 가서 새로운 영토를 개척해야했다. 이 새 수도원을 '딸 수도원'이라고 했고 '어머니 수도원'과 긴밀히 연결되어 있었다. 이 딸들이 성장하면 여기서 다시 딸 수도원이 갈라져 나가는 방식을 취했기 때문에 시토 수도원마다 어머니 수도원을 모시고 딸 수도원을 거느리는 체계를 가지게 되었다.

자급자족과 노동의 원칙을 충실히 지키려다보니 영농이 상당히 중요한 일이 될 수밖에 없었다. 때문에 시토 수도회는 곧 뛰어난 정원사로, 영농기술자로 이름을 날리게 되었다. 그러나 세월이 흐르며 농업기술과 토목기술이 점점 발달하고 합리적인 경영시스템을 도입하니 시토 수도회 역시 부가 저절로 축적되었다. 차츰 대규모 영농업체와 같은 성격과 규모로 발전하게 되었던 거다. 이 때 수도사들의 구성을 보면 귀족 출신의 사제들과 평민 출신의 평수사가 있었다. 평수사는 말이 수사이지 실질적인 수도원의 노동자들이었다. 수도원에서 같이 살긴 했지만 사제는 될 수 없는 신분이었다. 13세기에 이르자 평민 출신의 젊은이들이 평수사의 길을 가기보다는 당시 새로 설립된 '탁발 수도회' 쪽으로 몰려갔다. 시토 수도회는 노동을 담당했던 '형제'들이 없어지자 넓은 농토를 경작할 길이 막막해져 농노들에게 소작을 줄 수밖에 없었다. 결국 베네딕도 수도원과 유사한 길을 걷게 되었던 거였다.

시토 수도회의 뛰어난 영농기술은 중세 정원에도 적지 않은 영향을 미쳤다. 뒤에서 정원을 이야기 할 때 시토 수도원에 대해 다시 한 번 자세히 살펴 볼 예정이다.

3
중세 황금기

혁명의 시대

서기 1000년경. "그리스도가 이 세상에 온지 천 년이 되니 세상이 환한 아침 햇살에 빛나는 듯 했다"라고 동시대의 한 주교가 쓴 메모가 전해진다. 무슨 일이 있었던 것일까.

이때부터 중세는 근본적으로 달라지기 시작했다. 무슨 사건이 있었던 것은 아니었다. 우선 농법의 개량으로 곡식 생산량이 엄청나게

신 의 정 원 , 나 의 천 국

증가했다. 말이 끄는 쟁기가 발명되고 철제 농기구가 보급되었다. 물레방아도 개발되었다. 그리고 유럽의 기후가 한동안 온화했었다. 이런 것들이 원인이 되어 먹을 것이 풍족해지니 인구가 늘었다. 1050년에서 1250년 사이에 두 배가 되었다. 그리고 모든 사회 구조에도 변화가 일기 시작했다. 유럽은 그때까지만 해도 거의 대부분 숲으로 뒤덮여 있었다. 인구가 증가하니 숲을 베어 마을을 짓고 새로운 농경지를 개간해야 했다. 배수로도 만들었다. 사람들이 살지 않던 땅에 마을이 들어서기 시작했다. 자연경관이 줄어들고 문화경관이 형성되기 시작했다. 수십만의 사람들이 스페인에서, 프랑스에서, 영국에서, 벨기에에서 그리고 독일에서 각각 길을 떠나 새로운 삶을 찾아 움직였다. 도시로 향하는 사람들이었다. 도시에서 자리를 잡으면 자유 시민이 될 수 있었다. 봉건신분제도의 굴레를 벗을 수 있었다. "도시 공기는 자유롭다"라는 말이 떠돌았다. 본시 농경문화에 기초를 두었던 것이 봉건영주였으므로 그들의 영역은 도시의 성문 밖에서 끝났던 거였다. 도시에 새로운 상류계급이 생겨났다. 수공업자들이 모여 길드를 형성했다. 이제 상인들과 길드가 도시의 주인이었다. 물물교환이 사라지고 화폐경제가 시작되었다. 베니스, 제노바, 한자 동맹의 도시들이 급속히 성장했다. 이들은 전 유럽을 쏘다니며 엄청난 물량을 유통시켰다. 북부 이탈리아를 중심으로 금융업이 발달하기 시작했다. 은행, 계좌, 수표, 이런 말들이 나돌았다. 파리는 세계적인 도시로 성장했다. 수도원의 독점영역이었던 교육이 수도원 담을 넘었다. 1200년경부터 대학이 설립되었다. 대학생이라는 새로운 신분이 형성되었다. 이들은 유럽 전역에서 프랑스로 몰려들었다.

성당의 날렵한 탑이 하늘을 찌를 듯 솟아올랐다. 고딕 성당이었다. 이 성당들은 기적에 가까운 건축 기술의 승리였다. 이제 높은 창문이 생긴 성당은 환한 빛으로 가득했다. "하늘의 유리 궁전"이라는 이름이 붙여졌다.

역사학자들은 이 시대를 혁명의 시대로 부른다. 그것도 여러 번 분량의 혁명이 한꺼번에 일어났다는 것이다. 농업의 혁명, 도시의 혁명, 금융경제의 혁명, 상업의 혁명 그리고 무엇보다도 감성의 혁명이 일어났다고 한다. 그 전엔 늘 먹고 살기 바빴었다. 전쟁에서 죽거나 병들어 죽거나 뼈 빠지게 일하느라 감성을 다듬을 여유가 없었다. 그러던 남자들이 여인에 대한 새로운 감정을 발견하게 되었다고 한다. 사랑이었다.

고딕 성당. 하늘의 유리 궁전이라고 불렸다. 기석에 가까운 건축의 승리라고 한다.

신 의 정 원 , 나 의 천 국

9세기 이탈리아 살레르노에 설립된 의학전문학교. 몬테카시노의 베네딕도 수도원에서 설립하고 운영했다. 대학의 전신이라고 볼 수 있다. 그림은 노르만 왕로베르트에 얽힌 설화를 보여준다. 왼쪽 아래에 왕비가 죽어있고 오른쪽에 살아난 왕이 의사에게 감사 인사를 전하고 있다. 살레르노 의학전문학교 의사들이 시키는 대로 했다고 전해진다.

1370년경 이탈리아 대학의 강의실 모습. 교수는 동방에서 온 박사이다. 이탈리아에 일찌감치 동방의 학문과 의술이 전해졌다는 증거라 하겠다.

남프랑스를 중심으로 음유시인들이 등장했다. 이들과 함께 귀부인 숭배와 궁정풍이라고 불리는 새로운 연애의 이념이 생겨났다. 남프랑스에서 북프랑스로 거기서 독일로 또 이탈리아로 불길같이 번졌다. 기사도 정신이 생겨난 것도 이 즈음이었다. 연애의 이념이 사회적 이념으로 발전해 갔다.

이런 모든 사회적 변화는 그리스도교라는 기초 위에서 일어났다. 종교는 공동체가 같이 움직이는 데 확실한 방향을 제시했다. 사실 1200년경 성당과, 대학과 왕실을 중심으로 일어났던 문화의 부흥을 다시는 따라잡지 못했다고 한다. 찬란하게 소문난 르네상스는 회귀에 불과했다. 그러나 중세는 없던 것을 만들어 낸 창조의 시대였다. 그래서 앙리 마티스가 말한 적이 있다. 르네상스는 몰락이었다고. 지금 대다수의 유럽인들이 토마스 아퀴나스 시절에 세워진 도시에서 살고 있고 13세기에 지어진 교회의 그늘 밑에서 살고 있다. 그리고 유럽 민주주의 전통이 이미 중세 도시의 시의원 제도에서 시작되고 있었다. 도시는 자유로웠다. 지금도 존재하는 각종 국제기구나 사회단체 등도 중세의 귀족이나 시민들이 이미 시작한 거였다.

1287년 몽골에서 유럽으로 사신을 파견한 적이 있었다. 그는 로마와 파리를 보았다. 으리으리한 성당 건축보다 그를 더 놀라게 한 것은 파리의 대학이었다고 한다. 학생이 무려 삼만 명이었단다. 철학, 수사학, 의술, 기하학, 수학, 그리고 천문학을 공부했으며 모두 왕의 장학금을 받고 있었다. 이제 유럽이 동방의 문화 수준과 어깨를 나란히 하게 되었던 것이다. 학문이 종교의 그늘을 떠나 독자적 영역으로 자리 잡으며 사람들의 생각에도 많은 변화를 가져왔다. 자유, 민주, 자립 등의 개념이 생기고 개인에 대한 자각이나 사람으로서의 기본 권리 등의 개념도 생겨났다. 사랑이라는 감정의 발견도 이에 속하는 거였다. 사랑이 문화가 되었다. 물론 나라마다 다소 편차는 있었다고 하더라도 유럽이 하나의 사고체계로 통합되기 시작하였다. 유래 없던 일이었다.

중세를 생각하면 신비감과 친숙함이 동시에 떠오른다고 말한 사람도 있다. 산에 높이 자리 잡은 동화 같은 성, 갑옷을 입고 말을 탄 기사들, 그들이 벌이는 마상대회. 그런 한편 지옥에 대한 끝없는 두려움 그리고 두꺼운 돌담 뒤에 숨은 채 금욕의 삶을 살았던 수도사들. 또 그와는 사뭇 다른 번영했던 중세 도시들의 모습과 은행, 성당의 높은 첨탑들. 모두 같은 세상의 모습이었다.

사실 중세는 사회적으로, 정치적으로 그리고 문화적으로 많은 성공을 거둔 시대였다. 어디선지 모르게 쏟아져 나오는 에너지에 떠밀렸던 시대였다. 특히 유럽 본토에서의 13세기는 이렇다 할 전쟁이 없어 문화적으로 경제적으로 가장 크게 도약할 수 있던 세기였다. 전쟁은 멀리 예루살렘에서 벌어지고 있었다.

중세의 베스트셀러 - 아서 왕 전설과 니벨룽겐의 노래

바로 이 시절에 아서 왕 이야기와 니벨룽겐의 노래라는 문학적 유산이 탄생한다. 둘 다 서기 천이백 년경에 쓰인 서사극인데 당시에 이미 엄청난 베스트셀러였다고 한다. 그리고 두 이야기 모두 동시대의 이야기를 하는 것이 아니라 5세기를 배경으로 삼았다는 점이 닮아 있었다. 5세기는 이미 살펴본 것처럼 민족대이동의 결과로 온 세상이 커다란 움직임에 사로잡혔던 시기였다. 천이백 년경에 칠백 년 전의 이야기를 새삼 끄집어 낸 데는 그럴만한 이유가 있었을 것이다. 1200년경, 가장 큰 얘깃거리는 십자군 전쟁이었다. 뒤에서 사세히 실펴보겠지만 11세기 말, 첫 십자군이 예루살렘을 이슬람의 손에서 탈환하고 그곳에 유럽식 봉건제도를 본 딴 십자군 왕국을 세웠다. 유럽에서 난리가 났었다. 드디어 성스러운 나라의 주인이 되었다고 생각했다. 그러나 이 왕국은 다시 위기에 처하게 되고 이슬람 세력과의 전쟁은 많은 폐해를 남기며 백 년 이상 장기전에 돌입한 상황이었다. 여기저기서 십자군 원정에 대해 비판의 소리가 들려오기 시작했다. 많은 수도사들이 요한 계시록의 구절, "메시아가 왕 중 왕이 되어 돌아오는 날, 그는 이교도들을 말로써 물리칠 것이다"를 상기시키며 칼을 거둘 것을 종용했다.

아서 왕 이야기와 니벨룽겐 노래는 바로 이런 시대적 분위기 속에서 만들어진 거였다. 유럽이 형성되기 시작했던 5세기로 돌아가

신 의 정 원 , 나 의 천 국

새로운 시대의 이상을 다시 불러들이고 싶었을지도 모르겠다. 아서 왕 이야기의 무대가 되는 5세기의 브리타니아는 근 사백 년 동안 주둔했던 로마인들이 철수하며 큰 공백을 남기고 간 상황이었다. 그러자 부족 간의 다툼이 시작되었고 스코틀랜드에선 픽트족이 반란을 일으켰으며 앵글로색슨족이 점점 영역을 확장해 가고 있었다. 이 시대를 영국에서는 '다크 에이지'라고 한다. 로마의 빈자리를 채우고 작센족을 견제해 줄 지도자가 절실했을 것이다. 무엇보다도 시대를 밝힐 등불이 필요했을 것이다. 그것이 아서 왕이었다. 그가 실존인물이었는지는 분명치 않다. 그 시대에 작센족과 맞서 싸운 영웅이 있었다는 기록이 있지만 그의 이름이 아서가 아니기 때문에 아서라는 명칭 자체가 어쩌면 '지도자'를 뜻할지도 모른다는 가설도 생겨났다. 어쨌거나 역사서에는 등장하지 않지만 전설이 끊이지 않는 아서 왕.

먼저 프랑스의 시인 크레티엥 드 트로이가 쓴 여러 편의 아서 왕 이야기들이 모두 베스트셀러가 되었고 다른 시인들도 앞을 다투어 비슷한 이야기를 만들었다.

같은 시기에 독일에서 만들어진 니벨룽겐의 노래는 프랑크 왕국의 전신이었던 부르군트 왕국의 몰락을 다루고 있다. 즉 프랑크 왕국의 탄생 전야를 그리고 있는 것이다.

아서 왕과 원탁의 기사들

우리가 지금 알고 있는 아서 왕 이야기들은 19세기 이후에 쓰인 소설이나 20세기에 만들어진 영화를 통해서 보고 들은 것들이다. 그래서 이야기들이 각양각색이다. 가장 원본이라고 할 수 있는 것이 1136년

마법사 멀린이 어린 아기 아서를 데리고 가는 장면. 아서 왕의 일생을 다룬 이야기 중 가장 잘 알려진 것이 1485년 토마스 말로리가 쓴 「The Book of King Arthur and His Noble Knights of the Round Table」이라는 책이며 이 그림은 1922년 판본의 삽화이다.

몬머스의 제프리라는 수도사가 쓴 영국왕의 연대기였다.[1] 이 연대기에 의하면 아서는 열다섯에 왕이 된다. 브리타니아의 왕만이 뽑을 수 있다고 알려진 돌에 박힌 검을 뽑았던 것이다. 젊은 아서는 왕이 된 후 큰 전투를 여러 번 치러 작센족을 육천 명이나 죽이고 나머지는 브리타니아에서 쫓아낸다. 스코틀랜드도 평정하고 나니 브리타니아에 평화가 왔다. 그래서 원정을 떠난다. 아일랜드, 아이슬란드, 노르웨이, 스웨덴, 덴마크까지 평정하고 갈리아에서 로마 군 총독을 이긴다. 이제 세상에 아서 왕의 명성이 자자해진다. 기사들은 다투어 아서 왕과 그의 기사들처럼 갑옷을 입고 무장을 한다. 아서 왕은 오순절을 맞아 근사한 축제를 연다. 온 세상에서 왕들과 영주들이 몰려온다. 그리고 주교가 아서 왕을 모든 나라의 왕, 즉 '왕 중 왕'으로 왕관을 씌워준다.

이 때 로마에서 사신이 온다. 루치우스 티베리우스(가상 인물) 사령관이 선전포고를 한 것이다. 이에 아서 왕은 엄청난 대군을 거느리고 갈리아 지방으로 다시 향한다. 왕국과 왕비는 조카 모드리드에게

---

1 Wolfgang Golther, Die deutsche Dichtung im Mittelalter. S. 173ff ; Wiki etc. Geoffery von Monmouth. 표기법은 한국 Wiki 참조함.

신 의 정 원 , 나 의 천 국

지켜달라고 부탁한다. 물론 아서 왕은 용감하게 싸워 로마 군을 굴복시킨다. 마침 겨울이 왔으므로 아서 왕 일행은 갈리아 지방에서 겨울을 나고 봄에 로마로 쳐들어 갈 계획을 세운다. 이 때 본국에서 파발마가 온다. 나라를 맡긴 조카 모드리드가 반란을 일으킨 것이다. 그가 아서 왕의 왕비와 혼인을 하고 스스로 왕좌에 앉았다는 거였다. 아서 왕과 기사들은 급히 귀국한다. 그 사이 왕비는 무사히 탈출해서 수도원으로 피신한다. 아서 군과 모드리드 군 사이에 큰 전투가 벌어지고 양편의 거의 모든 기사들이 전사한다. 마지막으로 모드리드와 아서 왕이 마주서게 되는데 모드리드는 아서 왕의 칼에 죽고 아서 왕은 모드리드의 창에 맞아 크게 부상을 당한다. 이 때 멀리서 배 한척이 나타나 부상당한 아서 왕을 싣고 떠난다. 전설의 나라 아발론으로 모셔간 것이다.

이것이 연대기에 나와 있는 아서 왕 전설의 전부이다. 이것을 바탕으로 해서 1200년경에 프랑스 시인이 쓴 아서 왕 이야기는 좀 남다른 구도를 가지게 된다. 엄밀히 얘기하면 아서 왕 이야기가 아니고 원탁의 기사들 이야기라고 하는 것이 옳을 것이다. 그래서 책의 제목도 "아서 왕"이 아니라 에렉, 갈라하드, 란셀롯, 가우엔 등 기사들의 이름을 따서 붙였다. 그럼에도 아서 왕 이야기라고 하는 이유는 아서 왕이 이야기의 배경으로 버티고 있기 때문이다. 중세에 쓰인 거의 모든 아서 왕 서사극이 같은 플롯으로 전개된다. 우선 아서 왕의 화려한 궁전 카멜롯에 원탁의 기사들이 모여 있다. 이 때 누군가 뛰어들며 어디선가 사건이 터졌다고 고한다. 혹은 어딘가 모험거리가 있다는 이야기를 한다. 그러면 기사 중 한 명이 분연히 일어나 일을 맡으러 나선다. 그리고 도중에 갖가지 모험을 겪고 다시 아서 왕의 원탁으로 돌아온다. 거기서 아서 왕의 축복을 받고 자기 영토로 돌아가 훌륭한 왕이 된다는 구도이다. 결국 이 아서 왕 이야기들은 기사들의 성장기이며 그들이 왕의 자격을 얻기 위해 시험을 치르는 과정이다. 아서 왕은 왕 중왕인 것이다. 이 이야기들이 만들어지던 시대는 소위 말하는 '기사도'라는 것이 형성되던 때였다. 원탁의 기사 이야기는 결국 기사라는 게 무엇인지, 기사도란 어떤 것인지, 왕과 왕실은 어떤 의미를 가지며 왕국은 어떤 것인지를 그리는 새로운 시대에 대한 설계도였던 것이다.

아서 왕 연대기를 보면 한 가지 미심쩍은 부분이 있다. 왜 기독교 신자였던 아서 왕을 천국으로 보내지 않고 전설 속의 요정들이 데리고 가게 했는가 하는 점이다. 기독교가 최고조에 달했던 12세기에, 그것도 수도사가 쓴 연대기에 아서 왕을 아발론의 신녀들에게 돌려보냈다. 하늘에서 천사들이 내려와 데려갔다고 각색했을 법도 한데 그러

아발론 섬에서 잠자고 있는 아서 왕(Edward Burne-Jones 그림, 1881~1898)

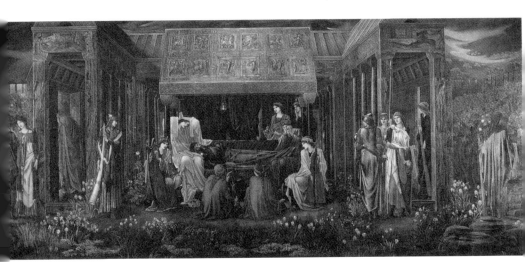

신 의 정 원 , 나 의 천 국

지 않았다. 그리고 이것이 단 한 번의 이야기로 끝난 것이 아니라 수차례 새로운 버전으로 쓰였어도 아서 왕은 결국 천당으로 가지 못하고 아발론 섬의 안개 속에서 지금껏 잠들어 있는 것이다. 난세가 되면 다시 나타날 것이라고 했다.

　　다른 전설에 의하면 아서 왕은 아발론 신녀의 후손으로 설명되고 있다. 그는 바로 켈트족 전통 세력권에 의해 왕으로 추대되었던 거였다. 그가 망가진 왕의 검 대신 엑스칼리버 검을 물의 요정으로부터 건네받게 되는 것도 바로 그들이 세운 왕이라는 징표였다. 그러나 그는 왕이 된 후 켈트족의 전통 신앙과 기독교와의 사이에서 갈등하다가 결국 기독교를 택하고 아발론을 배신한다. 콘스탄티누스 대제, 클로비스 1세에 이어 아서 왕까지 기독교를 선택한 것이다. 대세는 완전히 기울었다. 아발론이 설 자리가 없었다. 이에 깊은 슬픔에 싸인 아발론은 안개 속으로 멀리 사라져 버린다. 그러다가 아서가 죽자 다시 나타나 데려간 것이다.

　　중세의 사람들은 예수 그리스도와 아서 왕을 같은 카테고리에 두었다. 그리스도가 인간을 구원하는 것과 아서 왕이 잠에서 깨어나 나라를 구할 것이란 사실을 둘 다 믿었고 그것이 모순이라고 생각하지 않았던 거였다. 이와 마찬가지로 원탁의 기사들이 성배를 찾아 나선다는 이야기가 최고의 인기를 끌었던 것도 하등 이상할 게 없었다. 그들은 기독교와 함께 유럽으로 건너 온 여러 문화유산들을 자신들의 오래된 신화와 함께 용광로 속에 넣고 녹여버렸던 것이다. 지금도 간간히 들려오는 성배 찾기가 최초로 언급되는 것이 바로 아서 왕 이야기이다. 아서 왕이 찾아다니는 것이 아니라 그의 기사들이 찾아다닌다. 영국의 아서 왕과 원탁의 기사들이 예수 그리스도의 성배와 대체 무슨

관계가 있었던 걸까. 그 대답은 잠시 뒤로 미루고 니벨룽겐의 노래에
귀를 기울여 볼까 한다.

니벨룽겐의 노래

니벨룽겐의 노래는 스칸디나비아로부터 남부 독일까지 널리 퍼져있던
니벨룽겐 부족에 대한 전설을 바탕으로 1200년경에 쓰인 서사극이다.
화려하고 풍부한 언어 구사와 세련된 스토리텔링으로 독일 중세 문학
을 빛낸 작품으로 꼽히고 있다.

그런데 한 가지 짚고 넘어가야 하는 것은 널리 알려진 리하르
트 바그너의 연작 오페라 〈니벨룽겐의 반지〉와 중세의 소설 『니벨룽
겐의 노래』가 서로 많이 다르다는 점이다. 바그너가 니벨룽겐의 노래
를 바탕으로 해서 오페라를 쓴 건 사실이지만 그 외에 다른 신화적 요
소들을 풍부하게 엮어 전혀 새로운 이야기를 만들어 냈다. 일반적으로
바그너 오페라의 스토리가 더 많이 알려져 있기 때문에 원작 니벨룽겐
의 노래 내용을 여기서 간단히 요약해 볼까 한다.

니벨룽겐이란 게르만의 전설적인 난쟁이 부족의 이름이다. 이
들은 스칸디나비아의 어딘가 지하세계에 살며 마법의 무기와 보물들
을 만드는 부유한 부족이었다. 엄청난 양의 보물을 가지고 있었다는데
그것이 '니벨룽겐의 보물' 이다. 니벨룽겐의 노래는 이 보물에 얽힌 다
툼과, 정치적 드라마, 사랑과 욕망, 왕실간의 배신과 복수를 테마로 하
는 서사극이다.

네 명의 중요한 등장인물들이 있다. 우선 절세미인 크림힐데

공주와 불멸의 영웅 지그프리트가 한 쌍을 이룬다. 다음엔 크림힐데의 오빠이자 부르군트의 왕 군터와 북쪽의 아이슬란드의 여걸 브륀힐데 여왕이 다른 한 쌍이다. 이 네 명 외에 또 빼놓을 수 없는 중요한 인물들이 있는데 한 사람은 군터 왕의 심복이자 악역을 맡고 있는 하겐 백작이고, 다른 한 사람은 나중에 크림힐데의 두 번째 남편이 되는 훈족의 에첼 왕이다. 이 왕이 바로 이름만 바꾼 아틸라 왕이다.

이야기는 크게 1부와 2부로 나뉜다. 1부는 크림힐데와 지그프리트의 혼인과 지그프리트의 죽음을 다루고 있고 2부는 크림힐데의 피비린내 나는 복수극을 다루고 있다.

군터 왕의 여동생 크림힐데는 그 미모가 널리 소문이 나 사방에서 젊은 귀족들이 청혼을 하지만 모조리 거절한다. 결혼이 불행으로 끝나는 것을 많이 보았기 때문에 혼인할 마음이 없다고 했다. 그녀는 기도와 수놓기 등으로 소일하는 조신한 여인이었다. 한편 이웃나라에 사는 지그프리트 왕자도 크림힐데의 소문을 듣고 그녀에게 청혼을 하기 위해 부르군트 왕국으로 간다. 그는 이미 수많은 모험을 다닌 바 있고 니벨룽겐족을 이겨 그들의 보물과 마법의 투구

니벨룽겐의 노래의 15세기 필사본 중 브륀힐데가 군터의 왕국에 도착하는 장면(베를린 국립도서관 소장)

를 차지한 바 있다. 마법의 투구를 쓴 사람은 보이지 않게 될 뿐 아니라 힘도 막강해 진다. 지그프리트는 그 힘으로 용을 물리치고 나서, 용의 피로 목욕을 하여 창도 뚫을 수 없는 단단한 피부를 가지게 된다. 이로써 그는 젊음과 부와 권력과 마법의 힘을 모두 갖춘 무적의 영웅이 된 것이다. 그는 하겐 왕의 왕실에서 일 년을 왕의 동반자로 봉사해 준 뒤에 크림힐데와의 혼인을 허락받는다. 이 일 년 동안 그는 덴마크의 노르만족과의 전쟁을 승리로 이끄는 등 많은 공적을 쌓는다. 크림힐데 역시 늠름한 지그프리트에게 일찌감치 반해 혼인하지 않겠다는 결심도 잊은 상태다. 그러나 아직도 미혼인 군터 왕은 자기가 먼저 혼인할 뜻을 밝히고 지그프리트와 함께 아이슬란드로 신붓감을 구하러 간다. 군터 왕이 점찍은 신붓감은 하필 아이슬란드의 여왕 브륀힐데였다. 그

니벨룽겐의 노래 1914년 판본. 지그프리트와 크림힐데가 다정하게 포즈를 취하고 있다(화가 미상).

신 의 정 원 , 나 의 천 국

녀는 천하의 여장부였는데 자신과 겨루기에 이겨야만 청혼을 받아준다는 조건을 내세웠다. 지면 죽음이 기다리고 있었다. 종목은 창던지기, 바위던지기, 멀리뛰기였다. 하겐 왕은 이길 재간이 없어서 지그프리트가 마법의 투구를 쓰고 대신 이겨준다. 브륀힐데는 패배를 인정하고 약속대로 하겐 왕을 따라 부르군트 왕국으로 와서 그의 신부가 된다. 지그프리트와 크림힐데도 같은 날 혼인을 한다.

그러나 브륀힐데는 첫날밤에 군터 왕을 꽁꽁 묶어 벽에 거꾸로 매달아 놓는다. 그녀의 처녀성이 브륀힐데의 무시무시한 힘의 원천이었기 때문에 잃을 수가 없었던 거였다. 군터는 다시 지그프리트에게 도움을 청한다. 지그프리트는 마법의 투구를 쓰고 군터를 대신해서 신부를 겁탈한다. 그리고 그 증거로 브륀힐데의 허리띠와 반지를 감춘다. 첫날밤에 자신의 신부를 버려두고 남의 신방에 다녀왔으니 크림힐데에게 자신의 행적을 변명할 증거가 필요했던 것이다. 이로서 비극의 씨가 뿌려진 거였다. 브륀힐데는 이제 힘을 잃고 나약한 여인이 된다.

여기서 유명한 "성당 장면"이 나오는데, 크림힐데와 브륀힐데가 누가 먼저 성당에 들어갈 것인지 순위를 놓고 싸우는 장면이다. 둘 사이엔 이미 남모르는 경쟁심이 깊었던 거였다. 브륀힐데 역시 허접한 군터 왕보다는 영웅 지그프리트 쪽으로 마음이 더 끌렸다. 그래서인지 바그너 오페라에는 지그프리트와 브륀힐데가 연인 사이로 묘사된다. 한편 크림힐데는 마음속에 남편에 대한 사랑과 미움을 동시에 키우고 있었다. 크림힐데라는 이름 자체가 가면을 쓰고 싸운다는 뜻이라고 한다. 브륀힐데가 여전사로 기사들과 힘겨루기를 했다면 크림힐데는 전형적인 여인의 싸움을 벌인다.

그러는 한편 군터 왕의 심복인 하겐은 지그프리트에 대한 질투와 니벨룽겐의 보물에 대한 욕망으로 불타오른다. 군터 왕을 꼬여 함께 계략을 짠다. 그리고 크림힐데에게 은근히 묻는다. 지그프리트와 사냥을 갈 텐데, 영웅의 신변을 철저히 보호하고자 하니 그의 약점이 어딘지 가르쳐 주십시오. 그의 계략에 넘어간 크림힐데가 남편의 약점을 가르쳐준다. 지그프리트가 용의 피로 목욕할 때 나뭇잎 하나가 등에 날아와 앉은 자리가 있는데 그곳은 보호가 되지 않았던 거였다. 크림힐데는 지그프리트의 옷에 정성스럽게 십자가를 그려 넣어 그 자리를 표시해 둔다. 지그프리트는 결국 사냥터에서 하겐의 활에 등을 맞고 죽는다. 크림힐데가 음모를 알고도 남편에 대한 원망으로 그를 죽음으로 몰고 갔는지 아니면 순진하게 속은 것인지에 대해 지금도 해석이 분분하

니벨룽겐의 노래 1부의 무대인 보름스의 대성당. 크림힐데와 브륀힐데가 서로 먼저 들어가겠다고 다툰 곳이다.

신 의 정 원 , 나 의 천 국

다. 크림힐데의 복잡한 성격으로 보아 알고 있었을 확률이 더 크다.

한편 하겐은 니벨룽겐의 보물을 훔쳐 라인 강 바닥에 깊이 감춰둔다. 이 보물은 아마 지금도 라인 강 바닥 어딘가에 있을 것이다. 하겐에게 남편과 보물을 다 빼앗긴 크림힐데는 복수를 꿈꾼다. 어쩌면 처절한 복수만이 남편의 죽음에 대한 자신의 과실을 씻을 수 있다고 생각했는지도 모른다. 십삼 년이 지난 후 마침 훈족의 에첼 왕이 크림힐데에게 청혼을 한다. 그의 막강한 힘이 필요했던 크림힐데는 승낙을 하고 에첼 왕의 왕비가 되어 그의 왕국, 지금의 헝가리에 가서 살며 기회를 노린다. 다시 십삼 년의 세월이 흐른 어느 날, 크림힐데는 에첼 왕을 설득하여 오라비 군터 왕과 그의 일행을 모두 초대한다. 하겐은 크림힐데가 화해하기 위해 초대한 것이 아니란 걸 짐작한다. 그 뿐 아니라 여러 번 경고도 받는다. 요정들이 나타나 예언하기를 에첼 성에 가면 아무도 살아 돌아올 수 없다고 한 것이다. 그럼에도 하겐은 일행에게 예언에 대해 함구하고 길을 떠난다. 일행이 천 명 가까웠다. 하겐의 강행군은 운명을 거역하고 스스로 개척하려는 그의 강인한 의지를 보여준다는 해석이 있고 당시 게르만의 부족 정신이 그랬다는 해석도

니벨룽겐의 노래의 15세기 필사본 중 지그프리트가 하겐에게 살해당하는 장면(베를린 국립도서관 소장)

있다. 함께 장렬하게 멸망의 길을 걸어가는 것.

이렇게 에첼 성에 도착한 군터 왕의 일행은 만찬장에 들어서며 무기를 벗어놓지 않는다. 하겐이 미리 주의를 준 것이다. 크림힐데의 계획은 암살자를 시켜 하겐만을 몰래 죽이는 거였다. 그러나 암살 시도는 실패로 돌아가고 만찬장에서 피비린내 나는 쇼다운이 펼쳐진 것이다. 크림힐데의 사주를 받은 훈족의 기사들이 부르군트의 기사들에게 시비를 걸어 싸움이 시작된다. 그것이 양 부족 간의 처절한 난투극으로 번지고 결국 살아남은 사람은 에첼 왕과 그의 손님 몇 명뿐이었다(후세에 이야기를 전할 사람이 필요하니까). 부르군트 쪽은 전멸한다. 하겐은 크림힐데의 손에 죽고 크림힐데 역시 죽음을 맞는, 완전히 피바다로 이야기가 끝난다.

본 줄거리는 이 정도로 요약되지만 이야기 전체는 거의 일만 행에 가까운 긴 노래다. 일만 행이면 책으로 대략 삼백오십 쪽 분량이다. 이걸 옛날 음유시인들이 모두 외워서 노래로 불렀던 것이다. 며칠 걸리는 분량이다. 아무리 다른 오락거리가 없던 시절이라고 해도 이 긴 노래를 한 번에 다 들을 수는 없었을 것이다. 장면별로 나눠서 들려주곤 했었는데 특히 인기 있던 부분들이 지그프리트의 모험담, 브륀힐데와의 삼종경기, 그리고 크림힐데의 쇼다운이었다고 전해진다.

이 이야기는 13세기에 쓰인 이야기라고 믿기 어려울 만큼 스토리 전개가 세련되어 현대 드라마에 비해서도 손색이 없으며 인물 묘사가 생생하고 섬세하다. 특히 크림힐데와 하겐의 복잡한 성격 묘사는 압권이다. 니벨룽겐의 노래는 결국 크림힐데와 하겐의 이야기인 것이다. 영웅 지그프리트는 1부에서 허무하게 죽은 뒤 다시 살아나지 않는다. 영원한 잠에 빠진 것도 아니다.

용을 무찌른 것이라거나 마법의 투구 이야기는 그가 전형적인 고대 영웅임을 말해 준다. 중세의 시각으로 볼 때 '한물 간' 모델인 것이다. 지그프리트의 죽음은 그로 대변되는 용맹한 영웅의 시대가 막이 내렸음을 의미한다. 그러나 새 시대의 영웅은 아직 오지 않았다. 그 대신 간악한 지략가 하겐과 방에 틀어박혀 얌전히 수를 놓는 크림힐데가 역사를 바꿔놓는다. 니벨룽겐의 노래는 한 시대가 저물어 가는 이야기지만 새 시대의 비전을 보여주고 있지 않다. 다만 새 시대가 오지 않을 수 없는 상황을 만들어 놓는다. 아마도 작가는 십자군 전쟁으로 더럽혀진 세상을 깨끗이 청소해 놓고 새로운 왕국을 기다리고자 했던 것인지도 모르겠다.

아서 왕 이야기와 다른 점이 바로 여기에 있다. 아서 왕이 아직 살아 있는 이유는 그가 구시대의 영웅에서 새 시대의 영웅으로 거듭났기 때문이다. 그 새 시대는 부족의 왕들이 서로 싸우는 혼란의 시대가 아니라 강력한 왕권과 하나의 가치관으로 통일된 왕국이었다. 아서 왕은 바로 이 새 왕국의 상징인 것이다. "아서 왕이 나라이고 나라가 곧 아서 왕이다"[2]라는 것이다. 그리고 이 새 왕국의 증표는 엑스칼리버와 성배, 두 가지였다. 엑스칼리버는 전통 신앙의 마법으로 단련된 검이

---

2 아서 왕 일생을 다룬 이야기 중 가장 잘 알려진 것이 1485년 토마스 말로리가 쓴 『The Book of King Arthur and His Noble Knights of the Round Table』이라는 책이다. 그 중의 유명한 구절이다.

고 성배는 그리스도의 상징이다. 그러므로 새로운 왕국은 전통과 새 종교라는 두 개의 기둥 위에 세워진 거였다. 용을 무찌르는 고대 형 영웅 지그프리트가 죽고 새로 나타난 영웅들은 성배, 즉 '새로운 왕국의 이상' 을 찾아다니는 원탁의 기사들이었다.

니벨룽겐의 노래는 게르만의 이야기이고 아서 왕은 켈트족의 이야기이다. 게르만족은 아무래도 싹쓸이형인 듯싶다. 에첼 궁에서 부르군트족이 전멸을 한 것도 그렇고 바그너가 신들을 모두 화형시킨 것도 그렇다. 그에 반해 켈트족들은 옛 전통을 끝까지 버리지 않았다. 지금 켈트 문화는 거대한 르네상스를 맞고 있다.

기사도와 십자군 전쟁

아서 왕 이야기와 니벨룽겐의 노래를 탄생시킨 십자군 전쟁. 중세를 뒤흔들어 놓고 가톨릭의 역사에 길이 오점을 남긴 이 사건의 주인공은 기사들이었다. 기사가 없는 중세를 상상할 수 있을까. 그들의 용감하고 정의로운 무용담을 듣지 않고 자란 사람은 없을 것이다. 위의 아서 왕과 원탁의 기사는 물론이고, 삼총사, 흑기사, 철가면, 아이반호, 로빈 훗은 지금도 우리를 설레게 한다. 기사는 중세에 이미 스타였다. 카롤루스 대제 이후로 꾸준히 기사 이야기가 만들어졌었고 아서 왕 이야기는 그 전통을 이은 거였다. 이를 통틀어 무훈시 혹은 무훈담이라고 한다. 무훈시는 중세가 자랑할 만한 최고의 문화적 업적이라고 평가되고 있다.

그러나 이 무훈시의 주인공인 기사들은 처음부터 고상하고 정의로웠던 사람들이 아니었다. 하는 일이 늘 전쟁과 싸움이었으므로 초기의 기사들은 매우 거친 사람들이었다. 특히 카롤루스 대제의 서거 이후 강한 구심점을 잃은 기사들은 방황하기 시작했다. 말이 귀족이지 떠돌며 강도로 변한 기사들도 많았다고 한다. 영토를 다스리고 한 자리에 눌러 앉아 있는 것이 체질에 맞지 않았다. 서로 싸우거나 아니면 무고한 백성들을 괴롭히는 일이 잦아졌다. 건질 것이 많은 수도원을 덮쳐 노략질을 하는 일도 잦아졌다. 사회문제가 되어 갔다. 이를 눈여겨보던 교회에서 10세기 말부터 일종의 평화 캠페인을 시작했다. 목적은 기사들을 주먹질 하는 깡패에서 노약자를 보호하는 정의로운 사람들로 만든다는 일종의 재활교육이었다. 규칙을 정하고 교육 프로그램을 개발했다. 이 캠페인은 성공을 거둔다. '이백 년간의 긴 교육기간'이었다고도 한다.

11세기가 되면 기사는 확연히 달라진 모습으로 역사의 무대에 등장하게 된다. 이제 기사가 되려면 일곱 살에 집을 떠나 친분이 있는 기사에게 위탁되어 교육을 받았다. 교육이 끝나고 스물한 살이 되면 기사의 작위를 받을 수 있었다. 교육기간이 무려 십사 년이었으니 지금으로 보면 전문대까지 마칠 수 있는 기간이다. 교육 내용은 우선 기마술과 무술이었지만 그 외에 궁중의 법도 및 예절, 언어, 시 등도 배웠으니 교양도 쌓여갔다. 그러면서 점차 우리가 알고 있는 용감하고 정의로운 기사가 되어 갔고 기사도라는 개념도 형성되었던 것이다.

하나님의 정의로운 군대가 악마의 군대로

이 기사들을 '하나님의 정의로운 군대' 로 만든 것이 바로 십자군 전쟁이다. 어떻게 보면 이제 기사도에 성스러운 목표까지 없었으니 십자군 전쟁이야 말로 기사들의 역사에 절정을 이루던 시기였다. 그러나 절정에는 항상 추락이 따르는 법이다. 11세기 말에서 13세기에 걸쳐 공식적으로만 네 차례, 비공식적으로는 최소한 일곱 차례에 걸쳐 치러진 십자군 원정은 역사에 많은 오명을 남겼다. 성스러운 신의 군대가 악마의 군대로 변하는 것은 시간문제였던 것이다. 사실 이슬람의 역사서에는 십자군들의 잔악한 행위가 낱낱이 기록되어 전해지고 있다.

그러나 처음 십자가가 그려진 깃발을 높이 치켜들고 예루살렘으로 향하던 기사들의 가슴은 성스러운 전쟁에 대한 열정으로 부풀어 있었다. 1095년 교황 우르바노 2세가 "이교도들 지배 하에서 신음하는 그리스도인들을 구하고 예루살렘을 해방" 시켜야 한다는 말과 함께 십자군 원정단을 모집했을 때, 기사들과 민중들의 반응은 뜨거웠다고 한다. "신이 부르신다!"를 외치며 엄청난 숫자의 기사들이 각지에서 모여들었다. 당시 이슬람 세력은 콘스탄티노폴리스 문 앞까지 바짝 다가와 있었다. 동로마제국에 속했던 소아시아, 즉 지금의 터키 본토가 이미 완전히 이슬람 손에 넘어간 것이다. 첫 십자군은 프랑스와 벨기에 지방의 기사들이 중심이 되어 출발했다.

실제로 첫 번째 원정은 뜻대로 이루어졌다. 물론 희생도 많았다. 프랑스에서 출발한 기사들의 사분의 일만 예루살렘에 도착했다고 한다. 예루살렘까지는 먼 길이었다. 꼬박 삼 년이 걸렸다. 예루살렘에

도착하려면 먼저 소아시아 지역을 이미 지배하고 있는 이슬람 군과 수없는 전투를 치르며 길을 뚫어야 했던 거였다. 1099년 천신만고 끝에 예루살렘을 정복했다. 그리고 팔레스타인 땅에 십자군 국가를 세웠다. 이를 '예루살렘 왕국'이라 불렀다. 정복 전쟁의 선두에 섰던 프랑스의 보두엥 가문이 왕좌에 올랐다. 예루살렘을 이슬람의 손에서 빼앗아 비잔틴 황제에게 돌려주기로 한 것이 애초의 약속이었다. 아무도 이 약속을 지킬 생각이 없었던 것 같다. 십자군은 이웃을 도우려고 갔던 착한 연합군이 아니었다. 중세적 관점으로 볼 때 점령한 땅을 얌전히 내주는 법은 없었던 거다. 수백 년 동안 전쟁을 통해 영토를 확장해 나가던 시대의 모럴이었다. 혹 이웃나라를 도와 동맹군을 형성했을 경우에도 빈손으로 돌아가는 법은 없고 빼앗은 영토의 일부를 건네받던가 아니면 두둑한 전리품을 챙긴 후에야 돌아갔던 시절이었다.

속고 속이는 게임

첫 번째 십자군 원정에 왕들은 참가하지 않았었다. 교황 우르바노 2세의 전략은 처음부터 왕들을 피하는 거였다. 어차피 독일 황제와 프랑스 왕 둘 다 교회에서 파문을 당한 상태였다. 신성한 전쟁에 참가할 자격도 없었다. 게다가 정치적으로 노련한 왕들은 십자군 원정이 무모한 것이라 판단하고 호응하지 않을 것이 틀림없었다. 교황의 우선 목표는 동서 교회의 통합이었다. 통합한 후에 세력이 더욱 강해진 교황청이 세속의 일도 모두 관장하는 것, 즉 세속과 교회의 권력을 모두 장악하는 것이 목표였다. 한편 동로마제국의 황제는 문 앞까지 다가와 있는 이슬람 군을 혼자 물리칠 자신이 없었다. 그래서 서쪽에 지원을 요청했다. 교황청은 이 절호의 기회를 최대한 이용하기 위해 철저한 전략을 짰다고 한다. 우선 교황의 사절들이 파발마를 타고 지방을 다니며 기사들을 친히 찾아갔다. 이 기사들은 대개 부친으로부터 영토를 물려받을 가능성이 희박한 차남 이하 들이었다. 그 중 몇몇 기사들과 사전에 각본을 짰다. 교황이 시민들 앞에서 연설을 하면 그들이 교황 앞에 나와 무릎을 꿇고 "저를 보내주십시오!"라고 외치는 거였다. 비잔틴에서 온 사신도 부지런히 거들었다고 한다. 이슬람 군들에게 점령당한 예루살렘의 정황을 크게 과장하여 설명한 것이다. 사실인즉 크게 핍박받는 상황은 아니었고 유대교나 그리스도교인들도 각자 자기들의 신을 자유롭게 믿을 수 있었다. 다만 예루살렘으로 성지 순례를 가는 것이 힘들어졌을 뿐이었다. 당시 유럽은 종교성이 최고조에 달했을 때였다. 세상의 종말이 올 것이라는 소문이 퍼져 너도나도 순례 여행을 떠나거나 성유물을 수집하는 것이 크게 유행했었다. 그러다가 예루살렘에 이어 소아시아까지 이슬람 손에 넘어갔다는 소식이 들려왔다. 예루살렘을 되찾으러 가자는 교황의 말은 사람들을 고조시키기에 충분했다. 서로 속고 속이는 게임이 시작되었던 거다.

교황은 기사들에게 약속하길 원정에 참가하면 교황의 특권으로 모든 죄를 사하는 것은 물론이고 천국에 영원히 영웅으로 기록될 것이라 했다. 지금의 시각으로 보면 어처구니없는 약속이었지만 당시 사람들은 천국과 지옥을 정말 믿었고 교황이 하늘의 대변인이라 여겼기에 천국에 대한 약속을 믿었던 것 같다. 지금도 천국에서 미녀들이 기다린다는 약속을 믿고 폭탄을 몸에 두르는 젊은이들이 있으니 중세 기사들을 탓할 것도 없겠다.

그 외에도 두둑한 보너스가 기다리고 있었다. 새로운 영토와 전리품. 비잔티움제국의 어마어마한 부에 대한 소문.

이렇게 해서 시작된 성전聖戰, 그리고 엄청난 피의 대가로 정복한 예루살렘. 예루살렘을 정복하는 그 날 십자군들은 악귀로 돌변했다고 전해진다. 기사들과 참전한 수도사들 사이에서 무슬림들이 사람인지 아닌지에 대한 토론이 벌어졌다고 했다. 이교도는 사탄의 씨앗이고 악마이니 죽여도 된다고 했다. 그 때 참전했던 기사들과 수도사들이 쓴 기록이 많이 남아 있어 그 정황이 비교적 소상히 알려져 있다. 이 날의 일을 "거리에 이방인의 피가 발목까지 차올랐다"라고 표현하고 있다. 유럽을 떠난 지 삼 년 만이었다. 뜨거운 사막에서 삼 년 동안 전쟁을 치르며 모두 제정신이 아니었던 거였다.

이렇게 세워진 "십자군 국가"는 유럽식 봉건제도를 그대로 재현한 것들로서 1291년까지 약 이백 년간 유지되었다. 예루살렘의 새 왕은 전쟁 공로자들에게 영토를 나누어 주었다. 지금으로 말하자면 터키와 시리아의 일부 지역과 레바논에 세 개의 공작령도 세웠다. 거기서 천년만년 살아 갈 작정이었던 것 같다. 고향에 변변한 배경과 영토를 가지고 있지 않던 기사들 삼백여 명이 남아 새로운 가문을 만들어 갔다. 유럽 본토에서 많은 사람들이 약속의 땅으로 이주해갔다. 2005년에 리들리 스콧 감독이 만들고 올랜도 블룸이 주연했던 영화 〈킹덤 오브 헤븐〉이 바로 이 시대, 십자군 왕국에서 벌어지는 이야기를 전하고 있다.

이 억지 왕국이 이백 년 동안 존속했던 것도 실은 기적에 가까운 일이었다. 주변은 온통 이슬람의 영역이었고 예루살렘은 무슬림들에게도 중요한 성지였다. 그러므로 왕국이 존속되는 이백 년 동안 지루하고 무모하고 잔인한 전쟁이 끊이지 않았다. 그래서 2차, 3차, 4차 십자군 전쟁이 필요하게 되었던 거였다. 1차를 제외하고 모든 원정은 실패로 끝났다. 이는 결국 이슬람을 더욱 강하게 만들었으며, 동서 교회는 통합은커녕 완전히 분리되었고 종국에는 비잔티움제국을 쇠망의 길에 접어들게 하는 결과를 낳았다. 더욱이 전혀 성스럽게 진행되지 않았던 성전은 이슬람과 기독교 사이에 건널 수 없는 강을 만들어 놓았다. 영원히 적이 되었던 것이다.

불타는 콘스탄티노폴리스

특히 4차, 공식적으로는 마지막 십자군 원정은 어처구니없는 해프닝으로 번졌다.

3차 십자군 전쟁이 아무 소득 없이 끝나고 예루살렘은 다시 이슬람의 손으로 넘어간 상황에서 교황이 4차 십자군을 소집했다. 이스음 콘스탄티노폴리스의 인구 반은 사실상 이탈리아 상인들이었다. 베니스와 제노바의 상인들이 콘스탄티노폴리스에 거점을 두고 활발히 교역을 펼쳤기 때문이었다. 해적이 출몰하던 시절이라 베니스와 제노바는 막강한 해군력도 가지고 있었다. 늘 쇠약한 군사력에 시달리던 콘스탄티노폴리스에선 이탈리아 상인들에게 후한 교역권을 주는 대신 그들의 해군이 콘스탄티노폴리스를 함께 보호해 줄 것을 요청했다.

그러나 비잔틴 본토 사람들 사이에 부유한 이탈리아 상인들에 대한 불만이 은근히 싹트기 시작했다. 오만하다는 거였다. 그러다 제노바 상인들의 본거지가 파괴되는 사건이 벌어졌는데 비잔틴 황제는 베니스 상인들이 범인이라고 뒤집어씌웠다. 그것을 빌미로 콘스탄티노폴리스 내에 살던 베니스 상인들을 모조리 체포 구금해 버리고 재산

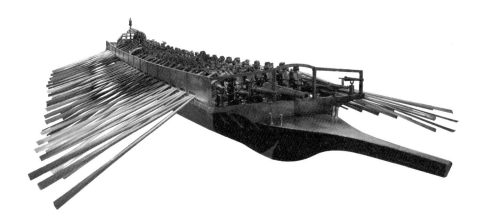

을 몰수했다. 거기서 더 나아가 유럽 쪽 관문을 아주 닫아걸었다.

그로부터 몇 년 뒤, 즉 1202년에 프랑스에서 4차 십자군 원정
이 결정된 것이다. 준비과정에서 콘스탄티노폴리스의 관문이 닫혀버
렸기 때문에 육로로 예루살렘에 도착하기는 어렵고 바닷길로 가야한
다는 결론이 내려졌다. 배를 구하기 위해 이탈리아에 중개인들이 보내
졌다. 결국 베니스와 협상에 성공했다. 베니스가 함선 50척을 제공하
기로 했으며 그 대가로 먼저 85,000마르크 상당의 은을 치르고, 나중
에 점령지 영토의 반을 떼어주기로 한 것이다.

그런데 당초 예상했던 것보다 훨씬 적은 수의 기사들이 모였고
그 때문에 약속한 은을 지불할 상황이 되지 못했다. 기사들이 각자 뱃
삯을 지불해야 하는데 숫자가 적어 예정했던 금액이 다 모아지지 않았
던 거였다. 베니스는 함선과 전쟁 준비로 이미 엄청난 비용을 투자했
고 만약에 십자군들에게서 약속한 돈을 받지 못한다면 파산할지도 모
르는 상황이었다. 뱃삯을 치르니 마니 옥신각신하고 있을 무렵 비잔틴
의 알렉소이스 왕자가 십자군 진영에 나타났다. 마침 비잔티움제국 내
에서는 왕권 다툼이 한창이었는데 망명 중이던 알렉소이스 왕자가 십

자군들에게 도움을 청한 것이다. 그리고 파격적인 제안을 했다. 콘스탄티노폴리스를 공격해서 쿠데타를 도와주면 일이 성사된 후 엄청난 보상금을 주겠다는 거였다. 예루살렘을 지키러 가는 것이 아니라 같은 기독교의 도시 콘스탄티노폴리스를 치자고 하니 어이없어 집으로 돌아간 기사들도 적지 않았다고 전해진다. 그러나 많은 기사들이 고민 끝에 동의했다. 어차피 예루살렘에 갈 길이 막막했던 차에 빈손으로 돌아가느니……

콘스탄티노폴리스 측의 저항이 만만치는 않았지만 결국 십자군과 베니스 동맹군은 함락에 성공한다. 그리고 사흘에 걸친 전례가 없는 노략질이 시작되었던 거다. 불길이 사흘 밤낮을 꼬박 타올랐다고 한다. 그 북새통에 기사들은 주로 금을 노리고 베니스 상인들은 미리 데려갔던 예술품 감정가들을 도시 전체에 풀어 가치가 높은 예술품들만 모으게 했다. 수도원은 중개인을 보내 성유물들을 훔쳐 냈다. 사흘이 지나고 나자 옛날 콘스탄티노폴리스의 모습은 거의 흔적도 없이 사

십자군 선생 당시의 콘스탄티노폴리스 전경 (뉘른베르크 판화)

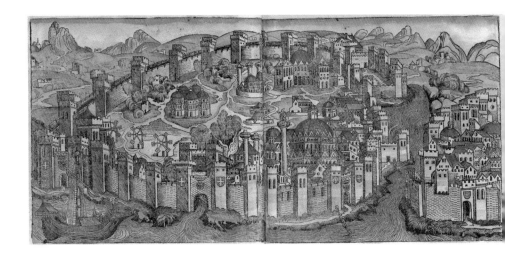

신 의 정 원 , 나 의 천 국

라졌다고 한다. 지금 이스탄불에는 한 때 최고의 영화를 누렸던 흔적이 아주 조금만 남아있을 뿐이다. 베니스의 두칼레 궁전에선 그 때 가지고 온 전리품 혹은 노획품을 지금도 전시하고 있다.

독일과 인접한 프랑스의 엘사스 지방에 콜마라는 작은 도시가 있다. 그리고 이곳에 아주 유서 깊은 수도원이 하나 있다. 이 수도원의 원장이 4차 십자군 원정에 종군 수도사로 참가한 바 있었다. 콘스탄티노폴리스가 불바다가 된 그 날, 그는 일찍이 콘스탄티누스 대제의 어머니가 세운 성당에서 중요한 성유물聖遺物 여러 점을 찾아내어 가지고 돌아온다. 예수 그리스도의 피 몇 방울이 담긴 유리병, 십자가에서 잘라냈다는 나무 조각, 세례 요한의 뼈, 그리고 사도 야곱의 팔 한쪽이었다고 한다. 당시의 관점에서 보면 실로 어마어마한 유물이었던 거다. 이 성유물 덕에 그의 수도원은 엄청난 발전을 하게 된다. 당시 수도원장을 동행했던 시인이자 역사가였던 군터라는 수도사가 이 모든 일을 꼼꼼하게 기록한 덕에 후세에 알려지게 된 것이다. 지금 성유물의 행방은 아무도 모른다. 프랑스 혁명 이후 모든 수도원이 해체되었을 때 수도사들이 떠나며 불을 질렀다고 한다. 수도원 역사에서 유일무이한 사건이었다. 그 때 유물을 챙겨가지고 나왔는지 아니면 같이 불타버렸는지 알려지지 않았다.

콘스탄티노폴리스 사건 이후 교황은 또 다시 십자군을 보내려 했다. 참으로 끈질겼다. 그 때 신성로마제국의 황제는 프리드리히 2세였는데 교황의 재촉을 못들은 척하다가 마지못해 출정해 피 한 방울 흘리지 않고 문제를 해결한 일이 작은 전설이 되었다. 그는 애초부터 예루살렘을 무력으로 탈환할 생각이 없었다. 지금 역사가 증명하고 있는 것처럼 무력으로는 악순환을 끝낼 수 없다고 믿었던 거였다. 예루살렘으로 가는 대신 카이로에서 술탄과 은밀히 만나 다섯 달 동안 끈질긴 협상을 했다. 협상 내내 둘이 체스를 두어 지략을 겨뤘다는 이야기가 전해진다. 평소 이슬람 문화에 밝고 아랍어를 유창하게 구사했던 황제는 결국 술탄과 친구가 되었다고도 전해진다. 그리고 그리스도인들과 무슬림이 평화롭게 함께 사는 예루살렘 협정에 둘이 서명했다. 성전 구역을 무슬림에게 넘기고 나머지 구역은 그리스도인들의 영역이 된다는 것이 협정의 내용이었다. 그는 사람들의 환호를 받으며 예루살렘에 입성했고 거기서 예루살렘 왕으로 대관식을 올렸다. 그리고 집으로 돌아왔다. 물론 교황청에서 난리가 났다. 무슬림들과 평화조약이라니. 게다가 성전 구역을 넘겨주다니. 황제는 교황으로부터 안티크리스트라는 별명을 받았다.

프랑스의 경건왕 루이 9세가 원정을 떠나기 전 작별하는 장면(파리의 생 클로틸드 성당의 스테인드글라스)

신 의 정 원 , 나 의 천 국

결국 십자군 원정은 계속되어야 했다. 마지막으로 프랑스의 경건왕聖王 루이 9세가 초기와 같은 신성한 뜻을 품고 예루살렘으로 향했지만 도중에 전염병을 얻어 죽고 만다. 이것으로 십자군 전쟁은 막을 내렸다.

성유물聖遺物 히스테리

예수의 십자가 고난 이야기에 보면 로마 군인들이 예수님을 십자가에 못 박고 제비를 뽑아 예수님의 옷을 나눠 가지는 장면이 나온다.[3] 그로부터 삼백 년 후 콘스탄티누스 대제의 어머니 헬레나가 예루살렘에서 그 옷을 구입했다. 아마도 그 군인들의 후손이 삼백 년간 고이 모셔두었던 모양이다. 헬레나는 그 옷을 자신의 출생지인 트리어에 기증했다. 그 이후로 트리어 대성당은 가장 중요한 성유물을 가지고 있는 성당이 된 것이다. 그리고 오랜 세월이 지난 1844년 트리어에 백만에 가까운 순례자들이 모여들었다. 예수님의 옷을 공개했기 때문이다. 성유물 숭배는 중세만의 전통이 아니었다. 지금도 독실한 가톨릭 국가에선 성유물에 대한 숭배가 이어지고 있다.

초기 기독교에서 순교자들의 옷자락이나 뼈 등을 성스럽게 여긴데서 출발했다. 기적을 일으킨다고 믿었다. 그 뿐 아니라 로마의 성 베드로 성당이 베드로의 무덤 위에 세워진 이후로 모든 교회나 수도원은 성유물이 있어야 세워질 자격을 갖추게 되었다. 성인들의 유골 정

---

3 마태복음 27장 35절

도는 가지고 있어야 했다. 그래서 예를 들어 쾰른 대성당은 예수님 탄생 시에 경배하러 왔었다던 세 왕의 유골을 가지고 있고 파리의 노트르담 성당은 가시면류관의 조각을 가지고 있다. 그러나 그 많은 교회와 수도원이 모두 성인들의 유골을 가지고 있어야 했으니 어디서 다 찾아내겠는가. 초기 교회의 지하묘지의 유골들이 성인의 유골로 둔갑하여 팔려나간 것이 부지기수라고 한다.

　십자군 전쟁 때도 패배의 위기에 처할 때마다 어디선가 꼭 성유물이 나타났다. 주로 예수님의 옆구리를 찔렀다는 창이었는데 수십 번도 더 발견되었다. 동시에 여러 곳에서 발견되기도 했다. 그 창끝을 높이 들고 사기 백배하여 다시 공격을 시작했던 거다.

왕족들이 쓰던 보석 박힌 성서(크베들린부르크 박물관)

성유물이 담긴 궤(크베들린부르크 박물관)

　유명한 순례지 부근에는 지금 기념품 샵처럼 성유물 전문 판매점이 있었고 유럽 전역을 헤매며 유물을 찾아 거래하는 중개인들도 있었다. 이들은 주로 수도사 출신으로서 교회 역사에 대해 환하고 의학적 지식도 갖추고 있어야 했다. 성유물로 판매되는 뼈가 동물 뼈인지 사람 뼈인지 정도는 구분해야 했고 아주 전문적인 중개인은 뼈의 연대도 어느 정도 판단할 수 있었다고 한다.

성유물은 그 중요도에 따라 3등급으로 분류된다. 1등급은 성
자와 성녀들의 신체 일부이다. 유골이 가장 높은 자리를 차지하고 그
다음 머리카락이나 손톱, 피 등이라고 한다.

2등급은 성자와 성녀들이 생시에 만졌던 물건들이다. 옷이나,
이들을 고문했던 고문도구 등이 이에 속한다. 3등급은 1등급과 접촉
이 있었던 물건들이다. 예를 들어 1등급 유물에 종이나 천 조각을 잠시
붙였다가 떼면 3등급 유물이 되는 거다. 이건 수도 없이 만들어 낼 수
있는 물건이다. 그래서 남유럽의 성당 주변에서는 이런 물건들을 지
금도 판매하고 있다.

등급을 매길 수 없을 정도로 귀한 것은 성서와 직접 연관이 있
는 것들이다. 물론 예수 그리스도나 성모 마리아와 연관된 것이 최고
의 유물임은 말할 것도 없다. 특히 십자가의 나뭇조각, 못 조각, 예수님
의 사체를 감쌌던 천, 예수님의 옷, 옆구리를 찌른 창, 머리에 썼던 가

시 면류관들이 가장 높게 취급되었었다. 그리고 예수님과 성모 마리아가 생전에 입었던 옷들이다. 예수님과 성모 마리아가 승천했기 때문에 유골이 나타날 수 없는 것이 불행인지 다행인지 잘 모르겠다. 프륌 성당에는 예수님 샌들이, 아헨의 성당에는 예수님의 기저귀[1]가 성유물로 간직되어 있는 것을 보면 성유물 히스테리가 어느 정도였는지 짐작할 만하다. 지금까지 발견된 십자가 조각을 다 합치면 큰 배 한 척도 지을 수 있다고 누군가 빈정거렸다는데 그 나뭇조각이라는 것이 대개는 몇 밀리미터 정도의 작은 것이라서 사실 지금까지 발견된 것은 십자가의 삼분의 일도 안 된다고 한다. 아직 한참 더 발견되어도 좋은 것이다.

교황청의 위기

종교재판 - 이단과의 끝없는 전쟁

바로 중세의 황금기라 일컫던 시대에 교황청에 커다란 위기가 닥쳐왔다. 10세기경 시작된 새로운 종파, 카타리파가 13세기에 이르러 가톨릭교회를 정면으로 위협했던 사건이었다. 카타리파는 초기에 주로 남동 유럽, 불가리아를 중심으로 발칸반도, 러시아 쪽으로 전파되었다가 11세기에는 서쪽으로 방향을 옮겨 독일, 네덜란드 그리고 프랑스 남부와 이탈리아 북부까지 널리 번졌다. 거의 전 유럽을 휩쓴 것이다. 일찌감치 가톨릭교회에 맞먹는 조직체도 갖추어 사실상 많은 사람들에게 가톨릭교회의 대안으로 여겨졌었다. 당시의 심각한 상황에 비해 카타리파의 행적이 후세에 잘 알려지지 않은 이유는 가톨릭교회 측에서 쉬쉬하고 덮어버렸기 때문이다. 교회의 권위를 뿌리 채 흔들었던 카타리파를 '사탄의 사주를 받은 음란하고 저질적인 도적떼들' 정도의 누명을 씌워 역사의 그늘 속에 감춰버린 것이다. 그러나 카타리파를 섬멸하기 위해 마련된 종교재판만은 숨길 수가 없었다.

특히 남프랑스 지방의 귀족들이 카타리파를 지지했다. 당시만 해도 남프랑스는 유럽의 외곽에 해당했으므로 교황이나 왕들의 관심 선상에서 벗어나 새로운 종파가 자리 잡기에 맞춤한 분위기였다. 그들은 스스로를 "선한 사람들"이라 불렀다. 세상의 물질적인 것은 근본적으로 모두 악한 것이라 여기고, 오로지 하늘나라, 신의 세계에만 선함이 존재한다는 것이 그들의 기본적인 교리였다. 그러므로 사람들의 선한 영혼을 악한 세상에서 구제하여 하늘나라로 보내는 것을 목표로 삼았다. 영혼의 구제는 비교적 간단했다. 카타리파식의 영혼 세례를 받으면 되었다. 그들이 가장 귀하게 여기던 신약의 요한 복음서를 신도의 머리 위에 올려놓고 사제가 손을 얹어 축복하는 방식으로 진행되었다. 세례 받은 이들을 '완벽한 존재'라고 불렀다. 그리고 이 '완벽한 존재'들에겐 다른 사람들에게 영혼의 세례를 줄 수 있는 자격이 주어졌다. 물론 세례를 받기 전에 일 년간 금식하고 금욕하는 준비과정이 필요했다. 그들의 생활 자체가 본시 금욕주의를 바탕으로 했다. 이런 카타리파의 교리는 근본적으로 교회의 존재나 필요성을 부정하는 것과 다름없었다. 가톨릭교회에서만 구원이 있었던 세상에 스스로 세례를 주며 구원되었다고 하는 카타리파를 교황청은 처음에 우습게보았다. 이 우스운 존재들이 남프랑스를 중심으로 근 백 년간 엄청나게 성장하여 많은 신도들을 모으고 교회와 성을 지으며 번창했다. 카타리파가 위험한 적수라는 걸 마침내 깨달은 교황청은 반응하기 시작했다. 소탕 과정은 단계적으로 진행되었다. 처음엔 그들의 교리를 우스꽝스러운 것으로 만들어보려고 했으나 실패로 돌아갔다. 그 다음 각 수도회의 명망 높은 신학자들을 모아 공청회를 열고 카타리파의 교리를 이단이라고 판결을 내렸다. 이것이 종교재판의 시작이었다. 그리고 카타리파 전원을 파문했다. 그 다음 단계는 교화였다. 로마 교회로 돌아오라. 만약 이 교화 작전이 성공했다면 로마 교회는 크게 승전고를 울릴 수 있었을 것이다. 결과는 공포의 살육전으로 끝났다.

　　우선 카타리파를 교화시키기 위해 시토 수도회와 도미니코 수

　신 의 　정 원 , 　나 의 　천 국

도회의 사제들을 보냈다. 이 때 카타리파와 논쟁을 벌이던 시토 수도회의 사제 한 명이 살해당하는 일이 발생했다. 이것이 도화선이 되어 1209년 교황과 카타리파의 전쟁이 시작되었던 것이다. 이때부터 카타리파는 사탄과 결탁한 사람들, 악마들이라 불렸다. 교황의 군대가 그들의 본거지가 있는 남프랑스의 성을 공략해 모든 시민들을 사로잡았다. 사로잡긴 했는데 어떻게 할 것인가. 이 중에 누가 카타리파고 누가 가톨릭인지 선별할 방법을 찾고 있었다. 이 때 선두에 섰던 시토 수도회의 원장이 이렇게 말했다고 한다. "모두 죽여. 이 중 하나님의 자식이 있다면 하나님이 알아보실 것이다." 그러나 하나님은 아무도 못 알아보셨던 것 같다. 그들의 본거지가 차례로 함락되고 멀리 도피한 교인들까지 샅샅이 찾아내 모두 화형 시키는 데 꼬박 백이십 년이 걸렸

피레네 산맥에 지금도 카타리파의 성의 잔재가 많이 남아 있다.

다. 역사적으로는 무시당하고 있지만 교회 간의 백이십 년 전쟁이라 해야 마땅했다. 후에 종교혁명과 함께 본격적으로 시작된 종파 간 전쟁의 서곡이었던 거였다.

이 때 종교재판소의 판사 역할을 하던 사람들이 주로 프란체스코 수도회나 도미니코 수도회의 학식 높은 사제들이었다. 이 두 수도회는 12세기 말에서 13세기에 초 사이에 파리와 볼로냐 등의 대학도시를 중심으로 '얻어먹으며 설교하고 다니는' 탁발 수도승들이 세웠다. 특히 대학생들 사이에 인기가 높았으며 명망 있는 신학자들도 줄지어 가입했다. 사제들이 수도원의 보호된 공간을 떠나 시민들 사이로 파고들기 시작한 거였다. 이들은 무소유를 주장했다. 예수 그리스도와 그의 사도들이 아무 것도 소유하지 않은 가난한 생활을 했으니 그 발자취를 따르기로 한 것이다. 무엇보다도 부유한 베네딕도 수도회와 시토 수도회에 대한 말없는 비판이기도 했다. 영농생활을 하며 자급자족하는 기존 수도회의 방식을 부정했다. 영토를 지니고 수도원에 들어앉아 있으면 고인 물처럼 타락의 길을 걸을 수밖에 없다는 생각에서였다. 그리고 예수 그리스도가 그러했듯이 떠돌아다니며 설교하는 것이 주된 과제였고 학문 연구와 교육에 힘쓰는 것을 목표로 했다. 특히 도미니코 수도회는 스콜라 철학의 대가들, 알베르투스 마그누스와 토

교황 이노첸티우스 3세. 중세 교황의 권력을 최고로 끌어올렸었다.

마스 아퀴나스를 배출하는 등 사실상 당시의 정신적 지도자 역할을 했다. 무소유 원칙이 별로 마음에 내키지 않았지만 교황 이노첸티우스 3세는 탁발 수도회를 공식적으로 인정했다. 신학자며 뛰어난 법학자였고 강한 엘리트 의식의 소유자였던 그는 특히 카타리파와의 전쟁에서 이기기 위해 탁월한 신학자들을 자기편으로 끌어들이는 것이 적으로 만드는 것보다 유리하다는 판단을 했던 거였다.

이노첸티우스 3세는 중세의 가장 '중요한' 교황으로 평가되고 있다. 종교적 관점에서 그의 공적이 뛰어났던 때문이 아니다. 역사상 교황의 세력을 가장 강력하게 펼친 교황이었기 때문이었다. 그는 정치적 수완이 뛰어났고 '비즈니스' 능력 또한 남달랐다. 교황령을 방대하게 넓혔다. 그리고 신성로마제국에서 황제 계승권을 두고 다툼이 일어나자 이 상황을 교묘히 이용하여 황제 임명권을 차지했다. 그 때까지 신성로마제국의 황제는 왕들이 모여 추대했고 교황청이 인가만 했던 거였다. 이제 교황이 황제 임명권을 스스로 부여함으로써 세속 최고의 권력자가 된 것이다. 카타리파를 상대로 종교재판의 포문을 연 것도 이노첸티우스 3세였다.

사탄에 대한 두려움과 마녀사냥

그러나 종교재판에서는 이단자들에게 사형을 선고할 근거가 필요했다. 그래서 교황의 칙서를 통해 다른 교리를 가지는 것 자체를 '범죄행위'로 규정했다. 이때부터 지금까지 가톨릭교회에서는 '교회가 정한' 교리에서 벗어난 생각이나 행동을 범죄행위로 취급했다. 그러므로 이단자는 범죄자이고 이 범죄에 대한 형벌은 화형이었다. 화형이라는 가

혹한 형벌의 근거는 신약성서에서 찾아냈다. 사도 바울이 "이런 자(교회를 떠나는 자, 이단자)를 사탄에게 내주었으니 이는 육신은 멸하고 영은 주 예수의 날에 구원을 받게 하려 함이라"(고린도 전서 5장 5절)라고 한 것과 예수 그리스도가 "사람이 내 안에 거하지 아니하면 가지처럼 밖에 버려져 마르나니 사람들이 그것을 모아다가 불에 던져 사르느니라"(요한복음 15장 6절)라고 한 것을 문자 그대로 해석하여 정말로 '불에 던졌던' 거였다.

14세기 중엽에 마지막 카타리파 신도가 잡혀 처형당한 후에도 종교재판소는 해체되지 않았다. 이단자는 많았다. 근세에 들어와 종교혁명의 결과로 구교와 신교로 갈라지고 나서 종교재판은 문자 그대로 본격적으로 불붙기 시작했다. 그러다가 18세기에 실질적으로 끝이 났다. 그러나 공식적으로는 지금도 종교재판소라는 기구가 완전히 없어지지 않았다. 다만 1908년도에 이름을 바꾸어 "교리나 서적 등을 심사하는 기관"이 된 것이다. 바티칸에서는 신앙이나 교리에 위배되는 행위를 '범죄'로 보는 관점을 아직도 버리지 않고 있다.

도미니코 수도회에서는 2000년도에 성명을 발표하여 종교재판에 가담했던 사실을 공식적으로 사과했다.

한편 프란체스코 수도회는 소위 '가난 논쟁'에 휩쓸려 수 세기 동안 내부 분열이 있다가 16세기에 두 개의 종파로 갈라졌다. 늘 그렇듯이 수도회가 커지면서 동산, 부동산을 기증받기 시작했고 모임을 위해서 수도원과 교회를 짓지 않을 수 없었으므로 자연히 소유권에 대한 논란이 벌어졌던 거였다. 절대적인 무소유를 주장하는 파와, 동산 부동산의 소유권은 하늘, 즉 하늘의 대변인인 교황청에 넘기고 이용권만은 가져도 된다는 파로 갈라져 서로 이단이라고 고발하는 심각한 싸움으로 번졌었다. 특히 교황이 아비뇽에 유수되었던 기간 동안, 교황청의 세속화와 타락이 최고조에 달했을 때 교황이 당연히 후자의 편을 들어주었으므로 무소유를 주장하는 형제들은 쫓길 수밖에 없었다. 이들 중 일부는 이단으로 몰려 형장의 이슬로 사라지고, 일부는 다시 외로운 수행자의 길로 돌아갔다. 움베르토 에코의 『장미의 이름』이 바로 이때의 상황을 상세하게 그리고 있다.

일반적으로 종교재판이 마녀사냥을 담당했던 것으로 알고 있

마녀와 허수아비(키르히너 작품, 1930~32)

다. 종교재판이 악명 높은 것은 사실이지만 마녀사냥과는 상관이 없었다. 마녀들이 로마 교회를 위협한 적은 없으니 그들 관심의 대상이 아니었다. 마녀사냥이 시작된 것도 실은 중세가 아니라 근세의 일이었고 종교재판소의 소관이 아니라 민중재판소 소관이었다. 마녀사냥은 중세 말기, 페스트와 겹치는 흉년으로 세상이 어지러워지자 그 책임을 한편 유대인에게 돌리고 다른 한편 소위 '마녀'들에게 돌림으로써 시작되었던 거였다. 가장 극심했던 것이 16~18세기였으며 이 때 근 오십만 명의 무고한 사람들이 살해당했다고 전해진다. 여자들만 희생된 것이 아니었다. 희생자의 십 퍼센트는 마법사들, 즉 남자들이었고 특히 스칸디나비아에서 마법사들이 많은 죽음을 맞았다. 마녀와 마법사

사탄과 마녀(중세 판화,
작자 연대 미상)

신 의 정 원 , 나 의 천 국

들이 실제로 존재했었는지에 대해서는 역사가들이 말을 사린다. 그들이 존재했다는 걸 인정하는 것은 실제로 마술이 존재했다는 것을 인정하는 것이 되기 때문이다. 그러므로 대개는 무고한 사람들이 마녀나 마법사로 몰려 죽음을 맞았던 것으로 해석하고 있다.

이단자들이 사탄의 사주를 받았다는 주장이 생기면서부터 좋지 않은 일이 벌어질 때마다 사탄의 짓으로 여겼고, 사탄이 직접 일을 벌일 수 없으니 누군가를 앞세워서 나쁜 일을 한다는 생각이 팽배했다. 무지한 평민들이 한 이야기가 아니다. 신학자들 사이에서 사탄에 대해 세운 이론들이었다. 중세는 사탄과 지옥에 대한 두려움이 가득했던 시대였다. 사탄과 지옥이 있어야 교회와 성직자들의 존재 이유가 더 확실해지기 때문에 성직자들에게 사탄이 필요했다라고 해석하는 사람들도 있다. 마녀사냥에 얽힌 행적들을 보면 쫓기던 마녀들이 아니라 쫓던 사람들이 사탄의 사주를 받았던 것이 아닐까 하는 생각이 든다.

본래 성직자들은 여성에 대해 좋은 감정을 가지고 있지 않았다. 최초의 여인 이브가 뱀, 즉 사탄의 꼬임에 넘어가 선악과를 따 먹었다는 성경 구절은 여성을 모든 죄악의 원천으로 만들었다. 게다가 금욕의 원칙이 여성에 대해 건강치 못한 시선을 더욱 부추겼다. 동경과 증오가 공존했던 거였다. 기독교의 교리가 극도의 도그마로 치닫던 시대, 편견으로 똘똘 뭉친 협소한 두뇌의 소유자들과 새디스트적 변태 성향을 가진 사제들이 사탄과 마녀라는 판톰을 만들어 낸 것이다. 그렇다고 모든 여성을 다 화형 시킬 수는 없는 노릇. 평소 사람들이 조금은 두려워했던 여성들, 약초 캐는 여인들과 산파들이 화살을 받아야 했던 거였다. 산파와 약초 캐는 여인은 대개 같은 사람이었다. 선사시대부터 전해 내려오던 직업, 즉 의녀였던 거였다. 아이가 태어나는 것을 도울 뿐 아니라 약초를 잘 선별하여 산모나 병자들에게 약을 지어주었고 천문에도 밝아 점을 치기도 했다. 그들의 이런 능력을 보통 사람들이 조금 '무섭게' 여기는 건 당연한 반응일 수도 있겠다. 아이들의 사망률이 높던 시대, 아이가 죽으면 산파에게 책임을 돌렸다. 몰래 아이를 죽여 사탄에게 데려간다고 했다. 의녀가 주는 약초를 먹고 병이 나으면 사탄에게서 받은 능력이라고 했고, 병이 낫지 않으면 나쁜 약을 주어서 그렇다고 했다. 그리고 재판소에 달려가 고발을 했다. 마녀사냥을 주도한 것은 민중재판소였지만 이단자들을 처치하던 잔악한 방법—모진 고문과 화형—을 역시 마녀들에게 그대로 적용했기 때문에 자연히 사람들 기억 속에 종교재판과 결부되었던 거다. 처음에는 의녀들에게 화살이 날아갔던 것이 나중에는 별로 마음에 들지 않는 이웃이 있으면 무차별하게 고발하는 사회적 히스테리로 번졌다. 실제로 당시 마녀재판의 기록들을 살펴보면 대개가 시기와 질투, 원한관계 등으로 인한 무고였음을 알 수 있다.

동화 속에서 그려지는 전형적인 마녀의 모습—매부리코에 무섭게 생긴 파파 할머니가 빗자루를 타고 날아다니며 아이들을 잡아먹는— 역시 마녀사냥이 낳은 산물이었다. 이들이 사탄과 결탁을 했다니, 사탄이 뭐가 아쉬워서 늙고 쭈글쭈글한 마녀들을 짝으로 삼았겠는가.

교황에게 도전장을 던진 미남 왕 필립 4세 - 아비뇽 유수

교황이 로마에만 앉아 있으란 법은 없다. 아마도 이것이 프랑스의 '미남 왕' 필립 4세의 생각이었을지 모르겠다. 그가 바로 교황을 아비뇽으로 데리고 간 장본인이었다. 이노첸티우스 3세 때 최고조에 달했던

교황의 권위는 13세기 말부터 곤두박질치기 시작했다. 근 이백 년을 끌었던 십자군 전쟁의 실패, 카타리파와의 전쟁이 원인이었다. 교황의 권위가 떨어지는 것을 기다렸다는 듯 유럽 전역에서 왕권이 강화되기 시작했다. 본시 교황을 지켜주기로 했던 신성로마제국의 황제가 교황령에 은근히 압박을 가해왔다. 프랑스는 필립 4세의 통치하에 강대국으로 성장해가고 있었다. 이 와중에 교황과 필립 4세의 팔씨름이 시작되었고 교황이 졌다. 그도 그럴 것이 필립 4세가 미남 왕le Bel으로 불린 이유는 그가 요즘의 기준으로 꽃미남이어서가 아니라 '기사의 이상향에 가장 부합되는 외모'를 가지고 있었기 때문이라고 전해진다. 요즘식으로 '짐승남'이었나보다. 그는 늠름한 기사이며 타협을 모르는 카리스마의 화신이었다. 그리고 강국 프랑스를 꿈꾸는 정복자였다. 또한 반복되는 정복 전쟁으로 인해 빚더미에 오른 파산자이기도 했다.

싸움의 발단은 필립 4세가 재정난을 극복하기 위해 성직자들에게 세금을 부과하고 신도들이 내는 십일조를 자기가 챙겼기 때문이었다. 교황의 관점에서 볼 때 안 될 말이었다. 곧 칙서를 발표하여 세속인에게 성직자가 세금을 내는 일은 절대 있을 수 없다고 했다. 만약에 적발되면 내는 사람이나 받는 사람이나 모두 파문시킬 것이라고 으름장을 놓았다. 가톨릭에서 파문은 천국에 갈 길이 막히는 것을 의미했다. 결국 지옥행이었다. 그리고 교회에서 파문당한 왕, 즉 신의 가호를 받지 못하는 왕은 귀족들과 백성들의 신뢰도 받기 어려웠다. 그렇기 때문에 교황은 말 안 듣는 왕들을 곧잘 파문시켰던 거였다. 그러나 필립 4세는 그리 호락호락하지 않았다. 곧 이탈리아로 가는 주요한 교역을 모두 끊어버려 교황령이 심한 경제적 타격을 받게 되었다.

화려한 장식의 교황 침실(출처: Jean-Marc ROSIER)

교황과 필립 4세 사이의 싸움은 십여 년에 걸쳐 교황 납치 사건, 독살 사건, 문서 위조 사건 그리고 교황을 이단자로 고발하는 사건 등 각종 불명예스러운 작전을 총동원한 끝에 프랑스 출신의 교황을 새로 선발함으로써 일단락

신 의 정 원 , 나 의 천 국

이 났다. 새 교황 클레멘스 6세는 오 년간 십일조를 필립에게 바치기로 하고 프랑스에 눌러앉았다. 이제 프랑스 왕과 결탁한 이상 로마에 가기가 두려웠던 거였다. 로마 시민들이 어떻게 반응할지 뻔했다. 1309년의 일이었다. 거처를 아비뇽으로 정하고 여기서 칠십 년간 머물게 된다. 필립은 고위 성직자들을 직접 선발할 권리를 스스로 부여했다. 왕과 교황은 늘 성직자 임명권을 놓고 힘을 겨루었던 거였다. 그 후 교황은 아비뇽에서 하늘의 대리인이라기보다는 시골 영주처럼 살았다고 전해진다. 아방궁을 짓고 호화로운 생활을 했으며 이 생활을 유지하기 위해 면죄부를 팔기 시작했다. 이렇게 세속화된 교황의 삶이 심한 비판을 받았던 것은 물론이다. 반면에 예술과 학문을 장려하는 분위기가 조성되었고 대학을 설립하여 초기 휴머니즘의 발판을 마련했다고 긍정적으로 평가하는 시선도 있다.

칠십 년 후 로마의 상황이 좋아지자 교황청은 로마로 돌아갔다. 그러나 프랑스 측에서 로마로 돌아간 교황을 인정하지 않고 다른 교황을 세움으로서 근 백 년 동안 두 명의 교황이 공존하는 상황이 벌어진다. 한 때는 피사에서도 교황을 세워 교황이 세 명이었던 적도 있었다. 이것을 '서방교회의 분열(1378~1471)'이라고 부른다. 이러는 중에 점점 추락해 간 교황의 권위는 다시는 회복되지 않는다.

교황청이 아비뇽으로 옮기게 된 직접적인 계기는 필립 4세가 성전기사단Templer을 체포하고 해체시킨 사건이었다. 성전기사단이 다른 기사들처럼 왕의 신하들이었으면 별 문제 없었을 텐데 교황의 직속 기관이었기 때문에 이들을 체포하려면 교황의 명이 있어야 했다. 그래서 필립의 말을 듣는 교황이 필요했던 거였다.

영화 〈인디아나 존스〉를 위시하여, 〈다빈치 코드〉, 〈내셔널 트래져〉 등에 등장하는 기사들이 바로 성전기사단이다. 한국에는 상륙하지 않았지만, 스칸디나비아, 러시아, 캐나다 등지에서도 성전기사단을 소재로 부지런히 영화가 만들어지고 있는 것을 보면 이들이 살아 있다는 전설이 맞는 것 같기는 하다.

성전기사단은 1차 십자군 전쟁 직후 기사들이 조직한 수도회였다. 기사이면서 수도사였던 것이다. 수도사들이 무술을 익혀 기사 노릇을 한 것이 아니라 십자군 전쟁에 참전했던 프랑스 출신 기사들 중 몇 명이 순례자 보호를 목적으로 설립한 거였다. 1118년에서 1120년 사이의 일이었다. 이들은 예루살렘의 추기경으로부터 급행으로 사제 서품을 받고 정식 수도사가 되었다. 이에 예루살렘 왕이 자신이 살

베를린에 남아 있는 성전기사단의 교회. 1200년경에 지은 모습 그대로 남아 있다. 소박한 외관이지만 지하에 비밀 동굴이 있다는 소문이 돌고 있다.

신 의 정 원 , 나 의 천 국

던 왕궁을 본거지로 내주면서 전설이 시작된 것이다. 왕 자신은 새궁을 짓고 나갔으나 성전기사단에게 내 준 궁이 다름 아닌 그 옛날 솔로몬 왕이 지은 성전 터에 세워진 거였다. 그래서 이름도 성전기사단이라 고쳐 부르게 된 것이다. 본래는 "가난한 예수의 기사들"이라고 했었다. 이 성전에 솔로몬 왕의 보물이 감춰져 있다는 소문이 돌았다. 성전기사단은 순례자들의 호위무사로 명성을 떨쳤고 실제 전투에도 참가했었다. 그리고 예루살렘이 이슬람 군에게 다시 함락될 때 최후까지 버텼다고 한다. 이것이 아마도 후에 성전에서 보물을 챙겨가지고 나왔다는 전설을 낳게 한 것 같다.

그러나 보물의 전설을 낳게 한 데에는 또 다른 이유가 있다. 이 성전기사단 자체가 어마어마한 부자였던 거였다. 이들이 부자가 된 사연은 이렇다. 성전기사단이 설립 될 무렵, 전 유럽이 예루살렘 탈환으로 종교적 감동에 사로잡혀 있었다. 특히 기사 계급에서 성전기사단의 설립을 환영했다. 기사도의 이상과 종교적 이상을 융합한 것으로 보았던 거였다. 기사들이 세운 수도회는 처음이었던 거다. 위의 베르나르 클레르보 수도원장이 이들을 뜨겁게 칭송하는 설교를 한 다음부터 더 유명해졌다. 앞으로 모든 기사들이 본을 받아야 한다고 했다. 유럽 각지, 프랑스, 영국, 스페인, 포르투갈, 이탈리아 등지에서 기사들이 다투어 영토와 재산을 들고 와 가입했다. 그리고 정식으로 교황의 승인을 받고 교황 직속 수도회가 되었다. 여기에 영감을 받아 유사한 기사수도회가 조직되기도 했다. 환자의 치료를 목적으로 하는 의료기사단들도 이 때 설립되었는데, 이들이 지금도 남아 있는 국제 의료봉사단의 전신이 된다.

　　유럽 여기저기에서 기증받은 영토가 이익을 창출하니 이것을 예루살렘의 본부로 이송해야 하는 문제가 발생했다. 이를 위해 유럽 전역에 이송루트를 따라 이들의 '성전' 을 지었다. 이 성전들이 금고 역할을 한 것이다. 성전기사단은 조직된 지 몇 십 년 만에 인원이 약 15,000명으로 증가했고 유럽 전역에 약 9,000개의 성전을 가지게 되었다. 그리고 넘치는 금고를 바탕으로 신용거래를 시작했다. 이 성전이 순례자들의 숙소 역할을 했고 여행 비용을 빌려주기도 하면서 시작된 일이었다. 성전기사단이 사채업자가 된 것이다. 12세기 말엽에는 이 사채업이 성전기사단의 주업이 된다. 신용도가 높아 무슬림 상인들하고도 기래했다고 한다. 예루살렘 외에도 런던과 파리와 베를린에 본부를 두고 왕실에까지 사채를 놓았다. 바로 우리의 필립 4세가 성전기사단의 사채를 많이 쓴 왕이었다. 그 뿐 아니라 종국에는 성전기사단이 프랑스 왕실 재정을 모두 컨트롤했다고 한다. 이들은 교황 직속 기관이었으므로 필립 왕의 손이 닿지 않는 곳에 있었다. 그래서 오만했고 왕의 눈의 가시였다. 사채업자에겐 적들이 많은 법이다. 시민 한 명이 이들을 고소하는 사건이 발생했다. 필립 왕으로서는 반가운 일이었다. 그는 성전기사단을 종교재판에 넘겼다. 이단과 동성애라는 죄목을 씌웠다. 그리고 교황을 유도하여 기사단의 마스터를 프랑스로 불러들이게 했다. 그가 파리에 도착하는 것을 기다려 필립 4세는 대대적인 검거령을 내렸다. 이 작전은 현대식 검거 작전을 방불케 했다고 한다. 프랑스 전역의 '경찰' 들에게 왕의 직인이 찍힌 비밀문서가 전달되었다.

작전 디데이는 1307년 10월 13일 금요일. 이날 일제히 문서를 열고 문서 속의 어명대로 착오 없이 수행하라는 거였다. 어명인즉, 각자 관할 구역 내의 성전기사단원들을 하나도 남김없이 체포하여 종교재판에 넘기고 그들의 재산을 모두 압수하라는 거였다. 서로 연락을 취해 도주할 기회를 주지 않기 위해서 일제검거령을 내린 거였다. 이들이 모두 체포되고 나서 필립 왕은 빠른 재판을 원했으나 사실 기소할 뚜렷한 명목이 없었으므로 재판은 몇 년 동안 지속되었다. 결국 1312년 교황이 기사단을 해체하면서 사건은 일단락 지어졌다. 설립된 지 이백 년 만이었다. 기사단이 해체되었으니 피고가 없어졌다. 그러므로 재판 자체도 중단이 되었다. 다만 마스터를 위시해서 여러 기사들은 이미 처형된 뒤였다. 교황은 성전기사단의 막대한 재산을 의료기사단에게 넘겨주었다. 그리고 필립 왕에게는 재판비용조로 크게 한 몫 떼 주었다고 한다. 이 때 실제로 죽임을 당한 기사들은 그리 많지 않았다. 다시 풀려났거나 아니면 체포의 물결을 피해 도주했다. 많은 단원들이 포르투갈로 건너갔다고 전해진다. 포르투갈 왕이 이 사건을 별로 탐탁지

스페인 폰테페라다에 남아 있는 성전. 12~13세 기 축 조 (출 처 : Benutzer,Dietmar_Gikj ohann)

않게 여겨 도주해 온 기사들을 받아들였다고 한다. 후에 교황청은 기소 항목이 근거 없는 것이었음을 인정하고 성전기사단의 명예를 회복시켜 주었다.

기사였고, 성직자였으며, 부자였던 성전기사단이야 말로 스타가 되기 위한 조건을 모두 갖췄던 것 같다. 그래서인지 해체 이후 전설이 되었나보다. 영화를 통해 널리 알려진 대로 성배와 언약궤를 지킨 것이 성전기사단이라거나, 아직도 어딘가 조직이 살아있다는 소문 외에도 그들이 바로 고딕 성당의 건축법을 개발한 장본인들이라는 것과, 성배의 능력을 이용하여 연금술에 성공했다는 소문도 있다. 그래서 그 힘으로 남미에 가서 은을 금으로 바꾸어 잘 살고 있다는 이야기가 있으며, 미대륙을 발견한 것이 사실은 성전기사단이라는 소문도 떠돈다. 프랑스 혁명을 주도한 것도 역시 성전기사단의 후예라는 설도 있다. 루이 16세가 단두대에서 처형당하고 나자 한 사람이 —짐작컨대 기사단의 후예— 단두대에 뛰어오르며 "마스터, 드디어 복수했습니다"라고 외쳤다는 것이다. 또한 프리메이슨이 성전기사단의 후예라는 소문도 그치지 않고 있다. 13일, 금요일이 불길하다는 것 또한 성전기사단의 체포와 관련 있다고 전해진다.

4
중세 말기
-어둠의 시대

검은 죽음

이렇게 14세기에 벌어진 일련의 사건들은 유럽을 흔들기 시작했다. 교황의 실추된 권위, 왕권의 강화 등으로 지배층의 무게중심이 이동했고, 세기 중반에 대륙을 휩쓴 "검은 죽음", 페스트는 인구의 삼분의 일을 죽음으로 몰고 가며 유럽을 텅 비워놓았다. 이천 오백만 명이 죽었다는 설도 있는데 정확하지 않은 것 같다. 예를 들어 아비뇽의 경우 목

격자들이 세어 보았더니 십이만 명이 죽었다고 했다. 그런데 당시 아비뇽의 인구가 오만 명이었으니 숫자는 믿을 것이 못된다. 역사가들의 의견은 인구의 삼분의 일이 사라졌다는데 일치하고 있다.

페스트는 1347년에 시작되었다가 1353년에 사라졌다. 단 6년의 시간이 한 시대를 온통 바꿔놓은 것이다. 최근의 연구 결과에 의하면 중국에서 교역로를 따라 건너왔다고 한다. 주로 선박을 통해 유럽으로 전해진 거였다. 그러므로 항구도시나 큰 교역도시들의 피해가 가장 심했다. 당시 번화했던 프랑스와 이탈리아가 가장 많은 사람들을 잃었다. 플로렌스는 인구의 팔십 퍼센트를 잃은 반면에 밀라노는 커다란 피해가 없었다. 프랑스 왕실의 서기 삼분의 일과, 아비뇽에 모여 있던 추기경들 삼분의 일을 잃었다는 기록이 있다. 런던도 큰 피해를 입었고 한자 동맹의 도시, 함부르크, 브레멘, 메트로폴리스 쾰른도 타격이 컸다.

엎친 데 덮친 격으로 14세기에는 유난히 흉년이 잦았다. 굶는 자와 병들어 죽는 자가 속출한 암울한 시대였다. 영주가 죽고, 추기경이 죽고, 시장이 죽고, 사제가 죽고, 의사가 죽고, 대장장이가 죽고, 농부들이 죽었다. 도시와 왕실의 행정이 마비가 되고 교회가 문을 닫았다. 무정부 상태가 되었던 거였다. 일할 사람이 줄어드니 임금이 올랐다. 그래서 살아남은 사람들은 높은 임금을 받을 수 있는 도시로 몰렸다. 도시의 인구가 먼저 증가하기 시작했다. 신분제도도 달라졌다. 여태껏 신분의 제약에 묶여 할 수 없었던 일들을 할 수 있게 되었던 거였다. 봉건제도가 흔들리기 시작했다. 농노들을 잃은 땅은 폐허가 될 위기에 처해 있었다. 영주들은 임금을 주고 농부들을 사야 했다. 농노가

신 의 정 원 , 나 의 천 국

임금 노동자가 되거나 자영농이 되었다. 이는 농노제도의 폐지를 불러왔다.

도시 노동자의 임금이 올라가니 눈치 빠른 주인들이 엔지니어를 시켜 기계를 발명하게 했다. 인건비를 아껴야 했던 거였다. 많은 기계가 빠른 속도로 만들어졌다. 이런 상황 속에서 인쇄술도 발명되었다. 필사본이 너무 비싸졌던 거였다. 이 때 정신적으로 가장 충격을 많이 받은 사람들이 의사였다고 한다. 그 때까지의 의술로 고칠 수도 이해할 수도 없었던 병. 화성, 목성, 토성이 서로 삼각형을 이루어 벌어진 현상이라는 설명이 통했던 시대였다. 의사들 사이에서 신비주의나 점성술에 의존한 의학보다는 임상에 의거한 과학적 의학이 필요하다는 의견들이 대두되었다. 당시의 교황도 해부학이 필요하다는 의견을 제시했다. 의학에 혁명이 온 것이다.

한편 페스트에 걸린 많은 재산가들이 천국에 가기 위해 죽기 전 재산을 교회에 바쳤다. 교회는 더욱 부자가 되었지만, 왜 하나님이 이런 벌을 내리는지에 대해 시원한 답을 주지 못해서 위신이 깎였다. 게다가 사람들이 죽어 넘어갈 때 치료도 못했고 보살펴 주지도 못했다. 같이 죽어갔던 거였다. 신의 대변자들에 대한 신뢰가 사라지기 시작했다. 이 점은 영주들도 마찬가지였다. 백성들을 지킬 수 없는 영주들에 대해서 백성들은 불신으로 대답했다. 그리고 두 가지 삶의 유형이 드러나기 시작했다. 하나는 신이 벌을 내린 것이니 회개하고 속죄해야 한다는 사람들이었고 다른 하나는 언제 죽을지 모르니 즐기며 살자는 부류였다. 속죄 파 쪽이 우세했던 것 같다. 많은 종교 행렬들이 줄을 이었고 순례자가 늘어났다. 스스로 채찍질하는 고행의 순례자가 이때 유행하기 시작했다. 이렇게 페스트가 불러 온 두려움과 후유증들을 스스로 극복해가는 과정에서 사람들은 서서히 지도층으로부터 독립하기 시작했다. 이런 현상은 사람들의 인생관과 세계관을 변화시키기에 충분했다. 그래서 페스트가 르네상스를 불러왔다고 설명하는 역사가들도 있다.

그러나 문제를 스스로 해결하다보니 엉뚱한 해결책이 나오기도 했다. 유대인이 우물에 독을 타서 병이 번졌다는 소문이 어디선가 시작되었다. 한 번 시작된 소문은 걷잡을 수 없이 퍼져나갔다. 그리고 유대인 학살이 시작되었다. 이번만큼은 교회에서도 적극적으로 뜯어 말렸으나 아무도 귀를 기울이지 않았다. 사람들은 그들의 두려움과 분노를 쏟을 희생양이 필요했던 것이다. 이때 학살되거나 자살한 유대인의 비율은 페스트로 인한 죽음을 능가했다. 개종을 강요받을 것이 두려워 동반자살을 한 가족들도 부지기수였다고 한다. 지역에 따라서는 지도층이 책임을 전가하기 위해 충동질을 한 경우도 적지 않았으며 사채업을 하던 유대인들에게 빚을 많이 진 사람들이 기회를 노렸다는 혐오스런 이야기들도 전해진다.

이런 시대의 생생한 증인 중 한 명이 이탈리아의 지오반니 보카치오라는 젊은 시인이었다. 그는 페스트가 한창 극성을 부리던 바로 그 상황 속에서 『데카메론』을 썼다. 그리고 서문에서 검은 죽음이 플로렌스를 휘젓고 다니던 그날들의 상황을 상세히 묘사하고 있다. 무정부 상태, 누구나 각자 하고 싶은 대로 했던 날들이었다는 것을 증언하고 있다.

중세를 근본적으로 뒤흔든 것은 바로 크기가 몇 밀리미터 밖에
되지 않는 쥐벼룩이었던 거였다.

백년전쟁 - 영국과 프랑스의 실질적인 탄생기

페스트만큼 영향력이 크지는 않았지만 영국과 프랑스 사이의 긴 전쟁
역시 세상을 바꾸는 데 한 몫을 했다. 이미 살펴본 대로 1066년에 노
르망디의 기욤 공작이 영국을 정복하여 스스로 왕이라 칭했을 때부터
갈등의 씨앗은 뿌려졌다. 기욤 공작이 정복자 윌리엄으로 이름이
바뀌며 영국의 왕이 되었지만 그렇다고 노르망디에 있는 자신의 영토
를 포기한 것은 아니었다. 그때 그와 함께 정복전쟁을 치른 많은 동료
들이 그곳에 남아 영국 귀족층을 이루었다. 그들 역시 기욤 공작과 마
찬가지로 프랑스에 영토를 가지고 있던 기사들이었다. 주로 노르망
디, 브르타뉴 지방, 그리고 플랜더스와 남프랑스에도 영토를 가지고
있었다. 영국의 왕은 동시에 프랑스의 공작 칭호를 가지고 있었으므
로 프랑스 왕의 신하가 되는 거였다. 봉건제도의 원칙에 의하면 귀족
에게 속한 땅이 왕의 땅이었으니 프랑스 왕의 입장에서는 모두가 자
신의 땅이었고 또한 자신의 신하가 영국의 왕이니, 당연히 자신이 영

백년전쟁 모습을 담고 있는 동시대의 그림들. 기사들의 복색이 상당히 화려하게 묘사되어 있다.

신 의   정 원 ,   나 의   천 국

국의 왕보다 높다고 여겼다. 마찬가지로 영국 왕의 관점으로는 프랑스에 있는 프랑스계 영국 귀족들 소유의 땅이 자기 땅이라고 생각했다. 같은 영토를 놓고 서로 주인이라고 우기기 시작하면 한 쪽이 완전히 망할 때까지 해결책이 없게 된다. 끊임없이 작은 분열이 있다가 크게 터진 것이 1340년경이었다. 우리의 미남 왕 필립 4세의 사후, 그의 아들 루이 10세가 왕위를 이었다가 후사 없이 서거하면서 문제가 불거진 거였다. 우선 친조카가 왕위를 이어 받았는데 외종질, 즉 필립 4세의 외손자가 왕권을 주장하고 나선 것이다. 이 이가 바로 영국의 왕이었다. 필립 왕의 딸이 영국 왕에게 시집을 가서 낳은 아들이었다. 이렇게 서로 프랑스의 왕권을 주장하며 시작된 것이 백년전쟁(1337~1453)이다. 물론 백 년 동안 쉬지 않고 진행되었던 것은 아니다. 중간에 십년씩 이십 년씩 휴전했다가 다시 시작하기를 거듭하다 보니 백 년이 지난 거였다. 처음에는 영국이 우세하여 한 때 파리까지 점령했던 적이 있었으나 결국 프랑스의 승리로 끝이 났다. 영국은 프랑스에 있던 모든 영토를 다 내주고 돌아갔다. 그런데 평화협정은 맺었어도 공식적으로 왕위 계승권에 대해 협의한 적이 없으므로 영국왕은 1815년까지(!) '영국의 왕 그리고 프랑스의 왕' 이라고 서명했다고 한다.

프랑스 볼루아에 서 있는 잔 다르크의 동상

백년전쟁의 결과로 양측이 얻은 것이 있다면 우선 영토 문제가 드디어 정리되었다는 것과 영국과 프랑스라는 국가의 개념이 확고해졌다는 것이다. 그리고 영국 측에서는 장궁이라는 신무기를 도입하여 프랑스 기사들을 무기력하게 했고 프랑스 측에서는 잔 다르크라는 영웅을 탄생시켰다.

중무장하고 일렬로 달리며 적진을 정면 돌파하는 중세 기사들의 전법—영화에서 많이 본 장면들—이 이제 영국의 장궁수長弓手들 앞에서 맥을 추지 못하게 되었다. 2010년도에 리들리 스콧 감독이 만들고 러셀 크로우가 늙은 로빈 훗을 연기했던 영화에서 장궁수 '군단' 이 등장한다. 멋지긴 했지만 로빈 훗이 활약하던 시대, 즉 12세기 말에 장궁은 있었어도 조직적인 군단이 전투에 투입되지는 않았었다. 처음으로 전투에 투입된 것은 백년전쟁 때였다고 한다. 장궁은 길이가 거의 2미터 가까운, 사람 키를 훌쩍 넘는 기다란 활이다. 숙련된 궁수는 일 분에 열 개에서 열두 개의 화살을 쏠 수 있고 사정거리가 이백 미터 이상이었다고 전해진다. 두께 2.5센티미터의 참나무 판을 뚫을 수 있는 힘으로 분당 열두 개씩 발사되었기 때문에 기사들의 갑옷이 소용없게 되었고 정면 돌파 전법은 오히려 화살을 향해 달려가는 결과를 빚었던 거였다. 백년전쟁 당시의 프랑스 측의 '종군 기자' 가 증언하기를, 무려 육천 명의 장궁수가 사 분 동안 십사만 사천 개의 화살을 쏘았다고 계산한 바 있다.

기사의 시대가 막을 내린 것은 화약의 출현 때문이 아니라 장궁의 도입, 기사들을 말에서 끌어내리는 갈고리 달린 긴 창의 도입, 그리고 비록 기사도에는 어긋나지만 날씨와 지형을 잘 이용한 전술, 예를 들어 비 온 다음날 진흙탕으로 기사들을 유인하여 무거운 말과 함께 진흙에 빠져 허우적거리는 기사들에게 일제히 활을 쏘아대는 치사한 전술 때문이라고 한다. 어이없이 사소한 일들이 모여 커다란 효과를 가져왔다. 모두 백년전쟁 때 개발된 전술들이었다. 백년전쟁이 막을 내릴 즈음 기사들의 시대도 끝나가고 있었다.

동방박사들이 가져 온 물음들 - 새 시대의 시작

15세기, 서쪽에서 기사들이 진흙에 빠져 허우적대는 동안, 그리고 중부의 도시들이 페스트의 여파로부터 힘겹게 회복하고 있는 동안, 동북유럽은 '개발'의 물결에 휩쓸리고 있었다. 한자동맹이 북쪽으로 스칸디나비아와 발트 해, 동쪽으로 폴란드와 러시아까지 활발히 개척해 나갔고 가는 곳마다 새로운 도시들이 솟아올랐다. 러시아에 제후국들이 세워지고 후에 모스크바를 중심으로 차르 왕국을 탄생시킬 준비가 시작되었다. 페스트의 피해가 가장 적었던 도시 프라하가 급부상하기 시작했다.

　한편 이베리아 반도에서는 스페인과 포르투갈이 근 칠백 년에 걸친 끈질긴 노력 끝에 마침내 이슬람 세력을 완전히 몰아내는 데 성공한다. 이즈음 콜럼버스가 미 대륙을 발견한다. 그리고 바스코 다 가

중세의 세계지도(1300
년경에 제작 됨). 1830
년에 엡스토르프의 베
네딕도 수도원에서 발
견되어 커다란 반향을
일으켰다. 지도는 중세
의 법을 따라 동쪽이 그
리스도가 있는 하늘로
향해 있으며 세계의 중
심에 예루살렘이 있다.

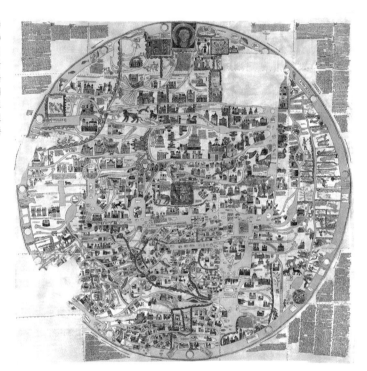

마는 인도로 가는 해로를 개척하는데 성공한다. 이를 계기로 스페인과 포르투갈 두 나라는 순풍을 맞아 역사의 바다 위로 힘찬 항해를 시작한다. 그리고 포르투갈의 리스본에서 벨기에의 안트베르펜까지의 해안이 아시아 교역의 중심지로 부상한다. 세상이 넓어지고 세계지도가 달라졌다.

이에 앞서 콘스탄티노폴리스가 오스만 터키에게 완전히 함락 당하는 사건이 벌어진다. 동로마제국의 종말이 온 것이다. 함락당한 동로마제국에서 기독교인들이 꾸역꾸역 유럽으로 몰려왔다. 그들은 그동안 고이 간직해 왔던 고대 그리스 문화를 가지고 들어왔다. 지금의 터키가 알렉산더 대왕 이후 그리스 땅이 되었고, 그 후에 로마의 지배를 받았지만 그들이 오히려 그리스 문화를 받아들였기 때문에 콘스탄티노폴리스를 중심으로 그리스 문화가 고스란히 남아있던 거였다. 터키뿐 아니라 시리아, 이집트 쪽에서는 라틴어가 아닌 그리스어가 공통언어였다. 그리고 동로마제국의 지식인들 사이에서는 그리스어와 그리스 문화에 대한 지식이 필수였었다. 고대 그리스 철학자와 시인들의 작품을 읽고 보관해 왔던 것도 그 쪽의 지식층이었다. 그러므로 초기 기독교가 형성되고 교리가 정립될 때 결정적인 역할을 한 것이 그리스어와 그리스 문화였다. 이렇게 그리스 문화의 영향은 ―헬레니즘이라고 한다― 정복자들의 시대를 살아남았던 거였다. 당시 유럽의 관점에서 볼 때 그리스는 동방의 나라였다. 동방박사들이 가지고 온 고대서적들이 대단한 인기를 끌었다. 때마침 발명된 인쇄술은 많은 사람들에게 고대의 서적과 성서를 직접 읽을 수 있는 기회를 제공했다. 그리고 지식의 보급이 빨라졌다. 이제 지식은 수도원과 대학만의 점유물이 아니었다. 일반 시민들에게도 기회가 주어졌다. 자부심이 생기고 문화 시민 층이 형성되었다.

이탈리아의 부유한 도시의 부유한 시민들이 건축가와 화가들을 불러들였다. 팔라초를 짓게 하고 성자들이 아닌 시민들의 초상화를 그리게 했다. 고대 신화에서 모티브를 따 벽화를 그리게 했다. 비너스와 천사가 같이 포즈를 취했다. 상상도 할 수 없던 일이 벌어지기 시작한 거였다.

성서를 읽어 보니 사람이 하나님의 형상을 따라서 만들어진 것이라고 했다. 그러므로 사람이 신처럼 아름답고 귀한 것이라는 생각이 번지기 시작했다. 개인의 발견, 인간의 발견. 삶에 대한 새로운 생각. 이렇게 사람들은 차츰 교회의 그늘을 벗어나기 시작했다. 사람 중심의

구텐베르크 성경(뉴욕 시립도서관 소장본)

신 의 정 원 , 나 의 천 국

세상, 새 휴머니즘이 시작된 거였다. 그렇다고 근본적으로 신을 부정한 건 아니었다. 시민 층이 사람됨에 대해 스스로 생각하기 시작한 것과 마찬가지로 신학자들은 진정한 신앙이 무엇이고 교회가 무엇인가에 대해 묻기 시작했다. 이런 물음들이 중세에 종지부를 찍게 한 거였다. 근세가 밝아왔다.

정 원

그때 여우가 부상당한 사자 왕을 데리고 정원으로 갔다.
참나무가 서있고 그 밑에 맑은 물이 흐르는 샘이 있었다.
왕에게 말했다.
저기 나무 밑에 가서 쉬세요.
백합의 사랑스런 자태를 보고
약초의 향기를 맡으면
허기도 사라지고 목마름도 없어진답니다.

- 중세 우화 중에서(940년경)

1
수도원 정원

떠도는 왕국 - 정원은 어디에?

고대로부터 20세기까지 정원은 귀족이나 왕족의 전유물이었다. 중세
는 여기서도 예외를 만든다. 민족대이동, 로마제국의 멸망, 유럽 패권
의 북상, 전쟁. 이렇게 부산했던 중세 초기는 정원을 만들기에 적합한
토양이 아니었다. 프랑크 왕국이 로마 문화를 계승했다고는 하나 아직
정원을 꾸미고 살만한 교양귀족계층이 형성되지 않았었다. 왕과 그의

무리들은 수 세기 동안 전쟁에 길들여진 전사였다. 게다가 왕들은 일정한 거처 없이 떠돌아 다녔다. 이 역시 중세만의 특징이었는데 새로 획득한 영토의 통치권을 확립하고 백성들에게 "내가 여기 있다"라는 사실을 알려야 했으며 또한 변방이 늘 시끄러웠기 때문에 왕은 말과 수레에 부하와 식솔들을 싣고 이 지방에서 저 도시로 떠도는 생활을 했었다. 물론 거처가 정말 없지는 않았다. 30킬로미터 간격으로 왕의 신분에 걸맞은 행궁을 만들어 두었었다. 혹은 수도원을 빌려 쓰기도 했다. 삼십 킬로미터는 말을 타고 하루 동안 달릴 수 있는 거리였다. 물론 혼자 말을 달렸다면 더 멀리 갈 수도 있었을 것이다. 그러나 실은 왕이 이동하는 것이 아니라 왕실이 이동하는 것이었으므로 대개는 수백 명이 움직였다. 삼십 킬로미터 마다 행궁을 두었으니 제국 전체에 얼마나 많은 행궁이 있었을지는 어렵지 않게 계산할 수 있다. 그래서 이

독일 고슬라에 남아 있는 바바로사 황제의 행궁. 1005년에서 1015년 사이에 지었다.

신 의 정 원 , 나 의 천 국

시대를 '떠도는 왕국의 시대' 라고 부르기도 한다.

물론 서기와 사가들이 동행했으므로 왕들의 움직임이 비교적 소상히 알려져 있다.

예를 들어 콘라드 2세의 행동 반경을 보면 이러하다. 1030년 겨울 그는 슈트라스부르크에 머물고 있었다. 그 때 부르군트 지방에서 파발마가 온다. 왕의 도움이 필요한 것이다. 왕은 그리로 간다. 거기서 일을 마치니 스위스 바젤에서 부른다. 거기서 곧 슈바빙을 거쳐 로트링겐으로 간다. 그러다 보니 부활절이 되었다. 부활절 미사는 님베겐이라는 작은 행궁에서 보낸다. 그 때 프랑스 왕이 싸움을 걸어온다. 뫼즈 강변으로 가서 프랑스 왕을 만나 담판을 벌인다. 그러고 나니 다시 튀링겐으로 갈 일이 생긴다. 거기서 작센으로 넘어 갔다가 란 강가의 림부르크로 달린다. 조금 쉴 만하니 샹파뉴 지방에서 부른다. 어느 새 여름이다. 동쪽에서 슬라브인들이 소동을 일으킨다는 소식이 온다. 프랑스에서 슬라브인들이 사는 동쪽까지는 아주 먼 거리이다. 가서 소동을 진압하고 나니 성탄절이 된다. 당시 수도 격이었던 남쪽의 아헨으로 갈 길이 아직 멀다. 중간에 있는 행궁에서 성탄절 미사를 본다. 이런 식이었다. 하인리히 3세의 경우 18년 동안 군림하면서 총 오만 킬로미터를 말로 달렸다고 한다. 지구를 한 바퀴 이상 돈 거리이다. 어림잡아서 일주일에 평균 50킬로미터를 달린 것이다.

카롤루스 대제 이후 프랑크 왕국의 수도가 된 아헨을 비롯해서 파리나 로마 같은 중요한 도시에 행궁을 두었던 것은 당연했다. 그 외에도 지금 유럽의 주요 도시 중 행궁을 두었던 도시들이 상당히 많다.

쾰른, 도르트문트, 오를레앙, 생 드니, 트리어, 취리히 등이 이런 도시들이다. 행궁은 수백 명이 묵을 수 있는 시설과 마구간이 있어야 했다. 여기서 왕은 정사를 보았고 손님을 맞았으며 연회를 베풀었다. 때로는 왕실 뿐 아니라 군대를 이끌고 가기도 했으므로 행궁의 뜰은 군인들의 야영장이었을 것이다. 정원을 가꾸고 꾸미는 분위기는 아니었다.

왕실만 떠돌았던 것이 아니다. 황제가 큰 원을 그리며 떠돌았다면 영주들은 각자 자기 영토에서 작은 원을 그리며 돌았다. 그리고 그 사이를 수많은 상인들이 떠돌았고, 수도사들과 순례자들이 떠돌았으며, 기술자들이 일자리를 찾아 떠돌았고, 도적들이 떠돌았고, 기사들이 전쟁과 모험을 찾아 떠돌았다. 심지어는 농부들도 떠돌았다. 바이킹에 쫓겨 남쪽으로 가고, 북에서 오는 낯선 사람들을 피해 서쪽으로 가고, 새로운 농지를 찾아 동쪽으로 갔다. 10세기까지 중세는 이렇게 번잡한 시대였다.

이렇게 부산하던 시대에 유일하게 부동의 정점을 이루었던 곳이 수도원이었다. 당연히 수도원 정원이 먼저 출발할 수밖에 없었다.

수도원과 속세의 관계는 정원을 통해서 이루어졌다

"수도원은 가능하면 생활에 필요한 모든 것을 수도원 내에서
조달할 수 있도록 조성되어야 한다. 여기에 속하는 것이 물,
물레방아, 정원 그리고 공방이다."

- 베네딕도 수도원 규칙서 66조

폐쇄된 사회로서의 수도원이 속세와의 격리를 주장하기는 했지만 속
세와 아주 담을 쌓고 살 수는 없었다. 이는 그리스도의 뜻에도 어긋나
는 것이었다. 베네딕도도 그의 규칙서 53조에서 57조까지 외부와의
관계에 대해 말하고 있다. 사실 상당히 신경 쓰이는 부분이었을 것이
다. 대개는 손님을 맞는 방법, 출장길에 입어야 할 복색 등에 대한 규정
이었다. 그러나 이런 형식적인 것보다는 수도원의 사회적 역할, 즉 영
혼의 구제와 병자의 치료라는 역할로 인해 외부와의 관계가 이미 정의
되어 있었다고 봐야 한다. 베네딕도 규칙서 36조에는 "환자들을 치료
하는 건 가장 큰 의무에 속한다. 그리스도에게 봉사하는 것처럼 환자
들을 돌봐야 한다"라는 내용이 담겨 있다.

수도원 정원은 바로 이 역할을 수행하기 위해 필요불가결한 도
구였다. 환자를 돌보기 위해 필요한 약을 생산하는 곳이 바로 수도원
정원이었다. 정원을 통해서 비로소 수도원이 완성되는 거였고 이는 곧

그리스도의 뜻을 완성하는 것이었다.

바로 이런 점을 처음부터 강조한 사람이 성 아우구스티누스 (354~430)였다. 그는 수도원과 정원은 서로 뗄 수 없는 일체라고 보았다. 정신적으로도 그렇고 실용적인 관점에서도 그랬다.

성 아우구스티누스는 초기 기독교에서 중요한 위치를 차지하는 신학자며 수도사로서 수많은 저서를 남긴 신화적인 존재였다. 그의 『고백론』, 『행복론』, 『재고록』 등은 지금까지도 불멸의 명저로 읽히고 있다. 그런 그가 수도원 정원의 대부 역할을 하고 있다.

395년 그는 지금의 알제리에서 주교로 서품을 받았다. 그리고 정원을 기증 받았다. 그는 그 정원 안에 수도원과 교회를 짓는다. 수도원 성원의 의미를 이보다 더 단적으로 보여주는 일화도 없을 것이다. 정원 안에 지어진 수도원과 교회는 그 자체로 약속의 땅, 영원한 천국을 상징하지 않을 수 없는 거였다. 그리고 이를 통하여 세상을 치유한다는 상징적인 의미를 부여받게 되는 것이다. 정원이 수도원과 세상을 연결하는 고리가 되고 그것으로 인해 또 세상이 정원을 발견하게 된다. 궁중 문화가 시작되고 기사도가 형성되면서 기사들도 정원을 짓는다. 도시에 시민계급이 자리 잡으며 수도원 정원을 본 따 정원을 짓는다. 그래서 중세의 정원은 수도원 정원, 기사들의 정원, 시민들의 정원, 이렇게 주체에 따라서도 분류할 수 있다. 그러나 시민 정원과 기사의 정원은 수도원 정원의 복사본이다. 다만 누가 정원을 이용하고 노래했느냐에 따라 박자와 음정이 달라질 뿐 기본 멜로디는 같다. 결국 중세 정원 이야기는 수도원 정원에서부터 출발해야 한다.

치유의 정원

클레르보를 아시나요

"네가 만약 우리 클레르보 수도원을 방문하고 싶다면 이 글이 안내해 주리라 믿어. 수도원에 가까워지면 언덕이 두 개 보일 거야. 처음에는 언덕 사이로 골짜기만 보이지. 가까이 갈수록 골짜기가 넓어지다가 드디어 수도원이 보일 거야. 한 쪽 언덕에는 과일나무들이 자라고 다른 언덕은 포도나무로 가득한 바로 그곳이야. 한 쪽은 먹을 것을 다른 쪽은 마실 것을 주는 곳이지. 언덕 꼭대기로 올라가면 우리 수도사들이 할 일이 많아요. 아주 조용하고 평화로운 곳이지. 거기서 우리는 나뭇가지를 모아. 그리고 단으로 묶지. 땔감도 얻고 언덕의 무성한 잡초도 솎아주는 일석이조야. 그래야 참나무들이 잘 자라겠지. 참나무의 근사한 이마가 하늘에 닿을 수 있게 말이야. 그리고 피나무가 팔을 시원하게 벌릴 수 있게. 마가목이 쭉쭉 자라게. 그리고 느릅나무는 시원한 그늘을 만들 수 있게 말이지. 수도원 뒤로 가면 넓은 정원이 있어. 거긴 담으로 둘러싸여 있지. 그런데 정원이 꼭 과수원 같아. 세상의 모든 과일나무가 다 있어요. 아픈 사람들 사는 병동에 가까이 있거든. 아픈 형제들이 위안을 얻을 수 있게 말이지. 과수원은 또 산책하는 형제들에게 길을 넉넉히 제공하지. 열이 있는 형제들은 달콤한 그늘에서 쉴 수도 있고 말이야. 환자들이 잔디에 앉아 있는데 삼복더위의 땡볕이 괴롭히면 안 되잖아. 그늘 주는 나무가 제격인 거야. 아늑하고 그늘진 곳으로 시원하게 피할 수 있게 해주는 거지. 이렇게 그늘에 앉아 있으면 약초향이 코로 스며들

클레르보 수도원. 편지
의 사랑스런 정원은 간
곳이 없다. 건물조차 바
로크 시대에 다시 지어
더욱 옛 정취를 찾기 어
렵다(출처: Prosopee).

원조 시토 수도원의 현
재 모습. 35명의 사제들
이 살고 있다. 15세기에
지어진 도서관과 17세
기의 관리동만 남아 있
어 초기의 모습은 알아
볼 수 없다(출처: G,
CHP).

며 더 큰 위안이 될 거야. 약초는 사랑스런 연두색으로, 꽃은
예쁜 빛깔로 환자들의 눈을 즐겁게 해주고. 환자들은 이렇게
말할 거야. 과일나무 그늘에 앉아 있으니 과일향이 내 영혼을
쓰다듬는 구나. 귀에는 귀여운 새들의 지저귐이 들릴 거야. 단
한 가지 병을 고치기 위해 이렇게 여러 가지가 힘을 쓰는 거라
고. 주님의 사랑이 이렇겠지. 공기는 순수하게 빛나고 흙은 훈
훈한 향을 풍기니 환자는 눈으로, 귀로, 코로 색과 노래와 향
을 듬뿍 마실 수 있어.

과수원이 끝나면 화단이 시작돼. 단정한 화단이 열 지어 있고
그 사이로 물이 흘러. 더운 여름날에 물조차 잠든 것 같지만
그래도 물은 흐르잖아. 이 계류도 환자들에게 위로가 될 거야.
물속에 발을 담그고 앉아 있으면 맑은 물속에서 물고기들이
춤추는 것이 보일 테니까. 이 물은 두 가지로 쓸모가 있어. 물
고기를 살리고 채소밭에 물을 주는 거지. 이 물은 오브 강에서
오는 건데 강이 자신을 반으로 나눠서 한 쪽을 수도원으로 흘
려보내. 그리고 우리 아픈 형제들에게 인사를 하며 미안하다
고 그러지. 계류가 좁아서 다 보낼 수가 없다고. 물은 땅을 적
셔 즐겁게 하고 싹이 트게 하지. 할 일을 다 하고 나면 다시 강
으로 흘러 들어가 빠른 폭포가 되어 계곡을 흘러내려……"

이 편지는 13세기에 클레르보 수도원에서 살던 무명의 수도사가 쓴
것이다. 클레르보 수도원은 이미 전편에서 살펴 본 베르나르 드 클레
르보 원장이 세운 것으로 중세에 가장 중요한 수도원 중의 하나였다.
이 유서 깊은 수도원이 아쉽게도 1791년에 프랑스 혁명의 결과로 해
체된다. 수도원 건물은 지금 형무소로 쓰고 있으며 일부에는 박물관이
조성되어 있다.

　　이렇게 무대에서 사라졌던 클레르보 수도원은 위의 편지가 발

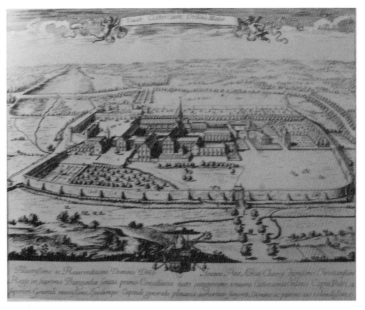

클레르보 수도원은 시토 수도회에 속했었다. 시토 수도회의 원조 수도원이 시토라는 곳에 세워졌으므로 수도회의 이름도 그리 불렸다. 그 원조 수도원(시토 수도원이라고 한다)의 오래된 도면이 전해진다. 물론 이 그림은 1098년에 설립된 후 거의 육백 년이 지난 1674년에 그려진 것이므로 바로크의 영향이 시작되어 건물이 많이 확장된 모습을 보여준다. 그럼에도 담으로 둘러싸인 수도원 정원의 초기 모습을 상상할 수 있다.

견되면서 다시 생생히 되살아났다. 팔백여 년이 지난 지금에도 이 편지를 읽고 있으면 수도원 정원의 모습이 눈앞에 펼쳐지는 듯하다. 그리고 정원을 사랑하고 자랑스럽게 여기는 수도사의 마음도 손에 잡힐 것 같다. 이 편지는 중세 정원의 모습을 알 수 있는 소중한 자료가 되기도 하지만 그에 앞서 수도원 정원이 가졌던 의미를 새삼 확인 할 수 있게 한다. '단 한 가지의 병을 고치기 위해 색과 노래와 향을 제공' 하는 수도원 정원은 지금의 오감체험 정원이나 치유 정원의 모태가 되는 것이다. 정원은 이렇게 치유가 그 본질이었던 거다. 지금 전 세계에 번지고 있는 텃밭 정원이나 커뮤니티 정원의 움직임을 보면 중세 수도원 정원에서 비롯된 정원의 본질이 되돌아오고 있다는 느낌이 든다.

신 의 정 원 , 나 의 천 국

위의 편지는 외부에서 수도원을 찾아가는 관찰자의 시각에서 수도원 정원의 구조를 보여주고 있다. 수도원 외곽에 포도밭과 과수원이 있다. 그런데 수도원에 들어가면 과일나무가 심겨져 있는 넓은 잔디밭이 또 있다. 이곳은 담으로 둘러싸여 있다. 여기서 비로소 정원이 시작되는 것이다.

수도원 정원은 늘 같은 구조로 지어졌었다. 바로 이 편지에서 묘사되고 있는 그 구조이다. 과일나무가 심겨있는 잔디밭, 약초원, 화단이다. 나무가 심겨있는 잔디밭은 나무 정원이라고 불렀다. 나무 정원을 우리 식으로 표현하면 수목원이라 하겠지만 중세 나무 정원과 지금의 수목원은 많은 차이가 있다. 그러므로 혼동을 피하기 위해 나무 정원이라 하는 것이 좋을 것 같다. 중세는 라틴어를 썼던 시대였으므로 나무 정원을 포마리움pomarium이라고 했다. 정확하게 말하자면 사과나무 정원이라는 뜻이다. 이로 미루어볼 때 초기에는 사과나무가 가

레닌 수도원에서 운영하는 노인 요양원. 예나 지금이나 수도원 정원은 병들고 약한 이들에게 안식처를 제공한다.

장 대표적인 과일나무였음을 알 수 있다. 나무 정원은 수도원 외곽에 있는 과수원과 구별해야 한다. 일반 과수원과는 기능이 다르기 때문이다. 과수원은 생산을 위한 장소이고 나무 정원은 같은 과수가 심겨져 있다 하더라도 '잔디밭에 그늘을 주어 환자들이 머물게' 한 곳이었다. 정원인 것이다. 물론 이 편지가 쓰인 13세기의 이야기이다. 뒤에서 살펴보게 되겠지만 초기의 나무 정원은 전혀 다른 기능을 가지고 있었다. 이 나무 정원의 의미는 뒤에서 좀 더 자세히 살펴 볼 것이다.

　나무 정원의 잔디밭은 지금처럼 깨끗이 다듬어진 것이 아니라 약초와 야생화가 같이 피어 있는 그런 잔디밭이다. 그래서 약초의 향기가 코끝에 스밀 수 있던 것이다. 나무 정원과 맞닿은 곳에 화단이 정연하게 배치되어 있다. 그리고 화단들 사이로 길이 있고 개울이 흐르고 있다. 이것이 약초 정원이다. 약초 정원은 우리의 텃밭처럼 좁고 긴 사각형이 줄지어 있는 형태를 취했다.

　그렇다면 어떤 경위로 해서 약초원과 나무 정원이 수도원 정원의 기본 구조가 되었을까. 시간을 좀 더 거슬러 올라가 수도원 정원의 형성에 미친 영향들을 살펴보아야 대답을 찾을 수 있을 것이다.

신 의 정 원 , 나 의 천 국

수도원 정원에 영향을 준 것들

중세의 의학 - '약초와 기도' 로 병을 치료하다

중세 말기에 페스트가 세상을 덮칠 때까지 중세 의학의 키워드는 '약 초와 기도' 였다. 신의 도움 없이는 아무리 좋은 약을 써도 소용없다는 생각이 지배했었다. 그러므로 이미 고도로 발달해 있던 아랍권의 의학 이 유럽에 크게 영향을 미치지 못했던 거였다. 기도하는 곳, 즉 수도원 에서 환자도 치료하는 전통이 이렇게 형성되었다. 전통적으로 민간에 서 의료를 담당하던 산파와 의녀들이 점점 사회의 외곽으로 내몰린 것 도 이 영향이 컸다.

동로마제국에서는 의학이 지속적으로 발전하고 있었던 반면, 서쪽의 유럽에서는 로마의 멸망과 함께 로마 의사들이 거의 자취를 감 춘 상태에서 전통적인 게르만의 의술, 즉 약초 쓰는 것과 주문을 외우 는 것에 의존하게 되었다. 결국 주문이 기도로 바뀐 외에 달라진 것은 없었다.

베네딕도는 각 수도원마다 치료원을 둘 것과 전문 치료사를 한 명씩 두고 후예를 양성시킬 것을 명했다. 치료원은 병자뿐 아니라 가 난한 사람들과 노인들이 머물 수 있는 구제소 내지는 요양원 구실도 했다. 12세기까지 수도원은 의술을 담당하는 유일한 기관이었다. 수 도원 외에는 의술을 배울 장소도 기회도 없었던 것이다. 12세기, 이탈리아에서 먼저 대학이 생기고 의학이 학과목으로 도입되면서 사정이 달라지기 시작했다. 의료 기관으로서의 수도원의 역할이 점차 쇠약해지기 시작했다.

당시의 질병 치료가 전적으로 약초에 의존했었기 때문에 치료원, 즉 병원 가까이에 약초밭을 필수적으로 조성했다. 중세 후반에 들어서면서 의료 기관으로서의 역할이 미약해진 후에도 수도원은 약초 생산지의 역할을 지속해 나갔다. 물론 이즈음에선 민간에서도 약초를 생산하기 시작했다. 그리고 도시에 약국이 생겼다. 이에 수도원도 도시에 약국을 차렸고 그러다보니 민간 약초상과 경쟁을 하지 않을 수 없게 되었다. 결국 왕실에서 수도원의 약국 운영을 금지했다. 그만큼 도시의 힘이 강해지고 수도원이 약세에 몰렸다는 얘기일 것이다. 이로서 의료 기관으로서도 그리고 약초 생산지로서도 운명이 다 한 것인데, 그러나 이즈음 수도원의 약초원은 이미 정원으로 성장해 있었다.

카롤루스 대제의 칙령

카롤루스 대제가 정원 애호가였다는 기록은 없다. 정원을 만들었다는 말도 없다. 그는 파리를 떠나 아헨에 수도를 정했었다. 아헨은 독일, 프랑스, 벨기에가 서로 만나는 삼각지점에 있는 도시다. 이곳에 795년 거대한 궁을 지었다고 전해진다. 지금 이 궁은 파괴되었고 궁과 함께 지었던 대성당만 남아 있다. 이 대성당 옆에 중정[1]이 있었음은 발굴을 통해 확인되었다. 틀림없이 어딘가 정원도 있었을 것이다. 달리 고증된 것은 없고 다만 카롤루스 대제의 고문이었던 아쿠인이란 사람이 글을 남겨 정원을 묘사하고 있기 때문에 정원이 있었음을 짐작할 수 있

신 의 정 원 , 나 의 천 국

다. 카롤루스 대제 역시 일 년 내내 제국 내를 돌아다녔고 겨울에만 아 •
헨의 궁에서 머물렀다고 한다. 그러니 사실 정원이 있었다고 해도 왕
자신은 크게 덕을 볼 수 없었을 것이다.

　　카롤루스 대제가 모어족의 수장을 영접한 적이 있다. 영접 파
티가 과수원에서 열렸다는데 어찌나 넓었는지 수천 명이 그 안에 머물
수 있었다고 한다. 궁이 아무리 컸다고 해도 수천 명이 모일 과수원을
궁 안에 둘 수는 없었다. 궁의 구조로 보아 넓은 중정이 있기는 했지만
이는 집무실과 성당과 왕의 거처 등의 여러 건물 군 사이에 조성된 공

아헨의 대성당(출처:
Aleph)

---

1 중정은 클로이스터 혹은 클라우스트룸이라고 하여 교회와 수도원 건물 사이에 형성된 정
방형의 공간을 말한다. 이 공간을 파라다이스라고 불렀음은 앞서 설명한 바 있다(프롤로그
참조). 오히려 건축에 속한 공간인데 한국에서는 아직 적당한 용어로 번역된 것이 없으므로
편의상 중정이라고 하는 것이 이해가 쉬울 것 같다.

간으로 오히려 대형 광장 같은 곳이다. 수천 명이 모일 수 있는 과수원은 궁 바깥에 있었을 것이다. 혹은 떠돌던 중에 손님을 맞는 경우가 많았으므로 다른 귀족이나 주교들의 과수원에서 손님을 맞았을 가능성도 배제할 수는 없다.

결론적으로 우리는 카롤루스 대제의 정원에 대해서 아는 것이 하나도 없다.

카롤루스 대제가 세웠던 궁과 성당 복원 조감도. 성당과 궁이 연계되어 있었음을 알 수 있다 (출처: Axel Hausmann).

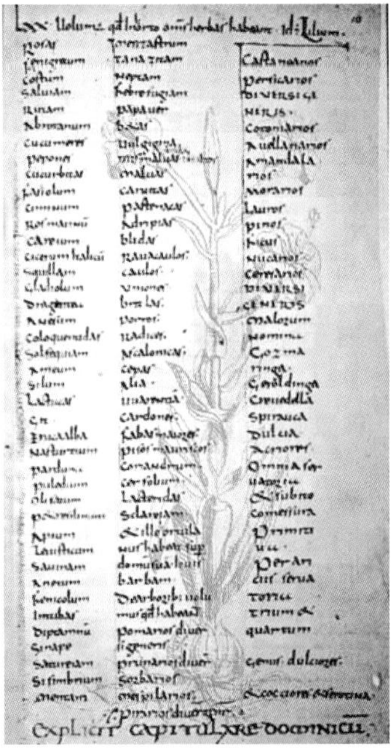

카롤루스 대제가 내린 칙령의 식물 목록

다만 확실한 것은 그가 812년에 향후 정원의 발전에 결정적 영향을 줄 일을 했다는 것이다. 이 해에 그는 전국적으로 "제국의 토지 관리에 대한 칙령"을 내린다. 이는 농업에 대한 지침으로서 윤작 방법, 정원, 과수원, 포도밭 관리 및 가축, 양봉, 양어 등에 이르기까지 상세한 방침을 내렸던 것이다. 그중 "제국 어느 곳에서나 심고 길러야 하는 식물 목록"이 포함되어 있었다. 약초원을 지으라 하였고 심어야 하는 식물까지

170

지정해 주었다. 총 73종의 약초, 채소와 유실수와 16종의 나무가 있었다. 이는 황제의 명이었으니 지켜졌을 것이며 약초원이나 정원을 만들 때 칙령에 내려진 식물을 주로 심었을 것이다. 나중에 보게 되겠지만 수도원 정원이 먼저 이 식물들을 썼고, 후에 기사들이 그들의 성에 정원을 만들 때 수도원 정원을 모델로 삼았기 때문에 식물들도 그대로 성으로 넘어간다.

십여 년 전부터 중세 정원이 다시 유행하고 있다. 이와 더불어 대제의 칙령도 천이백 년 쌓였던 먼지를 털고 다시 세상에 나왔다. 현재 독일과 프랑스에 약 십 개소 정도 카롤루스 대제 칙령에 따라 조성된 정원이 있다. 식물원에 카롤루스 정원을 만들거나, 학교 정원도 교육용으로 약초원을 조성한 곳이 있고 와인 농장에서도 카롤루스의 칙

칙령에 따라 재현한 현대의 정원

령에 따른 약초원을 만들어 관광객을 모으고 있다. 정원에 대한 테마가 많이 고갈된 시점에 중세 정원은 새로운 발견이라 할 수 있다. 뒤에서 살펴보게 되겠지만 부활한 건 카롤루스 대제의 칙령뿐이 아니었다.

사과나무와 에덴 - 켈트 식물 문화의 영향

초기 유럽 수도원 건설에 아일랜드 수도사들의 역할이 컸고, 아일랜드 수도원이 전통의 켈트 문화와 기독교 문화를 융합한 것이므로 정원에도 자연스럽게 켈트의 정원 문화가 유입되었다. 그뿐 아니라 갈리아 지방, 즉 라인 강 서쪽에는 켈트 문화의 영향이 여전히 많이 남아 있었다.

켈트족은 좀 신비한 데가 있는 사람들이었다. 거의 천 년에 걸쳐 중서부 유럽으로부터 아일랜드까지 퍼져 살면서 특히 식물과 깊은 관계를 맺고 살았다. 이들은 유럽 정원과 농경 문화의 대모로 여겨지고 있다. 일찍이 철로 쟁기를 만들고 바퀴가 달린 농기구를 이용하여 생산력을 높일 수 있었다. 다양한 곡식, 채소, 과일 등을 재배하여 발달한 농경 문화를 누렸던 사람들이다. 농업의 귀재들이었던 것이다.

켈트 문화를 이해하려면 우선 켈트족의 나무 문화를 알아야 한다는 말이 있을 정도로 나무를 신성시 여겼다. 최초의 인간들이 나무였었다고 믿었던 사람들이었으니 오죽했겠는가. 여자는 마가목이었고 남자는 오리나무였단다. 우주의 신성한 힘이 변해서 된 것이 나무라 했다. 그렇기 때문에 나무에 관해서 쓴 시와 노래들이 많이 전해진다. 유명한 로마의 시인 베르길은 켈트족의 후예였다. 그는 "숲은 신령들과 요정들과 반신반인들의 고향이었다. 또한 사람들이 참나무 등걸에서 태어난 곳이기도 했다"라고 쓰고 있다. 나무뿐 아니라 약초에 대한 지식도 대단했다고 한다. 지금 유럽 생약학의 기원을 켈트족의 약초 문화에서부터 찾는 것이 옳을 지도 모른다. 요즘도 민간에서 약을 대신하여 마시고 있는 각종 허브차 역시 켈트족으로부터 유래하는 것이 많다.

이들은 왕국을 만들지 않았다. 부족 단위를 유지하며 살았고 귀족층이 지배하는 구조를 유지했었다. 마법사로 알려진 드루이드가 사회의 지도자적 역할을 했다. 그러나 본래 드루이드는 마법사라기보다는 제사장이며 재판관 역할을 했던 사람들이었다. 제사장이 주술적인 역할을 함께 수행했기 때문에 전설 속에서 마법사로 둔갑한 거였다. 켈트족의 드루이드에 대해서는 율리우스 카이사르가 『갈리아 정복기』에서 비교적 상세히 묘사하고 있고 키케로도 여러 차례 글을 남김으로써 알려지게 되었다. 그러나 이들의 묘사가 어느 정도 사실에 부합되는지는 판단이 어렵다. 켈트족은 '오검 문자'라고 불리는 작대기 모양의 문자를 가지고 있었지만 이는 문자라기보다는 심벌에 가까워 긴 글을 쓰기에는 적합하지 않았고 비석 등에 간단한 정보를 새기는 데 쓰였다. 평상시에는 그리스어를 주로 썼다고 하는데 문서를 남기는 것 자체가 금지되어 있었기 때문에 켈트족은 자신들의 이야기를 직접 전하지 않고 있다. 그들은 방대한 신화와 자연에 대한 지식, 천문학 등을 가지고 있었지만 선택된 사람들에게 구두로, 그것도 은유법을 써서 전달했다고 한다. 소중한 지식이 악한 사람들에게 전해져 부정적으로 쓰이는 것을 방지하기 위해서였단다. 드루이드 학교도 있었다는데 거기서 모든 지식을 구두로 전한 것이다. 그러므로 드루이드가 되기 위해서는 우선 스승의 머릿속에 있는 지식을 모두 따라 외워야 했다. 교육기간이 이십 년 정도 걸렸다고 한다. 요즘이라면 박사학위까지 딸 수 있는 시간이었다.

현대의 영국 드루이드
들. 유명한 스톤헨지는
드루이드들이 고대에
의식을 치르던 최고의
성소였다. 지금도 여기
서 드루이드들이 의식
을 치르고 있다. 18세기
부터 드루이드 문화가
리바이벌되었던 거였
다. 계몽주의 출현과
함께 기독교를 부정하
고 고유의 종교를 다시
찾자는 움직임이 있었
다. 이들을 네오드루이
드라고 하며, 2010년
영국에서 정식 종교로
인 정 되 었 다 (출 처 :
Sandyraidy).

카이사르의 묘사에 따르면 드루이드는 순백색의 긴 옷을 입고
다녔고 금으로 만든 작은 낫을 허리에 차고 있었다고 한다. 이 작은 낫
은 겨우살이를 자르는데 썼다. 겨우살이는 켈트 문화에서 가장 신성한
식물 중 하나였고 민병통 치약이었다. 오직 드루이드만이 겨우살이를
자를 수 있었고 금으로 된 낫으로만 잘랐다고 한다. 겨우살이를 자르
는 것 자체가 신성한 의식에 속했던 것이다. 우리의 심마니들이 목욕
재계하고 신성한 마음으로 삼을 찾아 나섰던 것과 흡사하였다.

아스테릭스라는 널리
알려진 만화에서 마법의 물약
을 만드는 수염 난 할아버지가
바로 이 드루이드를 패러디 한
것이다. 흰 옷을 입고, 허리에
작은 낫을 차고 있거나, 나무
위에서 겨우살이를 자르는 장
면이 자주 등장한다.

파노라믹스. 아스테릭
스 만화에서 드루이드
를 패러디한 것. 흰 옷,
긴 수염에 작은 금 낫을
차고 마법의 물약을 영
원히 휘젓고 있다.

174

이런 켈트족의 전설 속에 아발론이라는 신성한 장소가 있다. 아발론은 '사과나무 섬'이라는 뜻을 가지고 있다. 앞에서 얘기한 아서 왕이 잠자고 있는 곳이기도 하다. 사과나무는 영원한 생명의 상징이기도 하고 거듭남의 상징이기도 했다. 이런 사과나무 섬 아발론은 성서속의 에덴 정원과 많이 닮아 있다. 켈트족 역시 부활, 혹은 윤회를 믿었던 민족이었다. 그래서 죽은 사람들의 뼈를 맞춰놓고 주문을 외워 다시 살리게 했다는 전설이 많이 전해진다. 이렇게 신화 속의 두 천국이 서로 만나 중세 수도원의 나무 정원이 된 것이다. 나무 정원의 유래는 신성한 장소이고 그렇기 때문에 수도원 정원에서 중요한 위치를 차지했던 거였다.

백 년간의 잠에 빠진 로마인들의 정원

로마와 켈트족 간의 싸움이 유명해진 것은 순전히 만화 아스테릭스 덕이다. 카이사르가 갈리아 정복기를 쓰기는 했지만 사학자가 아니고서야 누가 읽겠는가. 아스테릭스라면 얘기는 다르다. 사실 많은 유럽 사람들이 아스테릭스를 통해서 라틴어를 배웠노라고 고백할 정도이니 아스테릭스는 만화가 아니라 문화이다. 그리고 그 아스테릭스가 전하는 얘기가 바로 로마와 켈트족 간의 싸움이다. 이 만화는 지금도 간간히 발행되고 있는데 그 속에선 로마와 켈트족이 아직도 티격태격 중이지만 역사적으로는 벌써 1세기 중반에 다 끝난 얘기다. 마법의 물약도 소용없이 켈트족이 로마에게 완전히 굴복한 것이다. 이후 켈트인들은 로마제국의 일원이 되어 살아간다. 그 때문에 켈트족의 약초 문화가 일단 주춤한 것은 아니다. 그들은 로마제국의 일원이 되었어도 고유의 문화를 버리지 않았다. 그리스도교가 왔을 때 그들은 이제 로마 그리스도인으로 살아간다. 그러면서 늘 먹던 채소를 먹고 늘 마시던 맥주를 마시고 늘 기도하던 신들에게 기도했다. 다만 달라진 것이 있다면 부르는 신의 이름이 달라졌을 뿐이었다. 게르만족이 오자 그들은 이제 프랑크 왕국의 백성으로 살아간다. 달라진 것은 아무 것도 없었다.

한편 고대 로마인들은 유럽 땅 전역에 퍼져 살면서 가는 곳마다 전원풍의 별장을 짓고 살았다. 폼페이 발굴로 누누이 확인된 바와 같이 그들은 이미 세련된 정원 문화를 누렸으며 뛰어난 정원 기술을 가지고 있었다. 화초를 재배하고 육종하는 기술도 가지고 있었다. 그러나 갈리아 지방에서 전쟁이 길어지면서 정원을 돌보기가 어렵게 되었고 후에 게르만족의 침입으로 더욱 황폐해졌다. 로마의 전원풍 정원은 주인을 잃은 채로 몇 세기 동안 깊은 잠에 빠져 들어갔다. 나중에 이 잠을 깨운 것은 황무지를 개간하던 수도사와 수녀들이었다.

게티 박물관의 중정. 고대 로마의 빌라 정원을 재현해 놓았다(출처: Bobak).

신 의 정 원 , 나 의 천 국

로마인들은 글쓰기를 좋아했다. 학자도 글을 쓰고, 군인도 글을 쓰고, 황제도 글을 썼다. 글로 특히 유명한 로마인 중에 키케로가 있고 두 명의 플리니우스가 있었다. 이 두 플리니우스는 삼촌과 조카 사이였다. 삼촌은 대 플리니우스라고 불리고 조카는 소 플리니우스라고 불렸다. 삼촌은 군인이며 정치가였다. 그리고 총 37권의 『박물지』를 썼다. 조카도 삼촌을 본 받아 글을 썼다. 특히 편지를 많이 썼다. 생전에 쓴 편지를 모으니 열 권의 책이 되었다. 이 편지 속에서 그는 로마제국의 경관을 노래하고 자신의 별장 정원을 자세히 설명하기도 했다. 그의 정원에 대한 묘사는 고대 로마 정원을 연구하는데 큰 도움이 되고 있다.

그러나 그 보다 더 확실한 자료는 화산재에 깊이 파묻혀 고대의 모습을 그대로 보존한 도시 폼페이다. 최근에 고대 로마 정원이 여러 곳에 복원되었다. 미국의 게티 박물관에서 2007년 고대 로마의 정원을 캘리포니아에 재현했고, 이탈리아와 독일에서도 여러 개 복원되었다. 이들은 오랜 고증을 거쳐 복원 내지는 재현된 것이기 때문에 고대 로마 정원의 모습이 그랬을 것으로 믿어도 좋을 것이다.

고대 로마의 정원. 페리스틸이라고도 한다. 폼페이의 빌라 정원. 복원하기 전(출처: Giorgio)

폼페이 빌라의 복원 후 모습(출처: Sailko)

고대 로마 정원은 생활에 필요한 채소와 과일을 가꾸는 실용적인 정원과 보고 즐기기 위한 정원을 구분했다. 정원의 배치는 항상 정형적이었다. 덩굴식물이며 화분 등을 풍부하게 썼고 흰 대리석으로 조각상들을 만들어 장식했다. 연못을 파 물고기를 기르고 파고라를 설치하였으며 분수도 빠지지 않고 만들었다. 영국이나 독일, 프랑스 등 점령지에 정원을 만들 때는 물론 땅을 많이 차지할 수 있었기 때문에 몇 헥타르의 넓은 공간에 숲을 조성하고 인공 언덕을 쌓아 과수원을 만들었고 폭포를 설치했으며 야외극장을 짓는 등 온갖 사치를 누릴 수 있었다.

　　수도사와 수녀들이 버려진 로마 정원의 잔해를 발견했을 때 이런 흔적들까지도 모두 찾아냈는지는 알려지지 않았다. 다만 정형적인 공간 배치와 약초원, 나무 정원 등 용도에 따라 공간을 깔끔하게 분리하는 것에서 로마 정원의 영향을 엿볼 수 있다. 한편 도서관에서 키케로나 플리니우스 등의 책을 필사하며 그 속에 묘사된 고대 로마 정원의 모습을 접했을 것이다. 그리고 무엇보다도 로마 귀족 중에 수도사가 된 사람도 적지 않았으니 그들이 정원 지식을 직접 가지고 들어왔을 것이다. 이런 저런 경로로 해서 로마 정원의 지식이 점차 유럽 대륙에 전해졌던 것으로 짐작하고 있다.

신　의　정　원，나　의　천　국

2
수도원 정원의 구조

실용 정원과 종교적 상징 정원

수도원 정원은 약초원과 채소원 그리고 나무 정원으로 이루어졌다. 약초원과 채소원은 설명이 필요 없겠으나 나무 정원은 좀 특별한 케이스다. 요즘의 정서로는 조금 충격적으로 들리겠지만 이 나무 정원은 "수도원 묘지" 역할을 같이 수행했다. 우선 수도원 내에 묘지가 있었고 묘지에 유실수를 심었던 것인지 아니면 유실수를 심은 곳에 묘를 썼던 것인지 확인이 어렵다. 대개 수도원과 교회는 켈트족이나 게르만족이 성소로 썼던 장소에 조성되었었다. 켈트족과 게르만족은 전통적으로 성소에 묘를 썼던 것으로 알려져 있다. 죽은 사람이 소생한다고 믿었으므로 생명과 윤회를 상징하는 사과나무를 심었던 것으로 짐작할 수 있다. 아서 왕이 지금껏 잠들어 있는 아발론은 사과나무의 섬이라는 뜻을 가지고 있는 것이다. 수도사들이 그리스도인들이라고 하더라도 게르만족이나 켈트족의 후예였으니 전통적 사고방식이 수도 생활에도 은밀히 스며들었을 거였다. 실제로 기독교의 축제일이며 성자들의 기념일 등은 켈트족의 전통 축제일을 그대로 이어받았다는 사실이 일찌감치 증명되었다.

기독교적으로 해석하면 묘지에 유실수를 심은 것은 죽은 자들을 파라다이스로 되돌려 보낸다는 의미라 볼 수 있다. 성당에 속한 땅은 하늘에 바친sanctification 거룩한 땅이었다. 천국에 가기 위해서는 거룩한 땅에 묻혀야만 한다고 생각했다. 후에 전염병의 발발 등 여러 문제가 생겨 성 밖에 공동묘지를 별도로 마련하는 제도가 생겼지만 축복받은 땅에 묻히고 싶은 마음은 변하지 않아서 장례식과 묘지 운영이 지금까지 교회의 과제로 남아 있는 것이다.

약초원, 채소원이 실용적 기능을 가진 정원이었다면, 나무 정원은 이렇게 기능적인 측면과 종교적 의미가 서로 융합된 곳이었다.

그러나 처음부터 종교적 상징성을 부여받고 태어난 공간들이 있었다. 아예 "파라다이스"라 불렸던 공간이 있었고 "클로이스터", 즉 중정이라고 했던 것도 상징적 공간이었다. 당시의 종교시설은 성당과 수도원으로 나뉘었었다. 성당은 미사를 드리기 위해 모든 사람들이 모여드는 개방된 곳이었고 수도원은 수도사들만의 생활공간이었다. 파라다이스는 성당에 속한 공간이었고 클로이스터는 수도원에 속하는 공간이었다. 파라다이스가 먼저 있었고 클로이스터는 후에 수도원 건축 양식이 정리되면서 함께 완성되었다. 기능도 서로 달랐다. 교회에 들어가기 전에 통과하는 뜰을 파라다이스라고 했는데 이는 구조적으로 볼 때 전통적으로 내려오는 건축 양식, 즉 고대의 신전이나 별장 건축에 이미 존재하던 거였다. 초기 교회는 고대 로마의 신전 양식을 거의 그대로 물려받았었다. 그러므로 앞뜰도 자연스럽게 넘겨받았는데 사실 이 앞뜰이라는 것이 사방에 담을 둘렀기 때문에 마치 중정처럼 보였다. 한옥의 구조와도 비슷했다. 중요한 것은 교회, 즉 하나님의 집에 들어가기 전에 통과해야 되는 공간이 파라다이스였다는 것이다.

클로이스터는 처음부터 에덴을 상징하려는 의도로 만들어진 공간이다. 그럼에도 파라다이스로 불리지 못한 것은 파라다이스가 이미 있었기 때문이었을 것이다. 클로이스터를 라틴어로는 클라우스트룸claustrum이라고 한다. 이는 이미 살펴 본 바와 같이 원래 수도원을 뜻하는 것이었다. 지금은 주랑으로 둘러싸인 수도원의 중정을 일컫는 용어로 변했다. 파라다이스도 중정의 형태로 되어 있었고 클로이스터도 중정이라고 하니 좀 혼란스러울 것이다. 다행히 후에 성당 건축이 발달하면서 앞뜰에 있던 파라다이스가 성당 내부로 이전했다. 그러면서 클로이스터도 파라다이스라고 불리기 시작했다. 그러니까 안팎에 다 파라다이스가 있었던 것이다.

파라다이스와 클로이스터 혹은 클라우스트룸이 형성된 경위를 추적하는 데 도움을 주는 문서가 하나 있다. 9세기 초에 만들어진 성 갈렌 수도원의 설계도이다. 이를 보면서 이야기하면 좀 더 이해가 쉬울지 모르겠다.

성 갈렌 수도원의 설계도 - 중세적 도시 개발 계획의 청사진

719년에 세워진 스위스의 성 갈렌 수도원은 단순한 수도원이 아니라 지방정부의 기능을 했던 수도원이었다. 지금 스위스에 속해 있는 갈렌 지방은 세속의 제후가 다스리는 땅이 아니라 수도원 영토였고, 수도원

성 갈렌 수도원 설계도의 원본 상태

원장이 갈렌 지방의 제후였던 거였다. 제후는 황제 다음가는 신분이었다. 한국에서 원장이라고 하면 유치원 원장이며 학원 원장이 떠오를 수 있겠는데 가톨릭에서는 수도원의 원장을 아빠스라고 하고 수녀원의 원장은 아빠티사라고 해서 신분이 상당히 '높은 사람들' 이었다. 수도원에 속한 방대한 영토의 실질적 주인이었고 지배자였다. 그리고 그 땅

신 의 정 원 , 나 의 천 국

이라는 것이 논밭 몇 마지기 수준이 아니라 시 군의 수준이었으므로 수도원 원장 사이에서도 세속의 신분질서와 평행한 위계질서가 있었다. 성 갈렌 수도원은 말하자면 가장 높은 수도원 중의 하나였다. 프랑스 혁명 이후, 특히 이런 신분 높은 수도원들이 먼저 변을 당했다. 성 갈렌 수도원도 프랑스 혁명 이후 해체되었다. 지금은 수도원 도서관만이 국립도서관으로 이름을 바꾸고 계속 유지되고 있는데 이 도서관이 또 세계적인 명성을 가지고 있다. 스위스에서 가장 오래된 도서관일 뿐 아니라 세계에서 가장 크고 오래된 수도원 도서관 중 하나이기 때문이다. 오래된 필사본 수천 본과, 십육만 권의 고서를 소장하고 있어서 중세를 연구하려면 바로 이 도서관으로 가야 한다. 1983년 도서관과 함께 성 갈렌 수도원 구역 전체가 세계문화유산으로 지정되었다.

이런 성 갈렌 수도원이 지금까지 특별히 더 유명해진 것은 여기 소장되어 있는 설계도 한 장 때문이다. 소위 "성 갈렌 수도원의 설계도"라고 하는 이것은 수도원 설계도로는 가장 오래되었을 뿐 아니라 여러 각도로 귀중한 자료이다. 여기 설계된 것은 단순한 수도원이 아니다. 수도원을 중심으로 작은 도시를 설계하고 있는 것이다. 오십 채의 건물에 백 명의 사제와 이백 명의 평수사들이 살 수 있는 공간을 그렸다. 그리고 도면에 깨알 같은 글씨로 약 333개의 설명을 달아 놓았다. 이 때문에 건축, 정원, 예술 분야 뿐 아니라 언어학에서도 지대한 관심을 보이고 있다. 이 설계도가 만들어진 820년대는 중요한 시기였다. 설계도가 탄생하게 된 경위라거나 관련된 인물들의 활동상을 보면 카롤링거 왕가와 긴밀하게 얽혀 있었던 것을 알 수 있다. 이 설계도는 카롤링거 왕가가 2대에 걸쳐 추진한 "종교를 통한 사회개혁과 통일국가의 완성"을 입증하는 산 증거물이다. 그래서 더 더욱 여러 방면의 중세 전

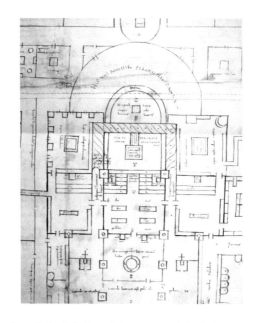

문가들이 이 도면에 매달리고 있다. 무슨 뜻인지 살펴보기로 하자.

이 설계도대로 수도원이 건설되었다는 흔적은 없다. 그런데 자세히 보면 이 설계도에 흥미로운 점이 몇 가지 눈에 띈다. 우선 비현실적으로 가로 세로 반듯한 부지가 눈에 뜨인다. 중앙의 큰 성당을 중심으로 정연히 배치된 건물들의 완벽한 구도가 마치 하늘나라의 질서를 보는 듯하다. 설계도의 축척은 1:160인 것으로 확인되었다. 그리고 도면이 가로 112센티미터 세로 77센티미터이니 약 2헥타르 정도의 면적이다. 여러 가지 정황으로 보아 이 설계도는 이상적인 수도원 구역에 대한 컨셉을 제시하고 있는 것으로 보인다. 그런데 이것은 성 갈렌 수도원에서 만든 것이 아니고 독일의 최남단에 위치한 라이헤나우 수도원에서 제작된 것이며 거기서 820년경 성 갈렌 수도원으로 보내졌다. 그 이후 성 갈렌 수도원의 도서관에 보관되고 있는 것이다.

그간 이 설계도는 수없는 탐구의 대상이 되어 왔다. 아직 불분명한 점이 많지만 다음과 같은 사실에 연구가들의 의견이 일치한다.

우선 설계도가 그려진 곳이 라이헤나우 수도원이라는 건 확실하다. 그리고 820년 전후해서 그려졌다는 것도 확인되었다. 글씨체를 분석한 결과 설계도를 그린 수도사가 라이헤나우 수도원의 레긴버르트라는 것도 알아냈다. 설계도를 성 갈렌 수도원으로 보낸 것은 하이토 원장일 것으로 추정된다. 하이토는 카롤루스 대제의 고문이었다. 그러다가 822년 모든 직위를 버리고 라이헤나우 수도원으로 들어가 여생을 보낸 사람이었다. 실제로 성 갈렌 수도원은 830년에 수도원 건물을 철거하고 새로 짓는다. 그러나 이 설계도대로 짓지는 않았는데 그 내막은 알 수 없다. 아마도 너무 이상적이어서 지형 등 현실적인 상황에 부합되지 않아 포기했는지도 모른다.

설계도에는 라이헤나우 수도원의 하이토 원장이 성 갈렌 수도원의 고츠버르트 원장에게 보내는 편지글이 적혀있다.

"내 가장 사랑하는 아들 고츠버르트에게,
여기 내가 공들여 그린 수도원의 설계도와 간단한 설명을 써서 보내니 이것을 바탕으로 네 마음대로 창의력을 발휘해 주기 바란다. 내가 너의 요청을 들어주기 위해 최선을 다했음을 믿어주었으면 한다. 그리고 너희들의 능력이 모자라서 내가 이 설계도를 그린 것이 아님을 알아주었으면 좋겠다. 나는 그저 주님에 대한 사랑과 너에 대한 우정에서 정성을 다했을 뿐이다. 이걸 너 혼자만 보았으면 한다. 주님의 은총이 함께 하길 바라면서 늘 너를 생각하겠다. 아멘."

도면을 보면 둥근 탑이 두 개 서 있는데 이들은 건물에서 바로 올라간 것이 아니라 별도로 서 있다. 이는 알프스 이북 지방에서는 쓰지 않는 방식이었다. 게다가 도서관, 필사실, 학교, 원장 사택 등 중요한 건물이 서늘한 쪽에 배치되어 있는 것과 성당과 원장 사택의 건축양식이 남부 지방의 특징을 가지고 있다. 아직 확인되지 않은 사실이지만 이 이상적인 수도원의 설계도는 하이토 원장의 아이디어일 확률이 상당히 높다. 하이토 원장의 이력을 살펴보면 쉽게 짐작이 간다. 카롤루스 대제의 측근으로서 그는 비잔틴에 특사로 보내졌던 적이 있었다. 거기서 일이 지연되어 근 일 년을 머물게 되었다. 비잔틴, 즉 콘스탄티노폴리스는 아헨에 비해 비교할 수 없을 만큼 앞서 있었다. 특히 우뚝 솟아 있는 소피아 대성당은 일단 숨을 멎게 했을 것이다. 그는 일 년 동안 많이 보고 많이 생각했을 것이다. 짐작컨대 하이토 원장은 숨은 건축가였던 것 같다. 다시 아헨으로 돌아온 그는 곧 라이헤나우 수도원의 원장으로 부임하게 되고 동시에 바젤의 주교가 되었다. 그리고 즉시 우선 라이헤나우에 마리아 대성당을 새로 지었다. 곧 이어 바젤에도 대성당을 새로 지었다. 그 사이 어느 시점엔가 '이상적인 수도원'의 컨셉이 완성되었으리라 짐작이 된다. 성 갈렌 수도원에 보낸 것은 사본이었을 것이다.[2] 원본은 라이헤나우 수도원에 있거나 아니면 카롤링거 왕실에 보존되어 있어야 하는데 어쩐 일인지 남아 있는 것은 성 갈렌 수도원의 사본 하나 뿐이다. 이 설계도에서는 비잔틴의 영향을 여러 군데 엿볼 수 있다. 위의 둥근 탑 등 일반적인 건축 양식 외에

---

2 바젤 시에서 출간한 하이토 원장의 전기에 '이상적 수도원 설계도의 사본 한 장을 성 갈렌 수도원에 보냈다'고 써 있다.

도 파라다이스와 클로이스터의 도입으로 그 때까지 유럽 수도원에서
는 볼 수 없던 새로운 양식을 시도하고 있는 것이다. 많은 사가들이 파

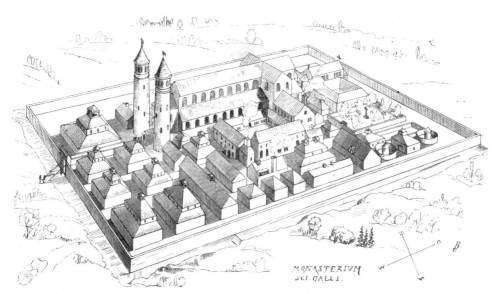

* Kloster Sanct Gallen nach dem Grundrisse vom Jahre 830. (Lasius).

성 갈렌 수도원의 설계
도를 바탕으로 만든 조
감도. 이 조감도는
1876년 칼 라시우스가
그린 것. 현존하는 모형
만 해도 열 개가 넘는다
(출처: 성 갈렌 수도원
연구회. University of
Virginia, University of
California, Los Angeles,
and University of
Vienna).

라다이스와 클로이스터의 도입을 로마 건축 양식의 영향이라고 여기고 있다. 그러나 하이토 원장의 설계도를 꼼꼼히 살펴보면 파라다이스도 클로이스터도 종교적 상징 공간으로서 의도적으로 디자인되었음을 알 수 있다.

중세의 지도와 도면은 동쪽이 위로 향하게 그렸었다. 예루살렘을 바라보려는 거였다. 교회 건축도 문이 있는 쪽이 서쪽이고 제단이 있는 부분이 동쪽으로 향하게 지었다. 그러므로 성 갈렌 도면에서도 위쪽이 북쪽이 아니라 동쪽이다. 여기서 우리의 관심을 가장 많이 끄는 것은 우선 중앙 성당의 오른쪽, 즉 남쪽에 자리 잡고 있는 클로이스터(설계도의 3번)와 도면 오른쪽 상단의 채소 정원(31번)과 묘지이다(32번). 왼쪽 제일 상단에 있는 약초원에도 관심을 기울일 것이다(36번). 또 의미심장한 것이 교회의 위아래, 즉 동서쪽에 각각 자리 잡고 있는 반원형의 주랑이다(2번). 여기가 바로 파라다이스라고 불리는 곳이다. 또한 위쪽에 작은 성당이 하나 더 있는 것이 보이고(34번), 이 작은 성당의 양쪽에 각각 클로이스터가 배치되어 있음을 알 수 있다(33번, 35번). 이 부분은 수련 중인 수사들과 환자들의 영역이다. 중앙 성당을 중심으로 해서 동쪽과 남쪽은 수도의 영역이고 마구간, 축사, 농장, 공방 등이 배치되어 있는 서쪽(도면에서 아래쪽)은 일과 생산을 위한 공간이다. 교회의 왼쪽, 즉 북쪽은 원장실과 학교, 게스트하우스 등이 배치되어 있다. 정원은 모두 남동쪽에 배치되어 있다. 이 성 갈렌 수도원 설계도를 바탕으로 하여 중세 수도원 정원의 구조를 좀 더 자세히 살펴보되 우선 상징적 공간들을 먼저 살피고, 그 다음에 실용적인 정원들을 따라가 보려 한다.

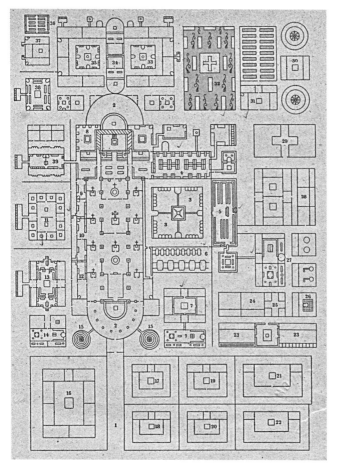

1. 주진입로
2. 파라다이스
3. 클로이스터
4. 난방실/사제침실
5. 식당
6. 저장고
7. 순례자 숙소/제빵실, 양조실
8. 필사실/도서관
9. 게스트 사제실
10. 교장실
11. 교실
12. 경비실
13. 게스트하우스
14. 주방/제빵실, 양조실
15. 천사 미카엘과 가브리엘 탑
16. 기존 건물 (용도불명)
17~22. 축사 (양, 염소, 소, 돼지, 말)
23. 종복들 숙소
24~26. 공방 및 곡물저장고
27. 제빵실, 양조장. 방앗간 등
28. 공방 (구두방, 대장간, 금세공 등)
29. 건초저장고, 역청제조장
30. 양계장 (닭, 거위)
31. 정원사와 채소밭
32. 묘지와 유실수
33. 수련수사용 클로이스터
34. 예배당
35. 환자용 클로이스터
36. 약초원
37. 의사사무실
38. 치료실
39. 원장실

성 갈렌 수도원 설계도

"여기서부터 파라다이스입니다EXITUS IN PARADISUM"

성당의 좌우에 반원형으로 배치되어 있는 일명 "파라다이스"는 본래 남부 지방의 성당 건축에서 볼 수 있는 것으로 본당에 들어가기 전에 통과해야 하는 지붕이 없는 반 열린 공간이다. 사각형으로 되어 있는 것이 보통이며 성 갈렌의 설계도에서처럼 반원형을 이루고 있는 것은 좀처럼 그 예를 찾아 볼 수 없다. 게다가 양쪽에 배치되어 있는 경우는 더더욱 드물다. 그렇기 때문에 이 설계도에서 새로운 것을 시도하려는 의도를 읽을 수 있는 것이다. 도면에는 이렇게 메모되어 있다.

> "여기에 파라다이스와 같은 곳이 지붕 없이 펼쳐져야 함. 기둥과 담 위에 하늘 지붕이 없힘."

파라다이스는 옛날에 쫓기던 사람들이 이곳에 도착하는 순간 망명할 수 있었다고도 한다. 망명자나 신도들 외에도 순례자들이 많이 모여드는 곳이다. 일단 마음을 가다듬고 성당에 들어 갈 준비를 하는 장소로 보아도 될 것이다. 파라다이스는 또한 묘지로도 쓰였던 곳이다. 물론 누구나 이 파라다이스에 묻힐 수 있었던 것은 아니다. 순교자나 성인들을 이곳에 안치했었다고 한다.

예루살렘에 있는 '성묘 교회'의 경우, 성당 앞 파라다이스 지하에 다른 사람도 아닌 인류의 조상 아담의 무덤(!)이 있다고 한다. 그리고 성당의 둥근 지붕 아래는 그리스도의 무덤이 있던 곳이라고 한다. 그러니 성묘 교회가 순례자들에게 어떤 의미가 있는지 상상하고도 남음이 있다. 이야기는 4세기, 콘스탄티누스 대제의 어머니 헬레나까지 거슬러 올라간다.

어머니 헬레나가 예수님의 옷을 구해서 트리어에 기증한 이야
기는 이미 했다. 그건 헬레나가 325년 예루살렘으로 순례를 떠났을 때
의 일로서 거기서 예수님의 옷 뿐 아니라 예수님의 무덤도 발견한 거
였다. 신약성서에는 예수님이 골고다 언덕에서 사망했고 거기서 멀지
않은 곳에 무덤이 있었던 것으로 묘사되어 있다. 그곳은 또한 정황으
로 보아 예수님이 부활한 장소이기도 했다. 헬레나가 골고다 언덕과
예수님의 무덤을 찾아냈을 때, 그 자리에는 비너스의 신전이 서 있었
다. 이 신전은 2세기에 로마인들이 세운 것으로서, 그리스도인들의 순
례 행렬을 막기 위해서였다고 전해진다. 그 사실을 헬레나가 발견했
고, 콘스탄티누스 대제가 즉시 그 자리에 교회를 세울 것을 명했다.[3] 유

예루살렘의 성묘 교회
(출처: Berthold Werner)

성 베드로 초기 성당. 콘스탄티누스 대제가 로마에서 순교한 베드로를 기리기 위해 지은 성당의 모형. 그 자리에서 베드로가 순교했다는 전설이 있다. 지금의 성 베드로 대성당의 전신이다. 중정처럼 보이는 것이 파라다이스다. 여기를 지나야 뒤쪽에 있는 성당으로 들어갈 수 있다. 중앙에 지붕 덮인 우물이 있다(출처: Frank, W. Rudolph).

적지 발굴 조사 결과에 따르면 그 근방에 골고다 언덕과 장례를 치렀던 무덤이 모두 있었을 가능성이 크다고 한다. 게다가 그리스도인들의 순례행렬이 그치지 않아 그것을 막기 위해 비너스 신전을 지을 정도였다면 그곳이 예수님의 사망에 얽힌 장소임이 거의 확실하다고 보아도 좋을 것이다. 이렇게 해서 조성된 성묘 교회는 골고다 언덕과 예수의 무덤을 모두 어우르는 방식으로 지어졌다. 그래서 골고다 언덕 위에 파라다이스를 짓고, 예수의 무덤은 둥근 지붕의 돔을 짓게 된 것이다.[4]

---

3 한국에서는 가톨릭의 예배당을 성당이라고 하고 신교의 예배당을 교회라고 구분하고 있지만 중세 말, 종교혁명까지는 구별이 없었으므로 이 글에서는 성묘 교회나 대성당처럼 고유명사로 굳어진 경우를 제외하고는 교회라는 명칭을 쓰고 있다.

4 19세기에 새로운 발굴 결과가 나오면서 예루살렘 도심에서 조금 외곽에 있는 녹지대에 예수의 무덤이 있었을 것이라는 이론이 생겼다. 그러나 대부분의 사람들은 지금의 성묘 교회를 고수하고 있다.

atrium

골고다 언덕 아래 아담의 유골이 있는데 예수 그리스도가 흘린 피가
바위 틈으로 스며들어 아담의 유골을 적셨고 이로써 아담의 오래된 죄
도 사함을 받았다는 전설이 있다. 아담은 에덴 정원의 선악과를 먹고
쫓겨난 인류의 조상이다. 그로 인해 사람들의 죄가 시작되었는데 이제
예수님의 피로 구원되었으니 파라다이스에 돌아가도 좋고, 그래서 아
담의 유골 위에 지은 중정 형태의 공간을 파라다이스라고 부르게 되었
는지도 모르겠다.

　　로마의 성 베드로 성당도 비슷한 시기에 세워졌기 때문에 초기
모습이 성묘 교회와 매우 흡사하다. 여기서도 파라다이스를 알아 볼
수 있다. 아트리움atrium이라고 부르기도 했다. 아트리움은 로마 건축
특유의, 주랑으로 둘러싸인 중정을 말한다. 이 아트리움이 파라다이스
로 이름을 바꾼 것이다. 이것으로 미루어 보아 남부 지방의 일반 건축
양식이 성당 건축에도 적용된 것이라는 사실이 확실해 진다. 비잔턴제

국의 건축들 역시 대부분 이런 구조를
가지고 있으며 이를 나르텍스라고 부른
다. 물론 로마의 성 베드로 성당은 증축
에 증축을 거듭하여 지금에 와서는 초기
의 모습을 알아 볼 수 없지만 모형이 있
기 때문에 확인이 가능하다.

그럼에도 성 갈렌 도면의 파라다

막대부르크 성당 내부
의 파라다이스. 양쪽 문
사이의 공간이 파라다
이스다. 안쪽 문에 "파
라다이스로"라고 쓰여
있다.

신 의   정 원 ,   나 의   천 국

이스는 이 전통을 물려받는 한편 건축적으로 자연스럽게 형성되던 파라다이스와는 달리 의도적으로 교회의 동쪽과 서쪽에 파라다이스를 배치함으로써 새로운 시도를 하고 있는 것이다. 알프스 이북의 교회 건축에서 파라다이스는 곧 성당 내부로 자리를 옮긴다. 지금도 가톨릭 성당에 들어가면 우선 밟게 되는 공간이 파라다이스다(막데부르크 성당 그림 참조).

클로이스터(중정)에서 사분원으로

성 갈렌 수도원 도면에서 중앙 성당의 우측, 즉 남쪽에 자리 잡고 있는 클로이스터는 여러모로 파라다이스와 유사한 점을 가지고 있다. 특히 중정 형태로 조성되어 있기 때문에 여기도 로마의 아트리움에서 출발했을 것이라는 해석도 있다. 주랑으로 둘러싸인 중정 형태를 이루기 때문에 그런 해석도 가능하기는 하다. 결국은 로마의 아트리움이 파라다이스와 클로이스터의 모델을 섰다는 뜻이겠다. 실제로 후대에는 클로이스터를 파라다이스라고 불렀다. 바로 이 클로이스터가 수도원 정원의 원형이며 중세 정원의 대표적 유형이라는 해석도 있다. 그러나 이미 프롤로그에서 설명했듯이 막상 중세에는 이 클로이스터를 정원의 범주에 포함시키지 않았다. 그보다는 처음부터 파라다이스, 즉 새 예루살렘을 상징하는 공간으로 설계되었다고 보는 편이 옳다.

파라다이스가 성당의 정문 앞에 배치된 반면, 클로이스터는 성당의 오른쪽 측면, 즉 남쪽에 배치되었다. 어디를 가나 클로이스터는 모두 성당의 우측면에 배치되어 있다. 모든 수도원의 중심에는 당연히 교회가 서 있다. 그리고 이 교회의 우측면에 ㄷ자로 건물들이 배치되어 있는데 이들은 주로 수도사들만이 쓰는 침소나 식당, 필사실 등으

로 이루어져 있다. 그리고 각 건물의 안쪽 벽에 붙여서 길게 주랑을 만들었다. 이 주랑은 대부분 단층으로 되어 있고 지붕을 덮었다. 이렇게 지붕 덮인 기다란 복도는 동선으로 쓰였을 뿐 아니라 미사 준비도 하고 의식도 치르는 멀티 공간이었다. 또한 수도사들이 서로 만나고 대화하는 장소이기도 했다. 그러므로 중정 쪽으로 나 있는 낮은 담에 앉음벽을 만들기도 했다.

중앙에 형성된 정사각형의 공간에는 네 개의 길을 내어 사분했고 길이 만나는 교차점에 분수를 두었다. 이곳은 수도원에 속한 공간으로 외부인이 출입할 수 없는 곳이다. 교회와 연결되어 있긴 하지만 측면에 배치되어 있어 교회에서 클로이스터로 나오려면 일반인이 출입할 수 없는 성가대석 옆이나 제단이 모셔져 있는 쪽의 문을 이용해야 했다. 지금은 짧은 바지에 카메라를 둘러 맨 관광객들도 마음대로 드나들 수 있는 곳이 되었지만 아직도 일반인들의 출입을 금하는 수도원도 없지 않다.

주지할 것은 클로이스터가 이렇게 사분된 형태를 보이는 최초의 설계도가 바로 성 갈렌 도면이라는 것이다. 그러므로 성당 측면에 사분된 중정을 조성하는 것 자체가 성 갈렌에서 시작되었다고 보고 있다. 이런 의미에서 성 갈렌의 수도원은 성묘 교회나 성 베드로 성당에서 볼 수 있는 초기 교회 건축 양식에서 한 걸음 발전한 것이라 볼 수 있겠다.

이렇게 성 갈렌 수도원 설계도에 갑자기 나타난 클로이스터가 어디서 유래했는지에 대해 의견이 분분하다. 사실 알프스 이북의 기후로는 로마식 아트리움 건축이 별로 효율적이지 못하다. 그래서 일반

중정으로 향한 주랑의 낮은 담. 앉을 수 있도록 되어 있다. 이곳은 멀티 공간으로 사제들이 미사를 준비하기도 하고 만나서 담소하는 공간이기도 했다.

건축에서는 아트리움을 좀처럼 볼 수 없는 것이다. 그리고 이 공간이
아트리움과 근본적으로 다른 점은 우선 반듯한 정사각형이라는 점과
사분되었다는 점, 그리고 길의 교차점에 샘 혹은 분수를 두었다는 점
이다. 사소해 보이지만 의미로 보면 커다란 차이가 있다. 이 구조는 마
치 공식처럼 설계되어 있다. 공간 전체를 삼차원적인 상징으로 조성했
던 것이다. 그러므로 클로이스터는 아트리움이 자연스럽게 변화해서
된 것이 아니라 처음부터 의도적으로 설계한 것이라는 결론에 도달하
게 된다. 그리고 그 이면에는 창세기의 에덴과 요한 계시록의 새 예루
살렘이 있다.

　　창세기 2장 10절에 "강이 에덴에서 발원하여 정원을 적시고
거기서부터 갈라져 네 근원이 되었으니"라고 되어 있다. 또 요한계시
록 21장을 보면 최후의 심판 뒤에 선택된 자들이 들어가서 살 새 예루
살렘 성을 묘사하고 있다. 그 중 16절이 예사롭지 않다. "그 성은 네모
가 반듯하여 장광이 같은지라"라고 쓰여 있다. 클로이스터는 다름 아
닌 바로 이 두 파라다이스를 합친 거였다. 길이 십자로 교차하는 곳의

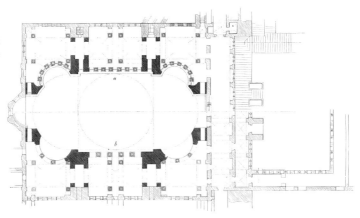

콘스탄티노폴리스 소피
아 대성당의 평면도. 6
세기에 세워진 소피아
대성당은 초기 교회 건
축에 커다란 영향을 미
쳤다.

우물은 에덴에서 물이 발원한 곳을 상징한다. 그리고 네 개의 길은 네 개의 강을 상징하며 정방형의 공간 자체는 바로 새 예루살렘인 것이다.

다른 한편, 이미 기원전에 조성되었던 페르시아 정원의 기본 구조가 정방형이었고 사분되었으며, 이것이 이슬람 정원에 상속되어 이슬람 정원의 전형적인 정원 구조를 이루었다는 사실은 널리 알려져 있다. 다른 점이 있다면 이슬람 정원은 길 대신 수로를 교차시켜 정원을 사분했다는 것이다. 그러나 페르시아의 영향은 이슬람 정원에서만 볼 수 있는 것은 아니었다. 이스라엘, 비잔틴, 시리아 등 근동이 거의 하나의 문화권으로 서로 영향을 주고받아 유사한 형태의 정원이 조성되었다. 클로이스터에서 페르시아의 직접적인 영향을 보기에는 시대적으로나 정신적으로나 너무 멀고, 비잔틴을 통해 영향을 받았을 가

소피아 대성당 정경(출처: Marion Schneider & Christoph Aistleitner)

능성이 더 크다고 보겠다. 하이토 수도원장이 비잔틴을 방문했을 때 보았던 소피아 대성당의 모습과 성 갈렌 중앙 교회의 모습이 여러모로 닮아 있기 때문이다. 특히 교회 양쪽에 둥근 반원형의 공간을 배치한 것과 둥근 탑을 별도로 조성한 것 등은 다분히 소피아 대성당을 연상시킨다.

성 갈렌 수도원 설계도의 진정한 의미

클로이스터는 시간이 흐르며 변형된 것들이 많다. 예를 들면 주랑이 단층으로 되어 있어야 하는데 위에 한 층을 더 올린 것이라거나, 중앙에 분수를 설치하지 않은 것들도 있다. 현대 예술사에서는 그런 이유로 지붕이 덮인 주랑과 중앙에 샘이 있는 것만을 클로이스터의 범주에 포함시킨다. 클로이스터는 14세기까지 수도원 건축의 굳건한 요소로 자리 잡는다. 특히 베네딕도 수도회와 시토 수도회가 여기에 충실했다.

그러나 어떤 각도에서 보더라도 클로이스터는 정원이 될 운명을 가지고 있었던 것 같다. 대개는 잔디밭을 조성하는 데에서 그치지만, 많은 클로이스터들이 점차 정원 형태로 바뀌어 간 흔적을 찾을 수 있다. 지금은 오히려 누구나 클로이스터를 정원으로 여기고 있다. 하지만 중세 때는 아무도 이곳을 정원이라 부르지 않았다. 그만큼 중세의 정원 개념과 지금의 정원 개념에 차이가 있다는 뜻이 되겠다.

성 갈렌 수도원의 설계도가 만들어졌던 시대는 소위 말하는 아니아네 개혁의 시기와 일치한다. 아니아네(750~821)는 프랑크 왕국의 성직자로서 카롤루스 대제의 선왕 대부터 삼대를 모셨다. 본래 이름이 베

네덜란드 우트레히트 성당의 클로이스터. 정원의 형태로 많이 변형되었다(출처: Pepijtje).

네딕도 아니아네이지만 베네딕도 수도회를 설립한 다른 베네딕도와 혼동되는 것을 방지하기 위해 아니아네라고만 부른다. 그는 클레르보와 마찬가지로 본래 기사 출신이었다. 그러다가 전쟁에서 동생이 죽는 것을 보고 수도사가 되었다고 한다. 프랑스 지방의 아니아네에 수도원을 설립하고 그 곳을 다스리고 있던 루드비히 1세[5]와 친하게 지냈다. 루드비히 1세는 카롤루스 대제의 아들로서 부왕의 명을 받아 프랑스 지역을 통치하고 있었다. 신앙심이 돈독해 경건왕이라는 별명으로 불렸다. 카롤루스가 승하하고 루드비히 1세가 왕위를 계승하면서 아니아네를 수도 아헨으로 데려갔다. 둘은 힘을 모아 선황의 뜻을 실현하려고 했다. 나라 안의 모든 수도원을 베네딕도 규칙에 따라 통일하는 것이 선황 카

---

5 루드비히 1세 역시 프랑스에서는 루이라고 하고 독일에서는 루드비히라고 하는데 한국 위키에 이미 루드비히로 번역되고 있으므로 여기선 관례를 따라 루드비히라고 한다.

독일 래닌 수도원의 사
분원. 주랑과 사분된 정
원과 우물. 완벽하지만
역시 정원의 요소가 많
이 가미되었다.

13세기 설립된 몽생미
셸 수도원의 클로이스
터. 역시 사분원으로 조
성되었으며 누가 보아
도 정원이라고 할 것이
다.

성 모리스 성당의 사분
정원. 시간의 흔적이 고
스란히 남아 있어 파라
다이스란 느낌이 저절
로 든다.

롤루스의 유지였던 거였다. 루드
비히 1세는 816년에서 819년 사
이에 칙령을 발표하여 오로지 베
네딕도 규칙에 따라 살 것을 명
했다. 그리고 이때 지방과 중앙
의 수도회를 철저히 구별해 두었
다. 이것을 아니아네의 개혁이라
고 하고 이는 베네딕도 수도회의
선도적 역할이 확고해지는 순간
이었다. 다만 개혁이 지나치다보
니 선황이 수집한 고서적을 모두
태워버리는 불상사가 발생한 것이 커다란 오점으로 남아 있다.

클레르보 성당의 평면
도. 완벽한 사분원이 눈
에 띤다.

　　　이런 정황으로 보아서 당시 베네딕도 수도회 내에 새로운 바람
이 불었을 것을 어렵지 않게 짐작할 수 있다. 아마도 시대를 선도하는
위상에 걸맞게 수도원 '개발 계획' 이 수립되었을 것이다. 성 갈렌 수
도원의 설계도는 바로 이런 개발 계획의 청사진이었던 거였다.

　　　현재 미국의 앤드류 멜론 재단의 후원을 받아 버지니아 주립대
학을 중심으로 국제적인 연구팀이 조성되어 성 갈렌 수도원 도면의 비
밀을 열심히 파헤치고 있는 중이다.

신성한 땅에 묻히고자 하는 욕망
파라다이스가 순교자들의 묘지로 쓰였듯이 대성당에 속한 클로이스터

들 역시 전통적으로 주교나 추기경, 왕족들의 묘지로 쓰였다. 수도원이나 교회를 지을 때 재정을 담당한 귀족들이 묏자리를 미리 예약해 놓기도 했다. 당시 파라다이스에 묻히고 싶은 열망이 어느 정도였는지는 지금 막대부르크의 대성당에 가면 산 증거를 볼 수 있다. 클로이스트의 잔디밭은 물론이고 주랑에도 비석들이 즐비하다. 그 뿐 아니다. 막대부르크 대성당은 오래전부터 정문으로 출입할 수가 없는 상황에 놓이게 되었다. 정문으로 들어서면 파라다이스를 지나가야 하는데 이곳에 어느 욕심 많은 추기경의 관이 자리 잡고 있기 때문이다. 유언으로 그 곳에 묻히기를 원했기 때문이고 추기경의 유언은 무시할 것이 못되었던 시절이 있었다. 비록 관이 놓여 있더라도 주변을 돌아서 지나가면 될 터인데—실제로 그러는 성당들이 많다— 두꺼운 무쇠울타리로 파라다이스를 아예 막아놓았나. 파라나이스 전체를 혼자서 차지하고 있는 것이다. 마음 같아서는 아마도 성당 전체를 자신의 무덤으로 쓰고 싶었을지도 모르

막대부르크 대성당 측면의 클로이스터. 많은 추기경, 주교, 귀족들의 묘비명이 자리를 차지하고 있다.

신 의 정 원 , 나 의 천 국

겠다. 그래서 파라다이스를 북문 내부에 다시 만들었다. 정말 웃지 못할 일이다. 자세한 내막은 알 수 없지만 추기경의 관을 함부로 옮기는 것이 쉽지 않은 교회 내부의 사정 때문인지 아직도 그러고 있다. 그 추기경이 하늘나라에 무사히 도착했는지 상당히 궁금하다.

클로이스터의 부활

중세 정원 부활의 물결과 함께 클로이스터도 부활하고 있다. 본래 수도원에 속한 파라다이스였지만 이제는 정원이 되어 부활하고 있다. 모든 사람들의 파라다이스로 부활한 것이다. 그 중 특히 눈길을 끄는 것이 2011년 4월 29일, 베를린의 마찬 공원에 오픈된 "기독교 정원"이다. 기독교 정원은 이슬람 정원과 중국의 도교 정원, 일본의 선불교 정원에 이어 마찬 공원 내에 네 번째로 조성된 종교성을 띤 정원이다. 계몽주의 이후 유럽에서 종교가 심한 비판의 대상이 되어 왔던 것을 생각하면 지금 유럽 사회에 종교와의 화해 무드가 다시 조성되어 간다는 조짐으로도 볼 수 있다. 세상의 종교 정원이 다 모인 이상 기독교 정원도 만들법하지 않은가라는 의견이 조심스럽게 제시되었다. 그렇다면 기독교 정원이 과연 무엇인가에 대한 토론도 따랐다. 종교 지도자들, 신학자들, 그리고 정원예술가들이 모여 합의한 것이 클로이스터였다. 아무도 클로이스터가 유럽 정원에 지대한 영향을 미쳤다는 데 이의를 두지 않았다.

클로이스터는 번잡한 현대인들에게 특별히 어필하는 공간인 듯하다. 미국의 전설적인 부자 록펠러가 이렇게 말했다고 한다. 클로이스터는 "평화로움과 고요함과 아름다움에 감동하고 새로운 힘과 용

베를린 마찬 공원의 기독교 정원(Christian Garden)

기와 희망을 얻어 돌아갈 수 있는 곳"이라고. 중세의 수도사들도 그렇게 느꼈었는지는 미지수다.

2007년 국제현상공모로 작품을 모집했고 심사위원들의 만장일치로 베를린 정원예술가의 작품이 선택되었다. 만장일치를 받을 만한 뛰어난 작품이었다.

총 1,000평방미터로 비교적 소규모로 조성된 기독교 정원은 아무 군더더기 없이 클로이스터의 정수만을 따서 현대적 감각으로 표현해 냈다. 외곽으로는 높은 담을 대신하여 4미터 높이의 생 울타리를 둘렀다. 이로써 첫 번째 조건, 즉 폐쇄된 공간을 만족시켰다. 다음에 주랑이 와야 하는데 주랑 대신 금빛 문자로 이루어진 단정한 트렐리스를 세웠다. 이 황금의 트렐리스가 압권이다. 보는 사람들마다 이 트렐리스에 완전히 압도되고 만다. 여기에 새겨진 문구들은 성경 구절과 철학자들의 유명한 문장들이다. 이는 태초에 말씀이 있었다는 신약의 구절을 형상화한 것이라 한다. 무엇보다도 흰 돌 위에 비치는 그림자가 의미심장하다. 하늘의 말이 땅에 그림자를 드리울 때 인간에게 이렇게 신비한 느낌으로 다가오는 것인지도 모르겠다. 사방을 두른 트렐리스를 따라 걷다보면 길이 아주 약간 경사지면서 점점 낮아지는 것을 알 수 있다. 이런 식으로 지형을 낮추어 내부의 정방형 공간의 중심부를 일 미터 오십 정도 낮추어 아늑한 장소로 만들었다. 이 공간은 사분원의 원칙을 빌어 네 부분으로 나누었으며 고운 자갈이 깔린 좁은 길을 교차시켰다. 이렇게 해서 형성된 네 개의 화단에는 흰 꽃이 피는 관목과 숙근초 그리고 호랑가시나무만을 심었다. 중앙에 있어야 하는 샘,

신 의 정 원 , 나 의 천 국

혹은 분수는 모던한 검은 돌을 이용한 거울 못으로 마무리했다. 다만 정 중앙의 교차점에 두지 않고 약간 비껴서 있는 것이 마치 현대인들이 기독교를 대하는 태도와 닮아 있는 듯 보인다.

약초원

클로이스터에 빠져있는 사이에 약초원과 채소원을 거의 잊을 뻔 했다. 요즘 허브라는 말이 보편화 되었다. 허브는 쓰다는 뜻이다. 그래서 와인도 달지 않고 '드라이' 한 것을 허브하다고 표현하기도 한다. 쓴 것은 약이 된다. 아니면 약이 쓴 건지. 중세에는 약초원을 허블라리우스 herbularius라고 불렀다. 쓴 것들이 모여 있는 곳이라는 뜻이 되겠는데 사실 약초원에서 기르던 식물들은 쓴 것이 많았다. 허블라리우스라는 명칭 역시 성 갈렌 수도원 도면에서 비롯되었다. 그 이전의 수도원 정원은 어떻게 생겼었는지 아무도 알지 못한다. 수도원 정원에 대한 기록이 여기서부터 출발하기 때문이다.

다시 성 갈렌 수도원의 설계도로 돌아가서 살펴보면, 가장 우측 상단에 병원(설계도의 37~38번)이 있고 그 위에 약초원(36번)이 자리 잡고 있다. 비록 눈에 잘 띄지는 않지만 자세히 들여다보면 약초원의 배치에 시스템이 있음을 알 수 있다. 각각 네 개의 밭이 좌우로 나란히 있고 외곽에 여덟 개의 밭이 경계를 이루며 죽 돌려있다. 도합 열여섯 개의 밭이 있는 셈이다. 도면에는 여기 심겨진 식물도 각각 표시되어 있는데, 이 식물들은 라이헤나우 수도원의 식물과 거의 같기 때문에 라이헤나우 수도원을 설명할 때 함께 살펴볼 것이다. 지금은 우선 열여섯이라는 숫자에 주의를 기울이고자 한다. 이 열여섯이라는 숫자는 네 개씩 네 개를 말한다.

고대로부터 넷은 우주의 질서를 상징하는 숫자로 쓰여 왔다. 세상은 물, 불, 흙, 공기 등 네 개의 요소로 이루어져 있고 사람의 몸에도 네 개의 즙이 있어서 이것으로 말미암아 체질이 달라지며, 점성학에 의하면 별자리들이 위의 네 개의 요소에 영향을 미치기 때문에 결국 별자리가 사람의 성격과 운명을 결정한다고 했다. 사람 몸 속의 즙은 혈액, 점액, 황색 담즙과 흑색 담즙 이렇게 네 가지인데 이들은 또한 차고 따스하고 습하고 건조한 네 개의 기운과 연결되어 있다고 믿었다. 이것이 바로 중세 의학의 기초였다.

병과 죽음에 대한 생각

고도의 의료시스템의 혜택을 누리며 고령화 시대를 살고 있는 우리에게는 상상하기 힘든 얘기인데 죽음이 늘 문턱에서 기다리고 있던 중세에선 삶과 죽음에 대한 생각이 지금과 많이 달랐다. 병이 들어 몸이 아픈 것에 대해 세 가지 원인이 있다고 믿었다. 첫째는 순수하게 의학적 혹은 병리학적 관점에서 몸에 이상이 생긴 것, 즉 위의 네 가지 즙 사이의 균형이 깨졌다고 믿는 것이고, 둘째는 악마의 장난이라는 것이었으며, 셋째는 하나님께 벌을 받은 것이라는 생각이었다. 이런 믿음은 단지 신분이나 학식이 낮은 계층의 점유물이 아니었다. 병을 고치는 의

210

사들의 생각도 크게 다르지 않았었다.

첫 번째 케이스, 즉 몸에 병이 온 것은 이 네 개의 즙 사이에 균형이 깨진 것이라 여겨 여러 방법으로 균형을 찾아주려 애썼다. 나쁜 피를 뽑아내는 것이 주된 치료 방법이었고 설사제나 구토제를 주어 나쁜 즙을 쏟아내게도 했다. 온천욕법도 자주 썼다. 그리고 약초를 먹이고 기도하게 했고 의사나 수도사, 수녀들도 환자를 위해 기도했다.

두 번째 케이스는 땅 속으로부터 나쁜 기운, 즉 역신들이 나와 공기 중에 퍼지고 이것이 병의 근원이 된다고 생각했기에 향이 많이 나는 식물을 즐겨 심었다. 특히 병원에서는 향을 피워 공기를 정화했고 수도원과 성당의 바닥에 꽃잎과 약초를 뿌려 늘 향이 가득하게 했다. 이 향 자체가 치료 효과가 있다고 믿었다. 아로마테라피의 시작이었다.

그러므로 약초원에 심은 식물들이 순전히 약효 때문에 심은 것만은 아니었다. 역신을 쫓는 주술적 힘이 있다고 믿었던 식물들도 심었다. 라벤더와 로즈마리가 그래서 심겨졌다.

마지막으로 하나님께 벌을 받아서 생긴 병은 기도로 치료할 수밖에 없었을 것이다. 그래서 성모 마리아를 찾았다. 사실 중세의 실질적인 신은 성모 마리아였다. 세상을 창조하신 하나님은 사람들에게 멀고 어려웠다. 그리스도 역시 그의 가르침은 훌륭했지만 막상 아프거나 급한 일이 있을 때 죽기 살기로 매달리기에는 성모 마리아가 제일이었다. 영원한 어머니 마리아, 그는 태고로부터 모든 민족이 공통적으로 섬겼던 대지의 여신, 풍요의 여신, 치유의 여신의 연속선상에 있었다. 태고로부터 사람들은 신에게 제물을 바쳤다. 그래서 마리아에게는 꽃을 바쳤다. 아름다운 장미와 백합이나 세이지가 마리아에게

마리아에게 바쳐졌던 중세의 장미. 야생장미의 일종으로 우리의 찔레와 흡사했다.

야생 장미 열매. 모든 장미의 열매를 다 먹을 수 있는지 모르겠지만 커다란 덤불을 이루는 관목성 야생장미(Rosa canina, Rosa rugosa)의 열매는 식용, 약용으로 쓰인다 (출처 : Asenvolk).

오라니엔부르크 성의 약초원. 약초는 본시 이렇게 질서정연하게 심었었다.

바쳐졌다. 이 식물들은 곧 마리아를 상징하는 식물이 되었고 역으로 마리아의 신통력이 이입되어 치유 효과가 있는 것으로 간주되기도 했다.

실제로 지금 정원에 심는 꽃 중에는 약초원 출신이 적지 않다. 장미와 백합이 그렇고 라벤더, 로즈마리, 세이지 등이 그렇다. 장미와 백합이 약초라니 좀 어색한 느낌이 들지만 이미 언급한 것처럼 약초원을 의약적 관점에서만 바라보아서는 안 될 것이다. 치유라는 건 본시 몸과 마음을 다 대상으로 삼는다. 아름다운 장미를 보고 마리아를 연상하며 마음의 위안을 얻었다면 장미보다 더 신통한 약은 없었을 것이기 때문이다. 실제로 야생 장미의 열매는 식용과 약용으로 쓰였다. 중세의 장미는 주로 덤불을 이루는 관목성 야생장미였다. 이들 장미의 열매는 먹을 수 있다. 맛이 달아서 잼으로 만들어 먹기도 하고, 음료를 만들기도 했으며 차로도 달여 마셨다.

장미 열매의 껍질은 비타민이 풍부하고 약간의 산성을 포함하고 있어 차로 달여서 이뇨제로 쓰거

나 감기 환자의 신장 보호용으로 썼다. 열매를 통째로 갈아 즙을 만든 것 역시 이뇨제로도 쓰였지만 류마티스 치료제로도 효과가 높았다고 한다.

라이헤나우의 약초원

라이헤나우 수도원 정원은 여러모로 특별한 의미가 있다. 여기서 성 갈렌 도면이 만들어진 것도 보통일이 아니지만 하이토 원장의 뒤를 이은 발라프리드 슈트라보 원장이 중세 정원 연구에 귀중한 자료를 남긴 때문이기도 하다. 이상적 수도원 도면이 만들어지고 나서 얼마 지나지 않은 838년에 발라프리드 슈트라보라는 젊은 수도사가 원장으로 부임했다. 스물아홉 살의 약관이었다. 여기서 그는 "호루툴루스hortulus"라는 시를 쓴다. 수도원에서 자라고 있는 24종의 식물을 하나하나 노래로 지어 부른 것이다. 이 시는 중세 정원 및 식물 연구에 더없이 중요한 자료가 되고 있다. 물론 식물학적인 관점에서 이보다 더 학술적 가치를 지닌 서적들이 없었던 것은 아니지만 이 시가 특별한 것은 우선 정원 관리에 관한 글을 시의 형식으로 불렀다는 것이고 또한 시의 한 구절 한 구절에서 식물에 대한 사랑이 절절히 배어나온다는 것이다. 마치 식물을 스물네 명의 더없이 소중한 존재들처럼 노래하고 있다. 라이헤나우 수도원 자체는 지금 사라졌다. 그럼에도 1991년 라이헤나우 섬에 약초원을 조성하고 발라프리드가 노래한 스물네 개의 약초를 재현해 놓았다. 그의 약초원이 근 천이백 년만에 되살아 난 것이다. 정확히 24개의 화단을 만들고 각 화단에 한 종류씩 약초를 심었다.

그럼 발라프리드는 어떤 사람이었고 라이헤나우 수도원은 어떤 곳이었나.

발라프리드 스트라보

발라프리드 스트라보는 베네딕도 수도사며 시인이었고 식물학자이며 외교관이었다. 교육을 마친 후 뛰어난 재능을 인정받아 왕자의 개인교수로 왕실에서 일했다. 829년에서 838년까지 카롤링거 왕실에서 근무하다 라이헤나우 수도원장으로 임명되어 간다. 이 때 라이헤나우 수도원은 성 갈렌 수도원과 함께 서방 종교와 교육의 핵심적 역할을 했었다.

발라프리드는 시를 많이 남겼는데 그 중 "베티의 비전"이란 서사시는 상당히 중요한 작품으로 주목받고 있다. 주인공 베티는 교수였다. 그는 어느 날 천사의 인도를 받아 지옥을 방문하게 되고 거기서 죄인들이 어떻게 벌을 받는지 경험하게 된다는 것이 시의 내용이다. 왕실 교사로 근무할 때 이 시를 썼으니 아마도 본인을 모델로 썼던 것 같

신 의 정 원 , 나 의 천 국

다. 발라프리드는 이 시로 인해 지옥서사시 형식을 최초로 시도한 시인으로 꼽힌다. 이런 지옥서사시는 후에 단테의 신곡에서 절정기를 맞게 되는데 지옥서사시가 하나의 장르를 이룰 정도였으니 지옥의 불길에 대한 두려움이 당시의 삶을 얼마나 가까이에서 지배했는지 알 수 있다. 그랬기 때문에 약초원에 더 애착이 간 것이었을까.

라이헤나우 섬

라이헤나우 섬은 독일의 제일 남단에 있는 보덴 호수의 섬이다. 보덴 호수는 독일, 스위스, 오스트리아 세 나라 사이에 놓여 있는 거대한 호수로서 세 나라 사이의 국경 역할을 하기도 한다.

보덴 호수에 있는 섬으로는 라이헤나우 외에도 마이나우 섬과 린다우 섬이 있다. 이렇게 세 개의 섬이 모두 형제처럼 아우au라는 어미를 가지고 있는데, 이 '아우' 라는 것은 강이나 호수의 저지대나 모래톱 등을 일컫는 것이다. 섬이라고 해도 좋겠다. 다만 독도처럼 우뚝 솟은 섬이 아니라 밤섬같이 퇴적작용에 의해 형성된 섬들만을 아우라고 부른다. 보덴 호수는 빙하기에 만들어진 것이고 이 세 개의 섬은 모두 빙하에 쓸려온 자갈과 모래가 쌓여서 만들어진 것이다. 땅이 비옥하고 기후가 온화하여 예로부터 휴양지로 사랑을 받아왔다. 그 중 린다우는 이미 로마사람들 눈에 들어 로마인들이 들어와 살기 시작하면서 세 섬 중 가장 먼저 발달했었다. 물가에 그림 같은 별장들이 늘어서 있고 요트 광들이 찾아드는 비싼 휴양도시이다. 그래서 독일에서는 드물게 고급 카지노도 운영하고 있다. 마이나우는 섬 전체를 베르나토데라는 귀족 가문이 소유하고 있다. 한국의 외도에 비교할 수 있을까? 꽃섬이라는 별명을 가지고 있을 만큼 꽃이 많은 섬이다. 베르나토데 백작이 섬 전체를 식물원으로 바꿔놓은 관광지이다.

이제 우리의 관심 대상인 라이헤나우 차례인데 이 섬은 수도원 설립과 함께 역사가 시작된다. 수도원이 들어서기 전에는 무인도였었다고 한다. 수도원이 처음 설립된 것은 724년경이었는데 이 섬 역시 신트라스라는 한 귀족의 소유였다. 왕에게 하사받은 땅이지만 섬 전체가 깊은 숲으로 뒤덮여 있어서 감히 들어갈 엄두를 내지 못했었다고 한다. 그 때 성 피르미니우스라는 수도사가 이 지역에 나타났다. 신트라스 백작은 성 피르미니우스에게 섬에 수도원을 세워달라고 부탁했다. 수도사들이 걷어붙이고 나서면 아무리 험한 곳도 파라다이스가 된다는 것을 알았던 것이다. 라이헤나우 섬의 숲에는 온갖 뱀과 두꺼비와 곤충들이 가득했었단다. 그런데 성 프리미니우스가 섬에 첫 발을 디디자 바로 그 자리에서 샘이 솟고, 갖은 징그러운 것들이 모두 물속으로 도망쳤단다. 그렇게 해서 세워진 수도원에서 바로 우리의 시인 발라프리드가 약초원을 짓고 약초에 대한 불멸의 시를 지은 것이다.

라이헤나우 수도원은 설립되자마자 인근에서 많은 수도사들이 모여 들어와 빠르게 성장했다. 카롤링거 왕가의 총애를 받으며 카롤링거 르네상스를 같이 이끌어 간 수도원이었다. 그리하여 9세기에서 11세기까지 종교와 문화의 중심지 역할을 하게 된다. 그래서 성당과 수도원 건물들이 많이 들어섰는데 11세기 이후 사양길에 접어들어 지금은 세 채의 성당만이 남아 있을 뿐이다. 수도원도 없어졌다. 그러나 지금 남아있는 성당들은 요즘 보기 드문 로마네스크 양식을 그대로 간직하고 있다. 대부분의 성당이 시간이 흐르면서 증축이나 신축을 하여 사실

로마네스크 양식의 성당은 그리 흔하지 않다. 로마네스크는 1000에서 1200년 사이에 성행했던 건축 양식과 예술 사조를 말한다. 고딕 이전의 것이다. 우리가 파리나 쾰른 등에서 감탄하는 하늘 높은 줄 모르는 성당은 고딕 양식으로 지은 것이다. 로마네스크는 단어 자체가 이미 암시하듯 고대 로마의 양식과 유사하다는 데서 붙여진 말이다. 전체적으로 고딕에 비해 둥글고 투박한 느낌을 준다. 둥근 아치형이 특징이고 기둥이나 탑이 두텁고 튼튼해 보인다. 창문이 작기 때문에 막힌 느낌도 강하다. 로마네스크 수도원이야 말로 정말 수도원과 같은 느낌을 준다고 볼 수도 있겠다. 그러니까 어딘지 꽉 막힌 것 같고 넓적하고 튼튼해 보이는 성당이 있으면 로마네스크 양식이라고 여겨도 될 것이다.

지금 유럽에서 로마네스크 건축을 보고자 하면 잘 알려진 큰 도시는 피하고 시골로 방향을 잡아야 한다. 특히 프랑스의 부르고뉴 지방에 가는 것이 좋다. 부르고뉴는 메로빙거와 카롤링거 두 왕조를 거치며 중세 초기에 문화와 종교의 중심지였기 때문이다. 그러므로 숱한 성당과 수도원이 로마네스크 양식으로 지어졌다. 그러다가 황금기에 파리, 쾰른, 베니스 등 고딕의 도시들이 부상하면서 변방이 되어 그 자리에 머물게 된 것이다.

라이헤나우는 섬 전체가 2000년도에 세계문화유산으로 지정되었다. 가톨릭 문화의 유산인 것이다. 이 섬이 종교문화유산이 된 것은 비단 로마네스크 양식의 성당 때문만은 아니다. 뛰어난 채색필사기술 때문이다. 누구나 한 번쯤은 본 적이 있겠지만 중세 유럽의 책들은 장식이 화려했고 그림을 많이 그려 넣었었다. 이런 책들을 만들어 낸 곳은 물론 수도원이었다. 그 중에서도 라이헤나우 수도원에서 만든 책들이 가장 유명했다. 그건 바로 이 수도원에 유럽에서 가장 유명했던 미술학교가 있었기 때문이다. 필사본 뿐 아니라 프레스코 벽화도 전문 분야였으며 이런 것들이 모두 어우러져서 세계문화유산이 된 것이다.

카롤링거 왕조가 시들어 버리자 그 그늘에 있던 수도원들도 함께 세력을 잃게 된다. 라이헤나우 수도원도 예외는 아니었다. 여러 명의 원장들이 거듭나려는 시도를 해봤지만 모두 허사로 돌아가고 중세 초기에 누렸던 명성을 다시는 찾지 못했다.

그런데.

2001년 밀레니엄과 함께 이곳에 한 무리의 젊은 베네딕도 수도사들이 기적처럼 다시 찾아들었다. 밀레니엄이 되어 쾅하는 굉음과 함께 무언가 큰 일이 일어날 것 같던 기대는 충족되지 않았지만 세상에 알게 모르게 변화가 찾아온 것 같기는 했다. 예를 들면 선사시대의 종교가 부활한다거나 몇백 년 동안 잊혔던 수도원에 관심을 돌리거나 하는 것들이다. 덩달아 수도원 정원도 부활하기 시작했다. 여기저기서 수도원 정원이 복원되었다는 반가운 소식이 들려오는 것이다.

채소원
"하나님이 가라사대 내가 온 지면의 씨 맺는 모든 채소와 씨 가진 열매 맺는 모든 나무를 너희에게 주노니 너희 식물이 되리라" 하셨다(창세기 1장 29절).

여기서 식물이란 말이 좀 혼란스럽지만 번역이 이상한 것이고 실은 너희 '먹을 것'이 되리라는 뜻이었다. "They will be yours for food"에서 푸드를 식물로 번역한 것이다. 왜 성서개정판을 계속 내면서도 이런 간단한 오류를 수정하지 않는지 모르겠다. "식물이 되리라"는 말을 듣고 아 먹을 것이로구나 하고 이해할 사람이 몇이나 될지 궁금하다. 그 식물, 즉 먹을 것 중에서 가장 대표적인 것이 채소가 아닐까. 그러므로 채소원은 바로 창세기 1장 29절을 소중히 따르기 위해 만들어진 것이겠다.

사실 수도원 생활에서 채소원은 절대적으로 중요하였다. 약도 중요하지만 일단 먹어야 했고 하루에 두 번 밖에 먹을 수 없었고 베네딕도의 규칙에서 네 발 달린 짐승을 금하고 있고, 또 시토 수도회의 우두머리 클레르보가 이렇게 말했기 때문이다.

"와인이며 빵, 맥주, 기름, 후추, 생강, 세이지 따위가 식탁에 왜 필요한가? 이들은 고기를 먹을 때 필요한 것인데 고기는 영혼을 살찌우는 것이 아니라 육신을 살찌울 뿐이다. 열심히 일하고 나면 채소와 죽이 최고의 성찬이다."

사실 채소원에서 생산되는 것으로 기본적인 식사는 해결할 수

프랑스 낭트시에서 2009년 열린 정원박람회에서 농부들이 채소를 이용한 조형물을 만들며 채소가 정원의 일원임을 증명하고 있다.

있었다. 성 갈렌 수도원의 채소원(31번 위쪽의 텃밭)이 상당히 넓게 자리 잡은 것은 바로 이 때문일 것이라 짐작할 수 있다. 채소원 옆에 닭장(30번)이 있어서 거름을 바로 댈 수 있게 하였다. 채소원을 약초원과 함께 조성하는 경우도 있었지만 워낙 자료가 적기 때문에 어느 것이 정석이었는지는 판단하기 어렵다. 그러나 약초원은 병원 앞에, 채소원은 취사실 가까이에 두는 것이 맞는 것 같고 보통 병원과 취사실이 멀리 떨어져 있었으므로 채소원과 약초원을 분리하는 것이 합리적이었을 것이다.

여기서 자라고 있는 채소를 보면, 양파, 파, 셀러리, 코리안더, 딜, 파슬리, 양배추들이다. 당시 채소의 종류가 별로 다양하지는 않았던 것 같다. 그 외에 망골드나 콩을 많이 심었었다. 당시 수도사들의 주식이었던 죽은 파와 무, 망골드와 배추를 넣고 끓인 것이었다. 양파, 마늘 그리고 코리안더로 맛을 좀 냈다. 코리안더는 고수라고도 하는데 한국에는 베트남 국수집을 통해 그새 많이 알려진 것 같다. 향이 독특하고 강해서 국에 넣어 맛을 돋우기도 하지만 과자를 만들 때에도 쓴다. 수도원에서도 성탄절에 과자를 구웠을 것이고 그 때 코리안더는 필수적 향신료였다. 수도원 내의 채소원에서는 바로 쓸 수 있는 것들을 재배했고 수도원 담 바깥에 넓은 과수원과 포도밭, 보리밭 등을 따로 두어 경작하였다.

특히 농사를 열심히 지었던 수도회가 시토 수도회이다. 그 중에서도 프랑스의 모리몽 수도원이 유명했는데 여기서 재배했던 식물들이 유럽 전역으로 퍼져나갔다고 한다. 수도원끼리 종자를 교환하기도 했지만 수도원이 커지면 수도사들을 내보내 새로운 수도원을 짓게 했으므로 수도원 문화와 수도원에서 재배하던 식물도 퍼지게 된 것이다. 위의 모리몽 수도원은 최초의 시토 수도원에서 갈라져 나간 네 개의 수도원 중 하나이다. 클레르보 수도원의 자매뻘이 되겠다. 모리몽 수도원에서 특히 수많은 수도원이 파생되어 클레르보 수도원과 함께 수도원 건설의 중심세력을 이루었다. 총 261개의 수도원이 모리몽 수도원에서 파생된 것으로 알려져 있다. 프랑스, 독일 뿐 아니라 이탈리아, 영국, 오스트리아, 터키 그리고 레바논까지 가서 수도원을 지었다. 그러나 모리몽 수도원도 프랑스혁명 후에 파괴되어 지금 남아 있는 것이라고는 벽 한쪽과 도서관뿐이다.

고대 로마로부터 내려오는 요리책이 하나 있다. 아피키우스라는 사람이 쓴 것이라 해서 아피키우스 요리책으로 불린다. 현재 바티칸 박물관에 보관되어 있다. 그런데 아피키우스가 혼자 쓴 것 같지는 않다고 한다. 누가 썼는가가 중요한 것은 아니고 이 책에는 당시 사치스럽던 로마의 온갖 산해진미 요리법이 망라되어 있었다. 수도원에서 이 요리책을 필사했다는 기록이 있다. 배추죽 한 그릇으로 끼니를 때운 수도사가 추운 필사실에 앉아 이 요리책을 베낄 때, 그 심정이 어땠을지 문득 궁금해진다.

검소한 식사가 원칙이었던 클레르보의 시토 수도원과는 달리 인근에 있던 클뤼니 수도원은 호화로운 생활을 했던 것으로 유명하다. 어느 날 클레르보 원장이 클뤼니 수도원의 호화로운 식사에 초대를 받아 갔다 와서 일기를 썼다.

"코스가 대체 몇 개인지 모르겠다. 고기를 먹지 말라고 하니 고기보다 더 큰 생선을 내놓는다. 요리사가 어떻게 재주를 부렸는지 한 코스를 먹고 나면 배가 부른데도 그 다음 요리가 다시 뱃속으로 들어간다. 온갖 향료를 섞어 하나님이 주신 음식의 본래 맛은 어디로 갔는지 모르겠다. 위는 터질 것 같은데 이 향료 덕에 혀가 속아 음식이 자꾸 들어간다. 달걀 요리는 무슨 종류가 그리 많은지. 터뜨려서 휘젓고 거품을 내고 실컷 괴롭힌 다음에 굽고, 볶고, 찌고, 속을 채우고 하여 내놓는다. 대체 왜 그러는 건지 모르겠다. 아마도 저항력을 시험하려는 건지? 위는 트림을 해가며 꽉 찼다는 신호를 연방 보내는데도 음식의 황홀한 색과 모양에 눈은 휘둥그레지고 궁금증을 못 이겨 자꾸 쓸어 넣는다. 불쌍한 위는 맛도 모르고 색도 볼 수 없는데 말이다."

클레르보 원장은 거의 영양실조로 사망했다고 한다. 빵 한 조각과 물, 그리고 우유 약간이 하루 식사의 전부였다는 철저한 금욕주의자였다. 그러나 그의 설교는 꿀 같이 달았다고 한다. 그래서 양봉가들의 수호성인으로 추대되기도 했다.

신 의 정 원 , 나 의 천 국

물론 채소원이 정원 축에 들 수 있겠느냐고 할 수도 있겠다. 그러나 아마도 프랑스의 빌랑드리 성의 정원을 보면 생각이 달라질 것이다. 빌랑드리 성의 정원은 채소원이다. 채소를 소재로 삼아 바로크식 정원을 만들어서 단번에 유명해져서 수많은 관광객이 몰려오는 곳이다. 수십 명의 정원사들이 한 달에 한 번씩 채소를 바꿔 심으며 장관을 연출한다. 물론 채소만 심는 것이 아니라 약초와 숙근초를 같이 심어 효과를 주고 있고, 장미와 포도나무를 배치했다. 그러나 주인공은 엄연히 채소인 것이다. 이 정경을 보고 누가 채소를 아름답지 않다고 하겠는가.

나무 정원 - "In Parasidum"

이미 말한 바와 같이 수도원의 나무 정원은 묘지이면서 과수원이었다. 주교들은 파라다이스에 묻었고 일반 사제들은 묘지, 즉 나무 정원에 묻었다. 그래서인지 묘지를 '죽은 자들의 정원'이라고 시적 표현을 하는 사람들도 있다. 성 갈렌 도면의 묘지정원(32번)을 보면 중앙에 십자가가 있고 나무와 묘가 번갈아 가면서 배치되어 있는 것을 알 수 있다. 그리고 이런 글귀가 쓰여 있다.

> "모든 나무 중 가장 신성한 나무는 십자가이다. 그 열매는 영원한 생명의 향기를 간직하고 있다. 이제 십자가 주변에 죽은 형제들이 잠들게 되니 죽은 몸이 다시 광채를 받으면 하늘의 나라에서 영접 받을 것이다."

이 글귀는 여러 각도로 상징성을 내포하고 있다. 중앙의 십자가는 나무 중 가장 신성한 나무라고 했으니 생명의 나무를 상징할 것이다. 에덴에 있던 바로 그 생명의 나무다. 예수 그리스도가 십자가에 못 박힌 골고다 언덕이 곧 에덴이었다고 하는 소문이 있다. 그래서 아마도 아담의 유골이 그 아래 묻혀있다는 것이다. 골고다 언덕이란 해

나무 정원이 이런 모습
이었을까?

신 의 정 원 , 나 의 천 국

골의 언덕을 뜻한다고 신약에 여러 번 나온다. 그럼 해골의 언덕은 또 무슨 뜻인가. 신학자들 간에 토론의 대상이 되고 있다. 여기에 아담의 유골이 묻혀있어서 해골의 언덕이라는 설이 있고, 이곳이 공개처형장이어서 많은 해골이 묻힌 것이라는 설, 이 언덕 자체가 해골처럼 보여서 그렇게 불렀다는 설이 있다. 아담이 묻힌 곳이라는 설이 가장 유력했던 것 같다. 아마도 그래서 골고다 언덕을 에덴과 결부시키는 것일 터이다. 그리고 골고다 언덕 근처에 정원이 있었다는 요한의 증언이 있었다. 요한복음에서 그가 그렇게 말했다. 이에 근거하여 실제로 골고다 언덕의 위치를 찾으려는 노력이 있었다. 예루살렘 성 주변에 정원이 있을만한 곳이 한 군데 밖에 없고 그 곳이 바로 지금 성묘 교회가 서 있는 자리다. 어머니 헬레나가 제대로 찾은 것이다.

어쨌거나, 에덴이 골고다가 되고 거기서 예수 그리스도가 인류를 구원하기 위해 처형당했고, 이는 또한 천국이 다시 오는 것을 기다

유실수는 사라졌어도 아직 남아 있는 묘지의 흔적. 튀링엔의 성모 마리아 수도원

려야 할 장소가 되는 것이다. 나무 정원에 십자가를 세움으로써 골고다 언덕을 상징하게 하고 골고다 언덕은 에덴이며 새 천국이었다. 골고다 언덕을 기리는 것은 죽음이 아니라 부활을 기리는 것이며 새 천국으로 돌아갈 날을 기다리는 것이다. 수도사들이 죽어서 묻히기에 이보다 더 적합한 장소는 없었을 것이다.

그래서인지 7세기부터 장례식에서 부르던 진혼곡이 "In Paradisum"으로 시작되었다. "천사들이 그대를 파라다이스로 인도할지니, 그 곳에서 순교자들이 그대를 영접하고 거룩한 새 예루살렘으로 인도하리라. 천사들의 합창이 그대를 맞이하고 그대는 가난한 나사로와 함께 영원히 안식할지어다."[6]

그러므로 중세의 수도사들에게 묘지 정원은 슬프고 음울한 장소가 아니라 천국이었다. 그래서 이곳에 유실수를 심어 아름다운 꽃이 피게 하고 달디 단 열매를 맺게 했다.

사과나무, 배나무, 자두나무, 복숭아나무, 모과나무, 체리나무, 아몬드나무, 개암나무, 호두나무, 월계수, 마가목, 밤나무 그리고 잣나무를 심었다. 이 다양한 유실수들은 모두 카롤루스 대제의 식물 목록에 등록된 나무들이기도 했다. 그리고 켈트족의 신성한 나무들이 슬쩍

---

6 In paradisum deducant te Angeli; in tuo adventu suscipiant te martyres, et perducant te in civitatem sanctam Ierusalem. Chorus angelorum te suscipiat, et cum Lazaro quondam paupere æternam habeas requiem.

May angels lead you into paradise; upon your arrival, may the martyrs receive you and lead you to the holy city of Jerusalem. May the ranks of angels receive you, and with Lazarus, the poor man, may you have eternal rest.

끼어들었다. 사과나무, 개암나무, 마가목이 그것이다.

물론 이 유실수들이 상징성만 가지고 있지는 않았다. 여러 가지 방법으로 먹을 수 있는 일용할 양식이었다. 사과로는 주로 음료수를 만들어 와인 대신 마셨다. 갖가지 향초를 섞기도 했다. 중세 유럽의 배는 한국의 배처럼 아삭거리고 단물이 주르르 흐르는 것이 아니었다. 쇠처럼 단단하다고 해서 쇠배라는 별명이 있을 정도여서 날 것으로는 먹지 못했다. 삶아서 꿀에 재어 먹기도 하고 파이를 만들어 먹었다. 영국의 쇠배파이warden pear pie의 조리법이 중세로부터 유래한 것이라고 한다. 또한 쇠배를 붉은 포도주에 잠기도록 넣고 설탕과 계피, 생강을 섞어 오븐에서 두 시간 이상을 끓여 부드럽게 만들어 먹기도 했다. 뜨거운 것만 제하면 한국의 수정과와 비슷한 맛이 났을 것이다. 모과도 이와 유사한 방법으로 요리하거나 술을 담가 환자들에게 주기도 했다. 아몬드로는 우리의 두유처럼 우유대용품을 만들었고 호두로는 기름을 짰다. 체리나 복숭아는 나무에서 따서 그대로 먹고 밤은 겨울의 양식이었다.

나무 정원은 이렇게 여러모로 즐거움을 주는 곳이었다.

중세 최초의 정원 디자이너 - 알베르투스 마그누스의 역할

"네가 만약 이 푸른 정원에 머물게 된다면
과일 나무의 시원한 그늘에 앉아 쉬게 된다면

복숭아나무 푸른 잎에 햇살이 부서지는 그런 곳에서
수도원 학교 아이들이 장난치는 그런 곳에서
연분홍 열매의 부드러운 솜털을
손 안에 가득히 담는다면……"

라이헤나우 수도원의 발라프리드 원장이 나무 정원을 이렇게 노래하고 있다. 어디에고 죽음의 그림자는 찾을 수가 없다. 밝은 햇살과 분홍빛 아이들이 있을 뿐이다. 이런 장면들을 중세의 그림에서 가끔 찾아볼 수 있다. 예를 들면 수녀들이 아이들과 함께 유실수가 심겨 있는 정원에서 놀고 있는 장면. 아이들은 토끼목에 리본을 매고 끌고 다닌다. 평화로운 모습이다. 그리고 이는 수도사나 수녀들이 일하고 기도만 했던 것이 아니라 정원에서 휴식을 취하기도 했다는 것을 뜻한다. 실제로 클레르보도 독서보다 정원에서 산책하는 것이 더 좋다고 고백한 적이 있다. 정원에서 시간을 보내는 것이 즐겁다는 사실을 발견한 것은 클레르보 만이 아니었을 것이다. 이런 발견은 정원에 중대한 변화를 일으킨다. 어느 틈엔가 정원의 명칭이 실용적인 정원에서 "즐거움의 정원 혹은 기쁨의 정원"으로 변해가고 있었던 것이다. 이런 현상을 읽고 그것에 이름을 붙인 성직자가 있었는데 바로 알베르투스 마그누스 주교였다.

실용 정원에서 기쁨의 정원으로

알베르투스 마그누스는 주교이기 이전에 학자여서 수많은 저술을 남겼다. 그 중에 『식물학』이라는 책이 있다. 1260년경에 집필한 이 책에서 그는 모든 식물을 망라하고 체계적으로 분류하며 식물의 적용법에 대해서 상세히 논한다. 아마 이것이 식물적용법에 대한 최초의 저서일 것이다. 그리고 이어서 정원 설계에 대한 지침을 썼다. 그러면서 그는 정원을 약초원, 채소원, 나무 정원 등으로 부르지 않고 기쁨의 정원 혹은 즐거운 정원pleasure garden이라고 불렀다.

이미 9세기에 발라프리드 원장이 정원이 주는 달콤한 분위기를 노래했고 12세기에 클레르보가 정원 산책이 독서보다 더 좋다고 고백했다면, 그래서 정원이란 것이 즐거움을 주는 장소라고 인정했다면, 알베르투스가 13세기에 거기다 이름을 붙였다고 해서 그리 새로울 것도 없을지 모르겠다. 그런데 새로웠다.

그때까지 정원은 유용성과 기능성이 있는 것이거나 아니면 클로이스터처럼 종교적 상징성을 가지고 있는 것들이라고 이해했었다. 그 정원이 즐거움도 준다는 것은 우선 부수적인 산물이었다. 게다가 수도원이라는 곳이 즐겁기 위해 있는 곳이 아니었다. 즐거움을 공공연히 내색하지 않는 것이 수도원의 법도였다. 그래서 발라프리드의 시를 자세히 읽어보면 즐겁다는 말을 쓰지 않으면서 즐기고 있음을 알 수 있다. 그는 정원에 대한 긴 시를 남겼다. 그런데 그 장시의 어디에도 기쁘다거나 즐겁다거나 하는 말이 한 번도 나오지 않는다. 그러나 시를 읽고 있으면 그가 얼마나 즐겁고 기뻐하는지 알 수 있다. 그리고 앞서 편지를 써서 클레르보 정원의 모습을 전해 준 젊은 수도사는 환자들을 내세워 간접적인 즐거움을 얻는다.

이런 분위기 속에서 알베르투스 주교가 즐거움 혹은 기쁨이라고 확실히 이름을 불러 준 것은 고양이 목에 방울을 매단 것과 같은 행위였던 것이다. 여기서 끝나지 않았다. 정작 새로운 것은 그가 지금껏 뿔뿔이 흩어져 있던 약초원, 채소원, 나무 정원을 모두 한데 모아서 하나의 정원을 만들고 이것을 즐거움의 정원이라고 명명했다는 사실이다.

정원의 혁명 - 설계의 시작

두 개의 작은 혁명이 일어난 것이다. 하나는 의미의 혁명이다. 정원이 이제는 실용성, 치유 혹은 종교적 상징이라는 십자가를 내려놓고 즐거움이라는 세례명을 받게 된 거였다. 물론 이 자체가 전혀 새로운 것은 아니었다. 고대 로마 귀족들의 별장 정원을 비리다리움viridarium이라고 했는데 이는 직역을 하면 '녹색과 함께하는 곳' 이라는 뜻이다. 내포하고 있는 뜻은 채소들을 심어먹는 일반 정원과는 달리 순수하게 즐기는 공간이라는 것이다.

뜯어 먹는 정원이 아니라 눈으로 보고 코로 냄새 맡는 정원이라는 거였다. 클레르보 원장처럼 괴로워하는 위를 빙자하여 즐거워하는 눈과 혀를 질책하는 것이 아니라 위보다는 눈과 코의 즐거움에 집중하자는 일종의 선언이었다. 채소원이 불필요해졌다. 그래서 채소 대신 꽃을 심었다.

두 번째 혁명은 공간적 혁명이었다. 이제 세 개의 정원을 한데 모아놓았으니 교통정리가 필요했다. 배치하고 연결하고 분리하는 작업

알베르투스 마그누스의 플레져 가든 모식도(그래픽: 배성현)

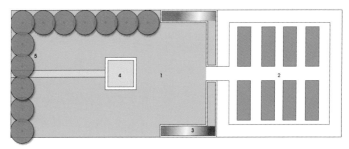

1.잔디밭, 2.약초원, 3.잔디벤치(양 측면에는 꽃을 심고 중앙에 앉을 수 있도록 배치),
4.샘, 5.남서향으로 수목 배치(오른쪽이 북쪽임)

들이다. 설계를 해야 했던 것이다. 알베르투스는 도면을 그리거나 스케치를 하지는 않았지만 새 정원의 모습을 상세히 묘사하고 있기 때문에 후세 사람들이 이를 바탕으로 도면을 만들어 보았다. 그 결과는 놀라운 것이었다(삽도 참조). 얼핏 보면 흔하디흔한 도면처럼 보인다. 그러나 이는 공간을 나누고 연결하는 기법을 시도한 중세 최초의 정원 설계도였던 것이다. 텃밭 배치법과는 차원이 다른 것이었다. 정원에 공간 개념이 접목된 것이었다. 알베르투스 주교는 중세 최초의 정원 디자이너였다.

이는 시대를 앞서가는 상상력의 산물이었다. 사실 이런 식의 정원이 실제로 등장하는 것은 후세의 일이다. 14세기 말이나 15세기 후반에 가면 알베르투스가 설계한 것과 유사한 정원들이 그림에 속속 등장하기 시작한다.

그러나 수도원은 알베르투스 정원을 받아들일 수 있는 상황이 아니었다. 약초원도 채소원도 포기할 수 없고 나무 정원과 합칠 수도 없었다. 수도원의 기능이 살아 있는 한 세 정원의 분리는 불가피했다. 금욕을 버리고 즐거움을 받아들일 수도 없었다. 적어도 공식적으로는 그랬다. 알베르투스의 정원은 무대를 옮겨야 했다. 기사들이 살고 있는 성으로 가야 했다.

우리의 이야기도 이젠 무대를 옮겨야 할 때이다.

3
기사의 정원

잠자는 미녀의 정원

자바 성 VS 위쎄 성

동화 "잠자는 숲 속의 공주"의 무대가 되었노라는 성이 두 개가 있다. 하나는 프랑스 루아르 지방의 위쎄 성이고 다른 하나는 독일 헤센의 자바 성이다. 잠자는 숲속의 공주는 1697년 프랑스의 작가 샤를 페로가 처음으로 발표했지만 그림형제 동화집에도 같은 이야기가 실려 있

신 의   정 원 ,   나 의   천 국

프랑스 루아르 지방의 위쎄 성. 동화 "잠자는 숲 속의 공주"의 무대가 되었다는 성이다. 상상 속 동화의 성 그대로여서 지나는 사람들의 발길을 잡는다.

위쎄 성의 바로크 정원(출처: Serge Ninanne)

다. 그림동화집은 1812년에 발표된 것이니 샤를 페로가 월등히 우세하다. 작가 샤를 페로가 위쎄 성에 머문 적이 있는데 그 때 이 이야기를 썼다고 한다.

성의 모습으로 보아서는 프랑스 위쎄 성의 손을 들어주고 싶다. 딱 동화에 나올 것 같이 바로 그렇게 생긴 성이기 때문이다. 그런데 문제는 장미덩굴에 있다. 아니 장미덩굴이 없는 데 있다. 위쎄 성은 장미덩굴로 뒤덮여 있지 않다. 샤를 페로가 이 성에서 영감을 받아 이야기를 지었다면 당연히 장미덩굴이 있어야 한다. 그런데 위쎄 성의 정원은 바로크 정원이다. 말끔하게 자르고 단정하게 다듬어져 있다. 어디에고 백 년간 잠 잔 흔적이 없다. 짐작컨대 샤를 페로가 글을 썼던 당시에는 장미덩굴에 뒤덮인 낭만적인 성이었겠지만 후에 바로크 양식으로 개조되었을 것이다.

이제 독일 헤센의 자바 성 차례이다. 자바 성은 라인하르츠 숲이라는 유명한 "동화의 숲" 속에 위치하고 있는 아주 작은 성이다. 성보다 이 숲이 더 유명하다. 이 숲은 약 200제곱킬로미터 정도의 규모인데 이 속에 마을이라고는 지금도 두어 개 밖에 없다. 빽빽한 숲, 고목이 쓰러져 있는 빈터, 늪지대 등등 바로 마녀가 살 것만 같은 그런 곳이다. 헨젤과 그레텔이 길을 잃어버린 숲도 여기였고 빨간모자 소녀가 늑대에게 잡혀 먹힌 숲도 여기였을 것만 같다. 이렇게 수많은 신화와 전설이 탄생한 고장에 1330년경 자바 성이 지어진다. 이 성이 지어진 연유가 독특하다. 인근에 고츠뷔렌이란 마을이 있는데 하필 거기서 예수님의 사체가 발견되었다는 것이다. 하나도 상하지 않은 채로. 승천하신 분이 왜 다시 사체가 되어, 그것도 독일 깊숙한 시골에 계셨는지 모르겠는데 중세의 일은 논리적으로 이해하려고 들면 안 된다. 암튼 그런 이유로 이 마을에 많은 순례자들이 찾아들었다. 그런데 라인하르츠 숲이 너무 험해서 사고가 많이 일어났었다. 그래서 중간에 머물다 갈 수 있는 곳을 마련한 것이 자바 성이다. 그리고 이 성에 기사가 한 명 들어와 살며 인근을 보호하게 되었다. 이 성은 기사들이 모여 토너먼트, 즉 마상무술대회를 열고 사냥을 하는 별장 용도로 더 많이 쓰였던 것 같다. 그러다가 17세기에 들어와 삼십 년 전

잠자는 숲 속의 공주 삽화(1869년)

잠자는 숲 속의 공주 삽화(1922년)

쟁이 일어났고 그 여파로 심하게 훼손되었다. 성주는 다른 곳으로 거처를 바꾸고 이 성은 수리하지 않은 채 그대로 두니 성이 점점 낡아지면서 동화 속의 성처럼 변한 거였다.

  19세기 초, 그림 형제가 동화를 수집하려고 라인하르츠 숲 일대를 뒤지고 다닐 때 이 성을 보는 즉시 바로 이거다 했다고 한다. 여기서 잠자는 숲 속의 공주 이야기가 나왔음에 틀림이 없다는 거였다. 게

다가 이 성에 실제로 높이 삼 미터가 넘는 장미덩굴이 5킬로미터 길이로 성과 성 주변의 사냥터를 둘러싸고 있었다는 것이다.

지금 독일에서는 자바 성이 잠자는 숲 속의 공주 성이라고 공공연히 알리고 있다. 적어도 헤센 지방에서는 그렇다. 아마도 1960년대에 이곳을 복원하고 관광지로 용도 변경을 하면서 세간의 관심을 끌기 위해 그렇게 홍보했기 때문인 것 같다. 그 때 호텔, 레스토랑, 결혼식장, 야외무대 등이 들어섰고 지금도 이 용도로 쓰고 있다. 정원도 복원했었다. 하지만 1960년대의 이념에 따라 신풍경식과 자연주의 양식을 가미한 것을 만들었었다. 그 때만 해도 중세는 검게 잊혀간 시대였으므로 굳이 중세의 개념으로 다시 만들 생각을 아무도 하지 않았던 거였다. 중세에 대한 관심이 다시 돌아온 것은 1980년대부터였다. 그래서 자바 성도 1992년에 정원을 다시 만들었다. 온갖 정성을 디헤 중세 때의 모습으로 되돌려 놓은 것이다. 적어도 그 때 설계를 맡았던 정원 디자이너와 그 후 지금까지 정성스럽게 관리했던 정원사는 그렇게 말하고 있다. 그리고 당연한 사실이지만 정원의 주인공은 장미덩굴이다. 이런 면에서 독일의 자바 성 손을 들어줄 수밖에 없다.

이건 물론 잠자는 숲 속의 공주가 중세의 이야기였다는 것을 전제로 한다. 페로가 1697년에 발표한 것이니 시대적으로는 바로크가 한창일 때였다. 그러나 이 이야기는 페로가 처음으로 쓴 것이 아니다. 1330년경 구 프랑스어로, 그리고 1350년경 카탈라니아어로 각각 같은 이야기가 쓰였었다고 한다. 물론 우연이지만 자바 성이 지어지던 무렵이다.

이 이야기는 유럽 전역에서 떠돌던 전설이었던 것이다. 신화와 전설을 연구하는 학자들에 의하면 이야기의 원형은 게르만족의 지그프리트 신화 계열에서 찾아볼 수 있다고 한다.

브륀힐데라는 소녀가 있었는데 가시에 찔린다. 그리고 잠이 든다. 보탄 신이 그녀가 잠들어 있는 성 주변을 불길로 지키게 한다. 지그프리트만이 불길을 뚫고 들어가 브륀힐데를 깨울 수 있다. 바그너의 오페라 니벨룽겐의 반지에서도 등장하는 장면이다.

그렇다고 페로가 이야기를 표절했다는 것은 아니다. 나중에 보게 되겠지만 중세에는 신화에서 모티브를 따서 여러 작가들이 나름대로 새롭게 각색하는 것이 당연한 일이었다. 문학이 이렇게 해서 시작되었던 것이다.

잠자는 숲 속의 공주의 정원

이런 생각을 하며 자바 성에 가서 중세의 정원이 어떻게 복원되었는지 보고자 한다. 산길을 올라 성에 도착하면 성벽과 성문이 눈앞을 막아선다. 21세기는 성 밖에 두고 성문을 지나 중세로 침잠하고자 한다. 성문을 들어서면 작은 광장이 있다. 이 광장을 지나 직선 코스를 잡으면 본성으로 들어가게 된다. 20세기의 호텔과 식당이 있는 곳이다. 그 길을 버

자바 성 전경

자바 성의 장미들. 장미의 성이 되려면 아직 많은 세월이 지나야 한다. 아쉽게도 키프츠게이트는 아직 피기 전이다.

리고 왼쪽으로 방향을 잡으면 곧장 장미의 정원으로 빨려 들어가게 된다.

장미 정원은 다른 성과 마찬가지로 외성과 내성 사이에 자리 잡고 있다. 들어가는 길목에 벌써 양쪽에 피어 있는 장미꽃이 반갑게 맞아준다. 정원은 사방이 성곽으로 둘러싸여 있어 아늑하고 성벽의 오래된 돌에 낀 이끼들, 탑의 둥근 지붕과 벽을 타고 올라가는 장미덩굴. 이건 동화 속의 정원이 틀림없다. 저 탑에서 지금 공주가 쿨쿨 자고 있겠지. 저 멀리 라인하르츠 숲 속에서 지그프리트 왕자의 말발굽 소리가 들리는 것도 같다.

왼쪽 편에 서 있는 낮은 돌담에선 샘물이 졸졸 흘러내려 그 밑의 수반으로 떨어지고 있다. 돌담을 감고 올라가는 장난스런 아이비에게 시원한 그늘을 드리우며 피나무가 커다랗게 서 있다. 샘물 맞은편엔 잔디밭이 펼쳐지고 거기에 과일나무들이 있다. 잔디밭 가장자리로 비껴 서있다. 알베르투스가 얘기한 그대로이다. 여기 과일나무는 수박만한 열매를 맺는 20세기 품종들이 아니다. 마치 옛날 라이헤나우에 서 있었을 것 같은 오래된 품종들이다. 정원사가 카롤루스 대제의 분부를 잊지 않은 것 같다. 봄에 이 나무들이 일제히 꽃을 피우면 낙원일 것이다. 그리고 장미. 또 장미. 탑을 타고 올라가고 있는 장미는 키프츠게이트라는 오래된 품종이라고 한다. 백 년은 아니어도 삼십 년 이상 이 성에서 자라고

자바 성의 약초원. 길이 넓어 약초를 많이 심지 못했다.

있단다. 그렇다면 아직 칠십 년을 더 기다려야 하는 건가.

키프츠게이트는 흰색인데 홑겹이다. 십여 년 전에 밑동만 남기고 잘라주었는데 그 사이 십 미터가 넘게 자라고 옆으로도 그만큼 퍼진 것이라고 한다. 6월이 되면 수천 개의 꽃이 활짝 피는데 그 향이 성에 가득 번져 벌들의 천국이 된단다. 본래는 이 키프츠게이트 밖에 없었던 것 같다. 1992년에 복원한 후 지금까지 열일곱 종의 덩굴장미와 자그마치 마흔 종의 관목형 장미를 심었다. 흰색부터 연분홍까지, 노란색부터 오렌지색을 거쳐 선홍에서 검붉은 장미까지 골고루 갖추고 있다. 길 중간에 아치형의 트렐리스가 있고 여기도 연분홍 장미덩굴이 부지런히 감아 올라가고 있다.

이제 기다리는 일만 남았다. 유월이 오면 수천, 수만 개의 장미가 피어날 것이다. 그리고 향을 뿜기 시작할 것이다. 흰 장미는 은은한 향을, 연분홍 장미는 달콤한 향을, 주홍색 장미는 매혹적인 향을 그리

자바 성의 정원. 군더더
기들이 너무 많아 중세
의 정원을 복원한 것이
라 할 수 없다. 원추형
의 주목들, 잔디밭 중앙
의 작약 등은 불필요한
요소이다.

고 빨간 장미는 뜨거운 향을 뿜어, 주변 수 킬로미터의 거리를 장미의
마법에 걸리게 할 것이다. 동화를 읽은 지 오래되어 기억이 가물거리
는데 말을 타고 마법의 숲을 지나던 왕자가 장미의 향에 이끌려 공주
를 찾았다고 했었던가?

　　　이 정원을 설계할 때 우리가 이미 살펴 본 클레르보 수도사의
편지, 슈트라보의 시, 알베르투스 마그누스의 설계도 그리고 많은 중
세의 그림들을 꼼꼼히 살펴보고 참고로 삼았다고 한다.
　　　장미가 주인공이지만 중세 정원에서 빠질 수 없는 유실수와 여
러 약초며 야생화들을 같이 안배하였다. 그러나 알베르투스가 요구한
대로 정원 공간을 둘로 가르고 한 쪽은 나무 정원 다른 한 쪽은 화원으
로 나누기에는 공간이 너무 협소했다고 한다. 중세의 성은 특히 산에
지은 산성은 건축 구조로 인하여 정원을 만들 공간이 많이 허락되지

않았다. 성은 대개 이중의 성벽으로 보
호되었는데 이 이중 벽 사이에 정원을
만들었다. 그래서 자바 성의 장미 정원
도 두 성벽 사이의 공간에 마련된 것이
다. 이곳은 의도적으로 좁게 만들었었
다. 침입하는 적이 쉽게 퇴각하지 못하
게 하기 위해서였다.

시대에 맞지 않는 숙근
초들을 너무 많이 심었
다.

　이 협소한 공간에 될수록 알베르투스의 지시를 따르고자 하는
의도에서 약초밭과 화원, 즐거움의 잔디밭을 모두 수용해야 했으므로
공간을 아끼는데 전력을 다했다고 한다. 여기는 중세의 기사나 귀부인
들이 쓰던 사적 공간이 아니고 많은 관광객들이 찾아오는 곳이다. 그
렇기 때문에 알베르투스의 말처럼 길을 내지 않고 잔디밭 위로 그냥
돌아다니게 할 수도 없었다.

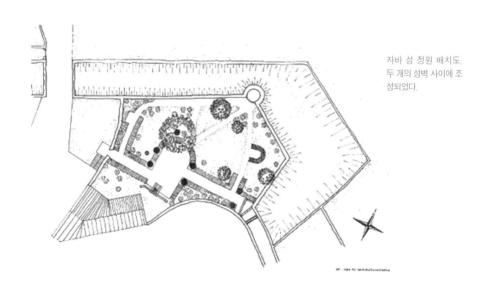

자바 성 정원 배치도.
두 개의 성벽 사이에 조
성되었다.

그래서 정원에 비교적 넓은 길을 마련하였다. 여기선 행여나 산책 중에 옆 사람과 부딪치는 일은 없을 것이다. 그리고 이 길 양쪽에 약초를 심었다. 야생화도 심었다. 그리고 튤립도 심었다. 그러고 보니 조금 이상하다는 생각이 든다. 그냥 진솔하게 알베르투스의 제안을 그대로 따라볼 수는 없었을까? 튤립과 야생화를 포기하고 약초와 매발톱과 백합만 심을 수는 없었을까? 우아한 목재벤치 대신에 잔디벤치를 한 번 만들어 볼 수는 없었을까? 이런 생각들이 든다.

사실 자바 성의 장미 정원은 중세의 정원이라기보다 20세기의 야생화 정원을 더 닮았다. 폭죽처럼 터지는 온갖 색의 향연들. 중세에는 장미 종류가 두어 개밖에 없었다. 겹꽃은 더더욱 없었다. 그럼에도 그들은 장미가 세상에서 가장 아름다운 꽃임을 알았다. 키프츠게이트 한 종류면 족한데. 지금 유럽 어느 도시에서나 볼 수 있는 '화려한 야생화 정원을 보려거든 자바 성으로 오세요' 라고 광고문을 바꿔야 하는 것은 아닐지.

이런 일이 벌어지는 것은 중세 정원을 정원이라는 관점에서만 접근한 데서 오는 것이다. 정원은 결코 그 시대를 벗어나서 따로 살펴볼 수 없는 것이다. 알베르투스의 정원에 왜 길이 없었을까. 길을 만들 생각을 하지 못했던 것일까 아니면 길이 필요 없었기 때문인가. 필요 없었다면 왜 필요 없다고 생각했을까. 다른 곳에는 길이 있었는데 정원에는 왜 길이 필요 없었을까. 이런 이유들을 알아야 정원을 이해할 수 있다. 중세에 그려진 그림들을 자세히 보면 실제로 정원에 길이 없었음을 알 수 있다. 사소한 것 같지만 진리는 항상 사소한 것에 있다. 사소한 것들을 알기 위해서는 가까이 다가가야 한다.

기사들의 삶과 정원과의 상관관계

기사들의 삶

알베르투스 마그누스가 설계한 정원의 모습이 실제로 실현되기까지 많은 시간을 기다려야 했던 것은 중세의 생활상이 그런 정돈된 정원을 허락하지 않았던 데 큰 요인이 있다. 정원은 건축 양식과 밀접히 연결되어 있고 또한 삶의 방식과도 깊은 관계가 있다.

누차 말하지만 중세는 떠도는 시대였다. 수도사들도 농부들도 늘 새로운 수도원 자리를, 새로운 삶의 터전을 찾아 떠돌았다. 기사들은 모험을 찾아다녔다. 그러다가 숲 속 한적한 곳에 아늑한 빈 터가 있고, 마침 샘이나 개울이 흐르는 곳을 만나면 개울가 풀밭에서 다리쉼을 했다. 밤이 되면 그런 곳에서 잠을 청하기도 했다. 풀밭에는 약초가 피어있고 가까이에 야생장미가 덤불을 이루고 있었을 것이다. 그것이 조상들의 성소였고, 이제 그들의 정원이었다. 농부들은 그 곳에 눌러앉아 성소, 즉 정원을 중심으로 마을을 만들었고, 수도사들은 수도원을 짓고 약초밭을 만들었다.

기사들은 좀 더 달려가 높은 산허리에 성을 짓고 그런 정원을 만들었다. 상인들과 기술자들은 아직 좀 더 떠돌아야 했다.

왕과 영주들도 자리를 잡기 시작했다. 자기 영토에서 세력을 확고히 하고 중심체를 형성하기 위해서였다. 국가라는 것의 모양새가 잡히기 시작했다. 먼저 시작한 것이 영국과 프랑스의 왕들이었다. 뭐든지 조금 늦는 독일은 여기서도 늑장이었다. 영국과 프랑스의 왕들이 런던과 파리를 수도로 발전시키고 왕국을 호령하기 시작했을 때 독일 황제는 아직도 떠도는 중이었다. 오히려 독일의 영주들이 영리했다. 그들이 먼저 자기 영토 내에 중심지를 정하고 들어앉았다. 영토를 정비했다. 각 마을마다 성을 짓고 충실한 수하 귀족들을 들여앉혔다. 힘의 네트워크를 구축한 것이다. 작은 제후국들이 탄생했다. 그래서 황제보다 제후들이 먼저 세력을 형성하게 되었다. 물론 그 작은 왕국들이 다 황제 휘하에 있기는 했지만 명목뿐이었다. 실세는 제후들이 쥐고 있었다. 이제 황제는 세습되지 않고 제후들 중에서 대표를 선발하여 황제를 세웠다. 그 황제의 아들이 황위를 물려받으려면 제후들의 제가를 받아야 했다. 이로 인해 독일에서는 훗날에도 중앙집권이나 절대왕정이 형성될 수 없었다. 온 유럽이 절대왕정 하에서 벌벌 떨 때도 독일 영토 내에서는 소왕국의 제후들이 코웃음만 쳤다. 프러시아가 통일 독일을 시도했다가 금세 무너졌다. 히틀러도 제국의 꿈을 잠깐 꾸었었다. 그 꿈은 단 십삼 년밖에 가지 못했다. 그래서 독일은 지금도 연방국이다.

낭만을 깨는 말이겠지만 기사들은 봉급을 받던 사람들이 아니었다. 기사 작위를 받을 때 같이 내려지는 칼 한 벌이 전부였다. 본래 지주였거나 아니면 토지를 하사 받아 농사를 지어야 하는 소지주들이었다. '직급'이 낮은 기사들이 더 많았다. 물론 직접 농사를 지은 것은 아니고 농노들을 시켜 농사를 짓게 했다. 거기서 얻은 수확으로 비싼 말과 갑옷과 전장에서 필요한 엄청난 경비를 조달했다. 모두 자비로 해야 했던 거였다. 그래서 실제로 재정이 튼튼한 사람들만이 기사가 될 수 있었다. 그 시대의 재산이라면 땅이었다. 물려받은 땅이 없으면 어떻게 해서든지 공을 세워 왕이나 제후에게 토지를 하사받아야 했다. 기사들은 떠돌이였지만 땅에 묶인 사람들이었다.

　　　그래서 나중에 경제의 중심이 도시로 넘어갔을 때 시대의 꽃이 었던 기사들은 어느 틈에 낙후된 '봉건주의자'들이 되어 있었다. 몇백 년 동안 세상의 중심에 서서 하늘의 전사라 불리던 기사들은 아서 왕 이 물려준 검과 갑옷을 쉽게 포기하지 못했다. 그들은 산 위에 높다랗 게 지어진 성에 틀어박혀 내려오지 않았다. 아니면 늙은 노새를 타고 풍차를 향해 돌진하기도 했다. 그리고 성이 서서히 폐허가 될 때 같이 무너져갔다. 그리고 전설이 되었다.

기사들의 성

지금 우리가 알고 있는 동화 같은 유럽의 성들이 지어진 것은 10세기 말부터였다. 11세기에서 12세기 사이에 가장 많은 성들이 세워졌다. 여기서도 프랑스가 빨랐다. 숙적이었던 앙주, 블루아 두 귀족 가문에 의해 루아르 강변의 언덕이 성곽으로 도배되기 시작했다. 그 전에도 물론 성이 있었지만 목재 건물이 많았고 로마시대에 쓰던 돌 성곽을 물려받아 개조해 쓰기도 했지만 본격적으로 유럽식 돌 성을 쌓은 것은 앙주 가문의 풀퀘 백작 3세가 처음이었다고 전해진다. 그는 검은 백작 으로 불릴 만큼 무시무시한 사람이었고 끔찍한 일도 많이 저질렀지만 성 축조만큼은 대가로 이름을 떨쳤다. 오십 년 동안 백 개가 넘는 성과 탑, 수도원을 지었다. 지은 죄가 커서 대성당도 두 개나 지었다.

앙주 가문의 본거지였던 샤토 앙제르. 무시무시한 검은 백작이 지은 성 중에 원형이 남은 것이 거의 없다. 앙제르 성만이 어느 정도 당시의 모습을 상상할 수 있게 해준다. 높은 절벽 위에 세운 관계로 도시에서는 두터운 성벽만 간신히 알아볼 수 있다.

프랑스의 뒤를 영국이 따랐다. 덴마크에서 바이킹들이 넘어오기 시작했던 것이다. 삽시간에 영국의 경관이 변해버렸다. 1100년경에 영국의 하늘은 우뚝 선 성곽과 탑의 실루엣이 지배했다. 초기의 성은 대개 높다란 탑 모양으로 된 건물이었다. 귀족들의 주거였지만 군사적 목적이 컸기 때문이다. 그러다가 탑에서 내려와 기다란 건물을 ㄷ자나 ㅁ자 형태로 붙여짓기 시작했다. 이것이 제후나 기사들의 거처였다. 탑에선 더 이상 살지 않았지만 그대로 남겨두고 감옥으로 쓰거나 보물창고로 쓰거나 아니면 물레같이 필요 없는 물건을 보관해 두는 창고로 쓰기도 했다. 그래서 어여쁜 공주가 탑 위에 몰래 올라갔다가 물레를 보았고 그 바늘에 찔려 깊은 잠에 빠지게 된 것이다.

유럽에는 기사들이 살던 성들이 아직 많이 남아 있다. 로맨틱

한 모습으로 사람들의 마음을 설레게 한다. 그러나 성에 남아 있는 정원들은 르네상스나 바로크 시대에 만들어진 정원들이기 일쑤다. 사실 중세 정원의 모습을 현존하는 성에서 찾으려는 것은 무리다. 프랑스의 루아르 지방에 가면 강을 따라 근 삼백 개의 그림 같은 성들이 서 있지만, 그리고 대부분 중세에 지어진 것이지만 르네상스의 영향을 크게 받아 많이 개조되었다. 게 중에는 건축 구조상 정원이 아예 없는 것들도 많다.

그렇다면 그 유명한 독일의 노이슈반슈타인 성은 어떤가. 로맨틱한 성의 대명사로 되어 있는 이 성은 19세기에 지어진 것이다. 바이엘의 군주 루드비히 2세가 중세에 대한 로맨틱한 생각을 못 이기고 재현해 놓은 것이다. 말하자면 디즈니랜드인 것이다. 이 성에도 정원은 없다. 중앙에 샘이 있는 테라스 정원이 설계되어 있었으나 왕이 성의 완공을 채 보지 못하고 세상을 떠나자 정원 설계도도 함께 사라졌다. 이 성을 짓느라 왕실 재정을 파국으로 몰아넣은 까닭에 후손들이 빚을 청산하는 데 삼십 년이 걸렸다. 정원을 지을 여유가 없었던 거였다. 이

루아르 강변의 아름다
운 성들. 샤토 쇼몽은
정원박람회가 해마다
열리는 곳이어서 비교
적 많이 알려져 있다(상
단 사진). 샤토 샹보는
아마도 가장 아름다운
성 중 하나일 것이다(하
단 사진).

248

점은 아쉽다. 설계도대로 지어졌다면 디즈니랜드라고 해도 중세의 성과 정원을 한꺼번에 볼 수 있는 절호의 기회였을지도 모른다.

중세의 성에서는 정원 공간에 대한 원칙을 세울 수가 없다. 르네상스로 가면 얘기가 달라진다. 건축과 정원의 일체감이란 개념이 생기면서 둘을 함께 설계하였기 때문에 정원 조성의 원칙이란 것도 생겨나고 도면도 그렸다. 그러나 중세 정원은 주는 대로 받을 수밖에 없는 그런 상황이다. 다음 두 개의 성을 살펴보며 원칙을 세우는 것이 왜 가능하지 않은지 알아보고자 한다.

볼펙 성

볼펙 성은 독일의 최남단 바덴뷔르템베르크 주에 있는 오래된 성이다. 성주가 아직 살고 있기 때문에 외부인의 출입이 허락되지 않아 사진도 찍을 수 없다. 성주 가족이 꺼리기 때문에 성의 역사에 대해서도 많이 알려진 것이 없다. 다만 일 년에 두 번 국제음악회를 성에서 개최할 때 들어가 볼 수 있다. 그러나 음악회가 열리는 그레이트 홀과 성당만 출입이 가능하다. 중세의 그레이트 홀은 기사 홀이라고도 하는데 성주의 영역이었고 기사들의 모임 장소였다. 영화에서도 자주 볼 수 있는 것처럼 당시의 기사들은 늘 모여 살았다. 위계질서에 따라 순위가 제일 높은 귀족, 즉 기사의 성에서 주로 모였다. 그러므로 어느 성에 가든지 기사 홀이라는 것이 있다. 지금으로 말하자면 거실에 해당한다.

볼펙 성 역시 바로크시대에 크게 개조하여 지금 중세의 모습은 거의 찾아볼 수 없다. 사진으로만 본 그레이트 홀이나 성당도 바로크의 화려함을 보이고 있어 지금 우리의 흥미를 끌지 않는다. 그럼에도

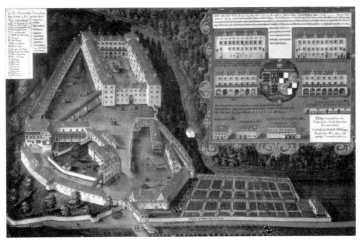

이 성이 중요한 이유는 1628년에 그린 조감도가 한 장 전해지고 있기 때문이다. 마치 지금 항공사진 찍듯이 그린 것이다. 이 그림은 성의 구조와 정원의 위치를 파악하는 데 더없이 귀중한 지료가 되고 있다.

그림을 보면 건물군이 크게 세 부분으로 나뉘어 있다. 가장 안쪽에 사각형의 마당을 둘러싸고 있는 것이 본 성이다. 공무를 보는 곳이다. 지금으로 말하면 시청쯤 된다. 왼쪽 앞에 있는 건물 군에 비로소 정원이 마련되어 있는 것을 볼 수 있다. 이곳이 성 안에서 유일하게 정원이 존재하는 곳이다. 나무 정원으로 조성해서 다양한 옥외 활동이 가능하게 하고 있다. 이곳은 성주의 가족과 그 일행들의 거처였다. 오른쪽 건물 군에는 마사 및 기타 성의 관리에 필요한 건물들이 들어서 있다. 마당에 기계등속이 서 있는 것이 보인다. 그리고 이 세 덩어리의 건물 군을 외곽에서 또 하나의 성벽이 두르고 있는 것이 보인다. 이 바깥 성벽과 안쪽 성 사이에 또 정원이 있다. 그 중 왼쪽의 정원은 테라스형 과수원을 짐작하게 한다. 볼펙 성은 상당히 큰 성이다. 그렇기 때문에 안쪽 성벽 안에 거주용 건물을 별도로 조성해서 정원도 가꾸는 여유를 보일 수 있는 것이다. 그러나 모든 성이 이렇게 여유 있던 것은 아니다. ㅁ자 혹은 ㄷ자로 된 건물 군을 하나만 가지고 있는 것이 보통이다. 그리고 이곳은 말굽소리가 요란한 곳이었기 때문에 정원이 들어설 자리는 아니었던 거다.

이제 가장 오른쪽에 나란히 정렬되어 있는 정사각형들이 궁금할 것이다. 이 부분은 르네상스 정원에 속한다. 이 그림이 1628년에 그려진 것이니 이미 르네상스가 한창 무르익고 있을 때였다. 아마도 17세기에 성을 확장하고, 즉 성벽을 하나 더 두르고 이곳에 시대감각에 맞는 정원을 만든 것으로 여겨진다. 먼저 살펴 본 세 개의 건물군은 중세 후기에 완성되었다고 한다. 그러므로 그림이 나중에 그려졌더라도 공간구조는 중세 후기의 것이라 짐작할 수 있다.

부르크하우젠 성

잘츠아크라는 강을 끼고 산등성이에 지어진 부르크하우젠 성은 세상에서 가장 긴 성이라고 한다. 길이가 총 1킬로미터 정도이다. 성곽의 길이가 아니라 성의 세로 길이가 그렇다는 얘기다. 동화 속의 성처럼 낭만적인 모습은 아니지만 중세로부터 지금까지 모습이 크게 변하지 않았고 별로 파괴되지도 않았으며, 2004년도에 주 정원박람회의 일환으로 정원도 복원해 놓은 성이다. 다만 지금 복원된 정원의 모습이 중세의 것과 일치한다는 보장은 없다.

이 성의 또 다른 특징은 긴 지형을 이용하여 성을 안에서 바깥쪽으로 다섯 번에 걸쳐 확장했다는 점이다. 그래서 도면에서 보는 것과 같은 기다란 형태가 된 것이다. 내성과 외성을 두어 성을 겹으로 감

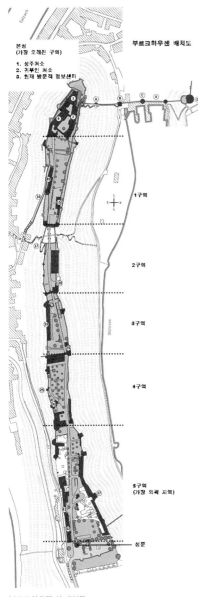

부르크하우젠 성 배치도

쌀 수 없는 지형이기 때문에 다른 방식을 적용했던 것이다. 앞에서 뒤로, 혹은 밖에서 안으로 들어가며 다섯 개의 성문을 통과하여야 비로소 본성에 도착할 수 있는 깊은 성이며 각 구역마다 하나씩 역할이 주어졌었다. 그리고 당연히 바깥에서 안으로 들어가며 사적인 성격이 강해진다. 성주는 가장 안쪽에 웅크리고 있었다. 다섯 개의 성문을 부수고 들어와야 성주를 어떻게 해 볼 수 있었기 때문에 적들이 상당히 피곤했을 것 같다. 그 덕에 외부로부터 적의 침입이 성공한 적이 없다고 한다. 다만 내부의 적은 어쩔 수가 없었던 것 같다. 15세기 말에 성주의 아들이 반란을 일으켜 아버지를 성의 감옥에 가두었다. 아버지는 결국 감옥에서 생을 마감했다고 한다.

이 기다란 성을 다 살펴보려면 책도 길어지게 될 것이므로 가장 안쪽의 장면만 살펴보려고 한다. 이 부분이 가장 오래된 것이기 때문이다. 부분 도면을 보면 끄트머리의 삼각형(1번)을 이루고 있는 건물이 있는데 여기가 공작의 처소였다. 건물 여러 개가 길게 연결된(2번) 곳이 공작 부인의 처

252

부르크하우젠 본성. 건
축물 대부분은 11세기
것이며 중앙의 교량만
이 1523년에 보수되었
다(출처: Alexander Z.).

오른쪽은 공작 부인 처
소. 왼쪽이 그레이트 홀
(출처: CTHOE)

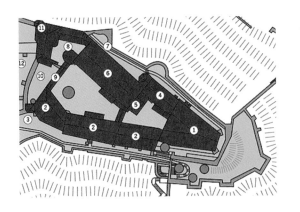

부르크하우젠 본성 배치도

소였다. 그 맞은편에 있는 단일 건물은 그레이트 홀이다. 여기서 마당을 지나 성문을 통과하면 작은 광장이 있다. 이 광장에서 왼쪽으로 방향을 잡으면 정원으로 들어가게 된다 (10번). 오래 전엔 이곳에 화원이 있었다고 한다. 그 오래 전이 대략 언제인지는 모른다. 다만 이 공간 자체가 처음 성이 지어졌을 때부터 '성 안'에 포함된 곳이었으므로 초기부터 정원이 있었을 것으로 짐작할 수는 있겠다. 지금은 관리가 어려워 화원을 복원해 놓지 않고 잔디밭에 나무 몇 그루 심은 정도에 그쳤다. 이 정원 역시 앞뒤로 성벽이 둘러싸고 있다. 결국 제일 앞서서 살펴 본 자바 성과 같은 구조인 셈이다.

지금까지 살펴 본 바에 의하면 중세 정원이라는 것이 바로크 정원처럼 실체를 잡을 수 있는 것이 아닌 듯하다. 특히 성에 속한 정원이 그렇다. 뒤에서 자세히 살펴보게 되겠지만 성의 정원은 바라보기 위한 것도 아니고 종교적 상징성을 가진 공간도 아니었다. 약간의 실용성이 남아 있었다고 해도 대체로 즐겁게 지내는 장소였다.

기사들의 가장 큰 즐거움은 토너먼트 즉 마상무술대회가 아니었을까 싶다. 열풍이 대단했던 것 같다. 지금의 축구나 야구에 견줄 만했다. 그런데 당황스러운 것이 토너먼트를 정원에서 열었다는 기록이 자주 보이는 것이다. 물론 무술대회를 개최할 수 있는 것은 신분이 아주 높은 귀족들이었으므로 성도 비교적 컸겠지만 성의 마당에서 무술대회를 했다는 것은 비현실적이다. 성 밖에 수렵원을 둔 경우가 많았기 때문에 큰 행사는 수렵원에서 치렀을 터인데도 '정원'에서 토너먼트를 했었다고 기록하고 있는 것이다. 이는 당시에 정원과 자연경관 사이의 개념 분리가 아직 확실치 않았다는 것을 뜻한다. 나무가 심겨져 있고 사람이 머물 수 있는 공간은 일단 정원이라고 불렀다. 보티첼리가 1487년에 그린 데카메론 삽화의 정원을 보면 중세의 분위기를 어느 정도 짐작할 수 있다. 숲 속에서 잔치를 하기 위해 앞부분의 나무

보티첼리, 보카치오 데카메론 삽화(1487년, 마드리드 프라도 미술관)

를 잘라냈고 뒷부분에 천막을 세웠다. 말을 타고 잔칫상으로 달려드는 기사의 모습은 판타지 산물이 아니고 실제로 벌어졌음직한 것이다.

　　그럼 당시에 가장 즐거움을 주었을 것 같은 토너먼트를 정원에서 하지 않았다면 어떤 즐거운 일들을 정원에서 했을까 라는 질문이 떠오른다. 물론 그것이 무에 그리 중요하냐고 할지 모르겠다. 그건 행위가 정원의 모습과 형태를 규정짓기 때문이다. 수도원 정원에서 이미 본 것과 같이 실용적 정원은 실용성에 의해 정원의 형태와 모습이 결정되었고 사분원은 그 상징적인 의미로 인해 형태와 모습이 결정되었다. 지금 문제가 되는 것은 중세 기사의 정원이 어떤 모습을 하고 있었는지 오리무중이라는 것이다. 우리가 가지고 있는 유일한 증거물은 알베르투스 마그누스의 설계도이다. 그것이 사실과 얼마나 부합했는지 일단 알아보아야 한다. 왜냐하면 설계도는 설계도일 뿐이기 때문이다. 그런데 위에서 살펴 본 세 개의 정원은 어느 것도 부합되지 않고 있다. 원칙을 세우기도 어려움을 알았다. 그렇다면 중세의 정원이 어떻게 생겼는가 하는 질문은 무의미한 것이 아닐까? 직선이었나, 곡선이었나, 기하학적이었나? 아니었나. 이런 질문들은 애초에 성립되지 않을지도 모른다. 형태를 잡을 수 없으면 의미라도 잡아야 한다. 그렇지 않으면 이 책을 쓸 이유가 없어지기 때문이다. 이 때 우리에게 도움을 주는 사람들이 있다. 시인들이다.

중세 전반기의 기사문학 - 이야기 속의 정원

중세 기사 정원의 진정한 매력은 문학 작품과의 관계 속에 있다. 문학 작품을 통해서 우리는 정원이 탄생하는 과정을 지켜볼 수 있고 정원의 의미를 짐작해 볼 수 있다. 정원의 실체가 잡히지 않기 때문에 어쩔 수 없이 문학 속으로 들어가야 한다. 그리고 거기서 뒤적거려야 한다. 왜 하필 문학이냐 하면 당시 문학 속에 정원에 대해 많은 말이 들어 있기 때문이다. 여기서 문학이란 서사시를 말한다. 산문체가 아직 쓰이지 않았던 시절이다. 영웅들의 모험담이나 사랑 이야기 등을 시로 써서 노래로 불러 들려주던 시대였다. 12세기 말부터 무훈시와 연애서정시가 풍미하기 시작했다. 그리고 그 속에서 정원이 이야기의 무대가 되어 묘사되고 있었다. 이 이야기들은 왕이나 제후들의 분부로 책으로 만들어졌다. 정성스럽게 필사한 것에 화가들이 삽화를 그려 넣었다. 삽화들은 이야기가 만들어진 동시대 것도 있었지만 대부분 백 년 혹은 이백 년 후에 책을 다시 필사하면서 새로 그려 넣은 것들이다. 복사기가 없었으므로 삽화 역시 다시 그려야 했던 것이다. 이야기는 12세기 것인데 그림은 14세기에 그린 것들도 있고 13세기의 이야기에 16세기 삽화를 넣은 것도 있다. 가장 많이 전해지고 있는 것이 16세기 이후의 그림들이다. 중세 전반부의 그림은 유아적인 면모로 인해 정원의 모습을 유추해 내는 것이 거의 불가능하다. 그러므로 중세 전반부의 정원은 이야기로 들어야 하고 후반부의 모습은 그림으로 살펴봐야 한다는 복잡한 상황이 되어버린 것이다.

그렇다면 무훈시나 연애서정시에 왜 그리 자주 정원이 등장했으며 왜 긴 세월동안 모습이 변하지 않았던 것일까.

기사 - 새로운 시대의 이념을 지탱한 역사의 주인공들

역사 속에서 각 시대마다 사회를 이끌어 가는 계층들이 있었다. 그런데 과연 어떤 계층이 기사들만큼 많은 신화를 남기고 시공을 초월하여 사람들을 설레게 할 수 있을까. 기사도의 특별함은 그들이 사회를 구성하는 하나의 계층이었으면서 그 계층 전체가 전설이 되었다는 점이

제프리 초서의 캔터베리 이야기에 등장하는 기사

신 의 정 원 , 나 의 천 국

다. 하나하나의 영웅은 많았지만 한 계층 전체가 슈퍼스타가 된 적은 그 전에도 그 후에도 없었다. 그들은 어쩌면 사람들 마음속에 깊이 잠자고 있는 이상적인 인간형에 가장 근접한 군집들일지도 모르겠다. 남자들에게는 저렇게 되었으면 하는 모습일 것이고 여자들에게는 저래주었으면 하는 모습일지도 모른다. 유럽 중세의 기사와는 아무 관계도 없는 한국에서 기사도 정신이라는 말이 일상에서 쉽게 흘러나오고 술자리에 가면 흑기사가 있다. 이제 다 얘기하지 않았나 싶으면 할리우드에서 또 다시 기사 영화를 만들어 낸다.

기사들이 이렇게 시간과 공간을 초월하여 사람들의 기억에 각인된 것은 그들의 삶이나 영웅적 면모 그 자체 때문이 아니었다. 문학이 그들을 영원히 로맨틱한 존재로 만들어 놓은 것이다. 지금 우리가 알고 있는 그들의 모습은 리얼리티와 기사 문학을 통해 창작된 모습이 혼합된 것이라 볼 수 있다. 기사가 단순히 말을 타고 창을 휘두르는 인물이 아닌 복합적인 존재가 된 데는 여러 가지 사회적 요인이 작용했다. 쉽게 말하자면 중세라는 시대가 힘을 모아 기사의 신화를 함께 만들어 갔다고 볼 수 있다. 그것

기사에 대한 가히 끝없는 찬사가 계속되는 캔터베리 이야기의 서문

이 필요했을 것이다.

　중세는 유럽을 무대로 전혀 새로운 시대를 만들어 가고 있는 중이었다. 교회와 수도원은 이념을 만들어 내는 창작실이었다. 이 이념과 개념들을 짊어지고 갈 주인공들이 필요했던 것이다. 그것이 기사들이었다. 기사들에게 중세가 필요로 했던 많은 이념들을 이입시켰던 것이다. 한 시대가 함께 창조하고 교육시키고 빚어낸 인물 군들이 기사들이었던 것이다.

　우선 전쟁이 있어야 기사가 있다. 기사들이 쓸모 있는 전쟁의 도구임을 군주들이 진작 알아봤다. 기사는 우선 말을 타고 일대일로 싸울 수 있어야 하는 것이 기본이다. 그렇지만 늘 그랬던 것은 아니다. 9세기에 고트족이 처음으로 보병 대신 기마 전사들을 전쟁의 핵심 세력으로 투입하면서 기사의 시대가 본격적으로 시작되었다. 갑옷으로 완전무장한 채 일렬로 말을 달리며 적을 몰아붙여 커다란 승리를 얻게 된 것이 계기가 되었다. 그 후 16세기까지 완전무장한 기마 전사, 즉 기사들이 유럽군의 척추가 된다.

　이렇게 처음에는 말을 타고 창을 휘두르는 게 전부였다. 그러다가 이들의 다른 쓰임새를 발견한 것은 수도원이었다. '창으로는 적을 무찌르고 방패로는 약자를 보호하는' 정의로운 사람들이 되어달라고 교회가 기사들에게 호소한 것이다. 그리고 기사들을 교육시키기 시작했다. 이백 년의 교육기간이 필요했다는 것은 이미 얘기했다. 그러다가 11세기가 되었다. 이 때 십자군 전쟁이 시작되었다. 이번엔 십자군 전쟁이 그들을 "그리스도의 전사"로 만들었다.

"기사도의 목적이 무엇인가? 교회를 보호하고 이방인들을 무찌르고 교회를 존중하고 가난한 이들을 보호하고 나라에 평화를 가져다주고 필요하면 형제들을 위해서 목숨을 버리는 것이다." 12세기의 한 철학자가 한 말이다.

마지막 구절, '형제들을 위해서 목숨을 버리는' 새로운 덕목을 가져다 준 것은 기사 문학이었다. 기사들에게 꽃을 꽂아준 것이다. 그리스도를 위해 용감하게 싸우고 약자를 보호하고 평화를 수호하고 의리를 위해 목숨을 버리는 기사도가 빚어진 것이다. 그런데 여기서 끝난 것이 아니다. 꽃에 향기가 빠질 수 없다. 기사들이 정서적인 면에서도 일조할 것을 기대한 것이다. 귀부인들을 보호하고 귀부인들에게 봉사하는 역할이 요구되었다. 바야흐로 기사와 귀부인들 간의 사랑의 시대가 시작된 것이다.

무훈담과 연애서정시

기사 문학은 크게 두 가지 유형을 가지고 있다. 무훈담이 하나이고 연애서정시가 둘이다. 무훈담이 먼저 시작되었고 연애서정시가 뒤를 이었다. 이들은 모두 기사 이야기이다. 시인들은 작가이며 작곡가이며 연주가이기도 했다. 이들은 기사의 신분이기도 했다. 그러다가 재능이 발견되면 아주 시인으로 정착하는 기사들도 생겼다. 바로 이런 특이한 상황이 소위 말하는 '궁정풍'이라는 사회 개념을 만들어 냈다.

한 기사가 있었네.
교육을 받고 책을 읽었네.

할 일이 없을 땐 시를 지었네.
즐거운 노래들을 열심히 만들었네.
그의 이름은 하르트만 폰 데어 아우에 였네.
그리고 그가 이 이야기도 만들었네.

카롤루스의 조카인 기사 롤랑. 롤랑의 노래라는 무훈시에서 비운의 영웅으로 그려진다. 그는 지금도 중세가 그대로 남아 있는 크베들린부르크의 시청사를 장식하고 있다.

이것은 하르트만 폰 아우에라는 유명한 기사 출신의 시인이 "이웨인"이라는 무훈시를 쓰면서 도입 부분에 쓴 것이다. 그는 나중에 시인으로만 평생을 살게 되고 그의 시는 지금 교과서에 실려 있다. 우리의 김소월 시처럼 학생들이 달달 외워야 하는 그런 시였다.

무훈시는 말 그대로 무용담을 노래한 거였는데 기사들이 모험을 통해 성장하여 사회를 지켜낼 수 있는 재목이 된다는 내용이고, 연애서정시는 이루어질 수 없는 애절한 사랑이 주제였다.

무훈시로 한국에서도 그 이름이 알려진 것은 아마도 "롤랑의 노래"일 것이다. 초기 작품 중 하나인데 롤랑은 카롤루스 대제의 조카였다. 사라센과의 전쟁에서 비운을 맞는다는 내용이다. 이 서사시는 내용보다 높은 문학적 수준으로 많은 사람들의 심금을 울렸었다.

기사들을 주인공으로 무훈시가 만들어진 것은 쉽게 이해할 수 있지만 왜 하필 기사들이 이루어질 수 없는 애절한 사랑을 해야 했으며 왜 그것이 또 한 시대를 풍미한 불멸의 주제가 되었던 것일까.

262

얼핏 보기에 무훈시와 연애서정시 사이에는 상관관계가 없는 것 같아 보이지만 그렇지 않다. 방법은 다르지만 무훈시나 연애서정시, 혹은 연가가 공통적으로 추구하는 것이 있다. 기사들의 성장이다. 무훈시는 모험을 통한 성장이고 연가는 사랑을 통한 성장이다. 그리고 종국에는 기사도와 사랑 사이의 균형을 찾아내는 데 초점이 맞춰져 있었다. 그러므로 무훈시에 사랑 이야기가 나오고 연가에 기사들의 이야기가 담겨있다.

　　연가는 사랑 이야기를 들려주기만 한 것이 아니라 사랑하는 여인에게 바치기 위해 지은 것들이다. 기사들이 직접 지은 것이다. 이 때 특이했던 것은 기사들이 이야기 속에서만이 아니라 실제로 사랑할 대상을 찾아야 했다는 것이다. 그리고 그 대상은 자신보다 신분이 높은 여인이어야 했다. 이미 결혼하여 남편이 있는 경우가 대부분이었다. 그 남편은 다른 사람이 아닌 왕이거나 제후거나 하여간 주인공이 충성을 맹세한 사람이다. 처음부터 성립될 수 없는 불가능한 관계를 만들어 놓고 이야기를 시작하는 것이다. 군주를 향한 불변의 충성심과 여인에 대한 사랑 사이에서 내면적인 갈등을 배운다. 이런 복잡한 심정을 품고 여인으로부터 다정한 눈 빛 한 번 받아보기 위해 무진 애도 써야 한다. 그 과정에서 기사는 내면적으로 성장한다. 그리고 충성과 사랑 사이의 균형을 찾아낸다. 바로 이것이 연애서정시의 관건이었던 것이다. 기사의 덕목 카탈로그가 점점 길어져 이제는 내면적인 성장까지 요구하게 된 것이다. 이는 위에서 말한 것처럼 한 시대가 기사라는 사회 지도층을 '교육' 시키는 데 필요했던 도구였다. 기사도의 여러 가지 덕목 중에서 가장 중요한 것이 용맹과 의리가 아니라 '중용' 이었던 것이다.

이 플롯의 모델은 그 유명한 란셀롯이다. 아서 왕의 일등 기사였으면서 둘도 없는 친구였던 란셀롯은 왕비에 대한 식을 줄 모르는 사랑으로 번민하며 끊임없이 방황하는 인물로 묘사된다. 여기서 알 수 있는 것처럼 기사 문학의 시작은 아서 왕 신화였다. 이미 앞에서 말한 바와 같이 아서 왕 이야기를 유행시킨 것은 프랑스의 크레티앙 드 트루아라는 시인이었다. 그는 1170년에 "에렉과 에니드Erec et Enide"라는 무훈시를 써서 아서 왕의 기사 에렉이 펼치는 모험담을 들려준다. 서사시가 그렇듯 소설 분량의 긴 것이었다. 십 년 후, 위에 짧은 시를 쓴 독일의 하르트만 폰 아우에가 에렉을 다시 썼고 1210년에는 "파르치팔"이 따른다. 역시 아서 왕의 기사 파르치팔이 성배를 찾는다는 내용인데 이는 문학사에 길이 남을 명작이라고 평가되고 있다. 이로부터 아서 왕의 성과 원탁의 기사는 성자 이야기나, 모험담, 에로틱한 연애담, 신화, 농화, 전설, 민화에 이르기까지 모든 유형의 이야기들을 엮어내는 산실이 되었다.

프랑스나 독일 왕국의 실제 모습과는 달리 이야기 속의 아서 왕국은 이상형의 왕국이었고 아서 왕은 완벽했다. 그와 기사들은 주종 관계가 아닌 깊은 우정과 신뢰로 묶여 있었다. 아서 왕의 이야기에 집요하게 매달린 것은 이것이 기사도 정신이 지배하는 이상형 사회의 설계도였기 때문이다. 무훈시에서 아서 왕 자신은 모험을 떠나지 않는다. 성에서 원탁을 지키며 기사들을 세상으로 내보낸다. 그의 기사들은 차례로 모험을 마치고 성숙해져서 왕에게로 다시 돌아온다. 대개 이런 플롯이다. 아서 왕은 왕이 아닌 완벽한 사회를 상징하는 거였기 때문에 움직이면 그림이 망가질 수 있었다. 완벽한 채로 자리를 지켜

주는 것이 그의 역할이었다. 아서 왕과 원탁의 기사로 대표되는 모든 무훈시의 상징성은 지대한 영향력을 발휘했다. 그래서 이야기가 역으로 실제 기사들의 삶에 변화를 주었던 것이다.

그러면서 왕을 비롯한 궁정의 모습이 달라지기 시작했다. 아서 왕의 궁은 의리와 신뢰와 명예와 중용이 지배하는 세상이었다. 그의 궁 카멜롯은 무한히 아름다웠고 그 궁의 여인들은 모두 선녀 같아서 무한한 사랑을 바칠 수밖에 없는 존재들로 묘사되었다. 궁정 법도도 세련되었었다. 이런 이야기들이 실제 궁정의 모습을 변화시키기 시작한 것이다. 이런 변화 역시 프랑스에서 먼저 시작되어 전 유럽으로 확산되었다. 수도원의 영향으로 신앙심과 금욕을 강요받았던 귀족들이 문화와 예술 그리고 우아한 궁정의 법도와 예절을 새로운 라이프스타일로 받아들였다. 프랑스에서 소위 '궁정풍courtoisie/courtesy' 이라는 게 형성되기 시작했다. 외모부터 다듬었다. 남자들이 머리를 기르고 면도를 했다. 옷이 화려해지기 시작했다. 우아한 동작들, 깍듯한 예절. 이것이 영국으로 먼저 전달되고 이탈리아를 거쳐 마침내 독일에도 도착한다. 문화의 전달 루트는 다양했다. 알베르투스 마그누스 같이 떠돌며 강의하던 학자들, 상인들, 순례자들이 있었고 가장 확실했던 것은 귀족 간의 혼인이었다. 독일에 프랑스의 앞선 문화가 전달된 것이 11세기 중반 프랑스의 아그네스 공주와 독일의 황제 하인리히 3세가 혼인하면서부터였다. 왕비가 혼자 올 리가 없다. 왕비를 따라 온 프랑스 귀족들의 세련된 의상과 에티켓이 독일 황실을 놀라게 한 것이었다.

식사 문화도 달라졌다. 아서 왕의 원탁을 본 따 왕과 기사와 귀부인들이 원탁에 같이 앉아 식사를 했다. 식사 중에 대화가 오가고 식사가 끝나면 기사들이 노래를 지어 부르거나 시인들의 노래에 귀를 기울였다. 그러면서 기사나 귀부인에게 모두 정숙하고 지고지순한 사랑, 영원한 맹세와 신의 그리고 명예라는 덕목이 요구되었다. 이것이 중세 황금기 유럽 궁정의 모습이었다.

현대적 정서로는 이해하기가 좀 힘든 대목인데 기사가 귀부인을 모시고 존중하는 방법이 바로 '구애' 하는 것이었다. 여인들의 에티켓은 이를 거절하는 거였고. 몇 번 거절해야 법도에 어긋나지 않았는지는 모르겠다. 이렇게 거절당하다가 마침내 허락을 받으면 그 때부터 그 여인의 기사라는 호칭을 쓸 수 있었다. 그것이 전부였다. 영원한 사랑과 충성을 맹세하고 이젠 토너먼트, 즉 마상무술시합에서 공공연히 그녀의 이름을 걸고 싸울 수 있는 거였다. 토너먼트는 실제로 중세에서 몹시 중요하게 여겼던 행사였다. 전쟁이 늘 있는 것도 아니었고 사회가 자리 잡히면서 지금의 월드컵 수준으로 번졌던 것 같다. 토너먼트 전문 기사들이 생겨났다. 그리고 토너먼트에 참가할 때 여인의 이름을 걸고 나갔던 것이다. 사랑의 힘으로 승리한다고 했다. 무훈시에서 기사들이 수없이 하는 말이다. 한 여인을 사랑하는데 그 여인의 이름을 걸고 토너먼트에 나가지 않으면 사랑이 성취되지 않은 것으로 여겼었다.

여기서 사랑이라는 용어에 개념 분리가 생긴다. 인간적 본능을 따랐던 서민들의 사랑과 차별하기 위해 '궁정풍 사랑' 이라는 새로운 말을 만들어 냈다. 프랑스에서는 Amour courtois이고 영국에서는 Courtly love였으며 독일에서는 민네minne라고 했다. 이 민네는 꼭 여인을 향한 감정만은 아니었다. 왕에게 혹은 동료에게 다 해당하는 "사랑과 존중"이었다. 적어도 처음에는 그랬다. 그러나 물론 여인에 대한 사랑이 궁정풍 사랑의 핵심을 이루었다. 여인에게 구애하는 것을 삶의 내용으로 삼는 로맨틱한 인생관이 새로 탄생한 것이다. 이 인생관은 특히 피가 더운 이탈리아나 스페인 등지에서 뜨거운 호응을 받았다. 그것이 후에 라틴 아메리카로 건너갔다는 사실을 20세기 콜롬비아의 마르케스가 쓴 소설에서 확인할 수 있다. 그는 "사나이가 사는 목적이 무엇인가. 오로지 사랑이다. 진정한 사랑을 하지 않으면 사나이라 할 수도 없다." 이렇게 말하는 것이다.

중세의 연애서정시 열풍 또한 대단했다. 토너먼트와 엮여 있어서 더욱 그랬을 것이다. 이제는 기사들 뿐 아니라 승려와 철학자들도 사랑의 시를 짓기 시작했다. 당시의 상황은 울리히 폰 리히텐슈타인

13세기 시인들의 전기를 모두 모아놓은 책에 울리히 폰 리히텐슈타인의 전기도 포함되어 있다. 토너먼트에 나갈 때 한껏 장식을 하고 때로는 변장도 했다고 한다. 이 그림은 시인기사 울리히가 당시 순정을 바치던 귀부인을 위해서 비너스상까지 투구에 얹고 등장하는 장면이다.

토너먼트 장면(13세기 그림)

토너먼트 장면(13세기 그림)

알람 토너먼트가 끝나고 우승한 기사가 귀부인에게 화관을 받는 장면(13세기)

(1227~1274)이라는 기사가 자서전을 남겼기 때문에 소상히 알려져 있다. 몇 년 전에 상영되었던 〈기사 윌리엄〉이란 영화가 바로 이 기사 울리히를 모델로 삼은 것이다. 실존했던 기사 울리히는 어려서부터 시인기사가 될 꿈을 품고 교육까지 받는다. 전쟁에 나간 적은 없었다. 그가 살아있는 동안 주변에서 전쟁이 일어나지 않았던 것이다. 그의 무술 실력은 토너먼트에서 사랑하는 여인에게 바치기 위해 갈고 닦은 것이다. 그리고 수도 없는 시를 써서 여인에게 바친다. 그 여인이 누구였는지 진정 사랑했는지 이런 것은 중요하지 않았던 것 같다. 그의 시집은 지금도 전해지고 있고 문학적으로 상당히 중요하게 평가되고 있다. 이렇게 이름과 작품이 남아 있는 중세의 시인과 시인기사들만 해도 사백 명이 넘는다. 그리고 그 시들을 엮은 시집만도 수백 권에 이른다. 열풍이 어느 정도였는지 짐작할 수 있을 것이다. 그리고 영화에서 기사 윌리엄과 우연히 만나 족보도 만들어 주고 토너먼트에서 윌리엄을 멋지게 소개하는 시인이 한 명 나온다. 그가 바로 영국 문학의 아버지라 일컬어지는 제프리 초서이다.

성性이 배제된 정숙한 사랑이 연애서정시의 덕목이었지만 시간이 흐르면서 여기에도 변화가 왔다. 장르가 세분화된 것이다. 지고

신 의 정 원 , 나 의 천 국

지순한 궁정풍의 연가는 본래 기사 혼자 부르던 노래였지만 이제 귀부인의 화답시도 나오고, 남녀가 번갈아 가며 독백을 하는 시들이 생겼으며 알레고리 풍도 나왔다. 알레고리 풍은 두 사람이 대화하는 형식으로 꾸며진 것인데 남녀가 직접 대화를 나눌 수 없으므로 여자 쪽은 어떤 개념을 잡아서 의인화 시켰다. 이 때 주로 꽃을 의인화해서 꽃과 대화하는 방법을 많이 취했다.

그런 한편 선정적인 노래도 많이 만들어졌고, 시골처녀 연가, 새벽 연가, 십자군 연가 등으로 세분화되어 갔다. 시골처녀 연가는 기사나 승려들이 순진한 시골처녀에게 반해서 따라다닌다는 플롯이고 새벽 연가는 로미오와 줄리엣처럼 달콤함 밤을 함께 보내고 연인들이 새벽에 부르는 이별의 노래다. 그리고 이스라엘로 떠나면서 마리아를

1561년 뮌헨에서 열린 토너먼트 장면(동시대에 제작한 동판화), 이때는 중세가 이미 끝난 지 오래되었음에도 토너먼트는 계속 열렸다. 이미 도시가 많이 발달한 후였으므로 도시 광장에서 개최했다.

찬미하며 승전을 기원하는 것이 십자군 연가다. 그러나 지고지순풍의 연가는 그대로 살아남아 훗날 독일의 가곡이 된다.

이런 변화과정을 가장 잘 나타내주고 있는 것이 "장미 설화"이다.

장미 설화의 이중구조

장미 설화는 13세기에 발표된 프랑스의 궁정풍 연애시이다. 이 이야기로 프랑스 문학에 새로운 전성기가 마련되었다고 높이 평가되는 작품이다. 내용은 한 청년의 꿈 이야기이다. 꿈속에서 아름다운 장미 한 송이에 반해서 사랑에 빠진다. 장미를 꺾으려다가 온갖 모험에 휘말린다. 그러나 모든 어려움이 극복되고 결국 소원하던 장미를 얻게 된다는 스토리이다. 여기서 장미가 여인을 상징히는 것은 말할 필요도 없을 것이다. 장미 설화는 스토리보다 이야기의 구성이나 전개과정, 문학적 기법 등이 뛰어난 작품이었고 본의 아니게 두 명의 작가에 의해서 탄생한 것이라는 특이성으로 당시에 베스트셀러가 되었었다.

이야기는 두 부분으로 나뉜다. 1235년경에 기욤 드 로리스라는 기사며 시인이 시작했다가 끝을 맺지 못한다. 그 이유는 확실치 않다. 갑자기 죽었기 때문이라는 설도 있지만 살아 있었는데 일부러 끝내지 않았다는 소문도 돌았다. 그리고 사십 년 후 장 드 묑이라는 사람이 뒷부분을 써서 이야기를 마친다. 두 부분은 서로 성격이 판이하게 다르다. 후반부를 쓴 장 드 묑이 원작자인 기욤의 작가적 의도와는 전혀 다른 방향으로 이야기를 끌고 갔기 때문이다. 전반부, 즉 기욤이 쓴 부분은 연애서정시의 전통에 충실하게 이야기를 진행시킨다. 지고지순한 사랑, 여인 숭배, 친구간의 의리, 명예 이런 가치관들이 바탕이 되고 있다. 그 반면에 장 드 묑은 날카롭고 비판적인 필치로 시대의 초상화를 그리며 지고지순한 사랑은 없다는 논지를 펴고 있다. 궁정풍 사랑을 정면으로 부정하고 자연스러운 사랑을 주장한다. 그 와중에 여성비하적인 발언을 했다가 나중에 톡톡히 곤욕을 치르게 된다. 수 세기 동안이나. 그의 오명이 벗겨진 것은 20세기 후반에 들어와서의 일이다.

장 드 묑의 작품은 다른 관점에서 높은 평가를 받고 있다. 스토리 전개는 뒷전으로 밀어두었지만 어마어마한 철학적, 자연과학적 지식을 피력하고 있고 정확한 시대 묘사와 삶에 대한 통찰력을 보여주고 있기 때문이다. 그는 왕과 귀족으로 이루어지는 신분사회로부터 교회와 승려들이며 결혼제도까지 모조리 비판대에 올린다. 종교재판의 손길이 미치지 않았기에 망정이지 완전 화형 감이었다. 장미 설화는 전후 합쳐서 거의 2만 2,000행인데 그 중 4,000행을 기욤이 나머지 1만 8,000행 정도를 장 드 묑이 썼다. 분량으로 보아서도 대하소설이다. 그 중 대부분을 장 드 묑이 쓴 것이니 얼마나 수다스러웠는지 짐작할 수 있을 것이다.

물론 문학적 고찰도 흥미롭지만 우리에게 중요한 것은 장미 설화의 두 부분이 시대적 가치관의 변화상을 역력히 반영하고 있다는 점이고 이것이 정원 개념의 변화에도 영향을 미치고 있다는 사실이다. 소르본느에서 교육을 받고 엄청난 독서를 통하여 지식을 축적한 장 드 묑의 시각은 시대를 앞선 것이어서 한 세기 후, 즉 14세기 말에 새롭게 토론의 대상이 되었을 뿐만 아니라 지금까지도 지속적인 분석의 대상이 되고 있다. 두 작가의 생애에 대해서는 정확한 것이 알려지지 않

았다. 장 드 묑은 성직자였다가 기사가 되었다는 소문도 있고 여러 이
야기가 떠돌지만 확실한 것은 없다.

중세 후기, 즉 15세기부터 궁정풍의 문화가 독점권을 잃기 시
작했다. 파리 등 도시를 중심으로 지식층과 시민계급이 문화에 동참하
기 시작했던 것이다. 이즈음엔 프랑스가 세력을 확장하던 시기였다.
중세의 가장 뛰어난 왕 중 하나였다고 평가되는 루이 9세가 통치하던
시절이었다. 동쪽으로 그리고 남쪽으로 영토를 넓혀갔다. 서쪽, 즉 노
르망디에서 늘 분란을 야기했던 영국도 일단 견제하였다. 그리고 찾아
온 평화시대에 많은 일들이 일어났다. 처음으로 화폐가 만들어졌고 도
시의 행정과 법정이 귀족들의 손에서 시민들의 손으로 넘어가기 시작
했다. 관료와 법률가라는 새로운 직업이 생기고 시장경제가 물물교환
을 대체했다. 장미 설화가 완성될 무렵 기사 문학이 절정에 이르렀지
만 동시에 서서히 하강할 조짐이 보였던 것이다.

그리고 한 편으로는 도미니코 수도회와 프란체스코 수도회가
영향력을 키우기 시작했다. 특히 무소유를 표방한 프란체스코 수도회
는 왕의 비호를 받고 파리의 대학가를 중심으로 많은 동조자들을 포섭
했다. 금욕과 경건 중심의 신앙이 새로운 화두로 대두되기 시작했다.
루드비히 9세는 후에 성자의 칭호를 받았을 만큼 신앙심이 돈독하였
고 승려처럼 검은 옷을 입고 다녔다고 한다. 이 때 말하자면 후세에 이
름을 떨치게 될 교회의 '감시' 가 시작되었던 것이다. 거리낌 없이 즐
길 줄 알았던 중세적 삶의 에너지와 경건한 종교성이 날카로운 대립각
을 이루기 시작했다. 노트르담의 꼽추가 종을 울릴 때가 되었던 것이
다. 불과 사십 년 차이지만 기욤이 살았던 세상과 장 드 묑이 살았던 세

상은 많이 달라져 있었다.

　　장미 설화는 이런 상황 속에서 정원을 도시 속의 '격리된 공간'으로 묘사하고 있다. 주인공은 스무 살의 청년인데 어느 맑은 5월에 교외로 나갔다가 높은 담으로 둘러싸인 정원을 보게 된다. 이 정원에 들어가고 싶어 문을 찾는데 문이 잠겨있다. 문을 두드리니 아름다운 여인이 나와서 문을 열어주고 친절하게 안내도 해 준다. 이 여인은 '한가함'이라는 개념이 의인화된 인물이다. 이 여인뿐 아니라 주인공을 제외하고는 모두 이런저런 개념들이 의인화되어 등장한다. 특이한 것은 정원 속에는 긍정적인 개념들만이 존재한다는 것이며 부정적인 개념들은 정원 밖에 두고 들어왔다는 것이다. 무슨 말인가 하면, 정원 담의 바깥 면에 그림이 그려져 있는데 이들은 혐오, 사악, 인색, 탐욕, 질투, 슬픔, 늙음, 위선과 가난이라는 부정적인 개념들이 각각 의인화된 것들이었다. 기욤은 이 개념들을 정원 밖에 둠으로써 정원이 낙원이고, 선한 것이며 순수한 사랑이라는 것을 강조하고 있는 것이다. 그에 반해 장 드 묑이 쓴 파트에서는 탐욕, 질투, 늙음, 위선 이런 것들을 정원 안으로 끌어들인다. 그리고 그는 이렇게 말한다. 궁정풍 사랑은 위선이다. 정숙한 사랑? 영원의 맹서? 웃기지 마라. 자연이 준 그대로 사랑하라. 지상에 있는 '즐거움의 정원'은 너희들을 절대로 파라다이스로 인도하지 않을 것이다. 파라다이스로 가려거든 본능대로 사랑하라. 그리고 번성하라. 이렇게 말을 했다. 그가 말하는 지상에 있는 즐거움의 정원이란 알베르투스가 말한 정원일 것이고 장 드 묑은 지상에 아무리 꽃을 심고 물을 줘도 결코 파라다이스가 될 수 없다고 비웃고 있는 것이다. 파라다이스는 정원이 아니다. 사랑이 곧 파라다이스다.

14세기 장미 설화의 바티칸 판본 삽화들(바티칸 소장). 왼쪽 그림부터 순서대로. 첫 장면: 주인공이 꿈을 꾸고 있다. 두 번째 장면: 정원에서 샘물을 들여다보고 나르시스를 발견하는 장면. 자아발견, 사랑의 발견을 상징한다. 세 번째 장면: 장미를 꺾는 모습

그렇게 말하고 있는 것이다. 장 드 묑의 영향이었는지 확인할 길은 없지만 15세기부터 '사랑의 정원'이란 제목의 그림이 등장하기 시작했다. 그런데 여기서 말하는 사랑은 궁정풍의 사랑도 아니고 신의 사랑도 아닌 세속적인 쾌락을 의미한다. 사회의 문란함을 '사랑의 정원'으로 풍자했던 것이다.

여기서 확인할 수 있는 사실이 몇 가지 있다. 우선 당시에 실제로 정원을 '즐거움의 정원'으로 불렀다는 사실이다. 이는 장미 설화뿐 아니라 다른 시인들의 이야기에도 수없이 등장하는 개념이다. 둘째로는 이 즐거움의 정원은 궁정풍의 삶을 영위하던 사람들의 정원이었다는 점이다. 정숙한 사람들이 정숙하게 '즐거워' 하는 정원이다. 여기서 정원 개념이 '즐거움의 정원'과 '사랑의 정원'으로 분리된 것이다. 그

신 의 정 원 , 나 의 천 국

리고 '파라다이스 정원' 이 같이 따라붙는다.

우리는 정원을 파라다이스와 동일시 여기는 것에 익숙한 나머지 이 개념이 늘 존재했었던 것으로 생각하고 있다. 그런데 그렇지 않다. 중세에 파라다이스란 개념은 존재했지만 정원보다는 하늘나라의 상징으로 주로 쓰였다. 그런데 사랑의 정원이라는 개념이 등장하면서 파라다이스 '정원' 이 같이 따라나선 것은 사랑의 정원, 즉 문란한 정원의 감시자로 교회에서 내보낸 것이다.

이것은 상당히 중요한 사실이다. 우선 당시 사회 분위기가 경건주의로 흘러가면서 남녀 간의 애정을 문란한 것으로 비판하기 시작했다는 것이고 그 보다 우리에게 더 중요한 것은 정원이 정원이 아니라 교화를 위한 도구, 즉 알레고리로 쓰였다는 점이다. 그러니까 이 시기에 쓰였던 '사랑의 정원' 과 '파라다이스 정원' 은 실제 정원과는 아무 관계도 없는 거였다.

중세에는 감정이나 사물을 직접적으로 표현하지 않고 상징물을 들이대거나 아니면 다른 것을 끌어다 대신 표현하게 하는 습성이 있었다. 이것은 비유법이 아니다. "이것이 저것과 같다"가 아니라 "이것은 저것이다"라는 거였다. 중세는 비유법을 몰랐다. 그래서 "당신은 꽃처럼 아름답습니다"라고 하지 않고 "당신은 꽃입니다"라고 했었던 것이다. 알레고리를 이해하지 못하면 중세를 오해하기 쉽다. 그러니까 파라다이스 정원은 '파라다이스와 같은 정원'을 표현한 것이 아니라 '순수한 사랑'이라는 뜻으로 쓰였던 것이다. 이와 마찬가지로 사랑의 정원은 실제로 정원에서 문란했다는 말이 아니라 '성적 문란'이라는 개념을 그렇게 표현한 것이다. 다시 말하면 이렇다. 정원 안에 두 남녀가 앉아 있는 장면은 '사랑'이라는 단어와 동일한 것이었다. 일종의 상형문자인 것이다. 그렇다고 두 남녀가 같이 있는 것만으로는 아직 사랑이 되지 않는다. 이 둘은 남매일 수도 있고 사돈지간일 수도 있다. 그런데 '정원'에 두 사람을 집어넣고 꽃이나 열매, 분수 등을 그려 넣으면 이것은 '사랑'이 된다. 하트를 하나 그렸으면 간편했을 것을 왜 그리 복잡하게 했을까. 하트 등의 '신체기관'은 본래 상징으로 잘 쓰이지 않았다. 식물이나 동물 등 자연요소에서 상징성을 많이 찾았었다. 게다가 중세의 하트는 '그리스도'였다. 하트가 사랑이 된 것은 훨씬 후세의 일이다.

그러므로 이 그림들을 보면서 중세 정원의 모습을 재현하려고 하는 것은 무리일 수밖에 없다. 왜냐하면 아이들이 비가 오나 눈이 오나 하늘을 파랗게 그리는 것처럼 그림에 그려져 있는 정원들은 거의 도식화되어 있기 때문이다. 이것이 알베르투스 마그누스의 정원이 중요한 이유이다. 그는 정원을 알레고리로 이용한 것이 아니라 리얼한 정원을 설계했기 때문이다. 그렇다고 해서 시인과 화가가 묘사한 정원이 모두 상상의 산물이라는 것은 아니다. 물론 실제로 있는 것들을 모델로 삼았을 것이다. 그리고 그 중에서 몇 몇 요소를 끄집어내어 이를 다시 조합해서 화폭의 규격에 맞는 정원을 만든 것이다. 그 요소들은 울타리, 나무, 꽃이 피어있는 풀밭, 잔디벤치, 그리고 물, 즉 샘물이나 분수다. 이들을 조합해서 화폭에 그려보면 비슷비슷한 그림이 나올 수밖에 없다. 그리고 나중에 보게 되겠지만 무엇을 말하고자 하는 가에 따라서 한 요소를 유독 과장하거나 강조해서 그렸다. 마치 주어진 몇 개의 알파벳으로 단어를 조합하는 것과 같은 거였다. 중세의 그림이 사실적이지 않은 이유가 여기 있다. 눈에 보이는 것을 그린 것이 아니라 '의미'들을 그린 것이기 때문이다. 그림이 그 자체로서 중요했던 것이 아니라 언어의 보조 역할을 했던 것이다.

이렇게 특정한 개념을 묘사하기 위해 특정한 요소를 가져다 쓰는 것은 서사시도 크게 다르지 않았다. 서사시에서도 이야기 전체가 알레고리가 되는 경우가 많았다. 무훈시 에렉을 보면 '마법의 정원'이 나온다. 여기서 에렉은 희한하고 신비한 경험을 많이 하게 된다. 그리고 이곳을 지키는 검은 기사를 죽이고서야 간신히 빠져나온다. 이 정원은 아무리 아름답게 묘사되었다고 하더라도 실제 정원과는 아무 상관이 없다. 에렉의 삶과 모험, 과거와 현재와 미래를 모두 집약한 이력서와 같은 것이기 때문이다. 그러므로 이 마법의 정원에 아무리 관심이 가더라도 우리는 이 정원에 눈길을 주지 말고 떠나야 한다.

시_詩로 보는 정원 - 로쿠스 아모에누스의 귀환

로쿠스 아모에누스 locus amoenus

황금기라는 말이 있다. 여러 가지 뜻을 가지고 있지만 잘 먹고 잘 사는 시대나 전성기라는 뜻으로 가장 많이 쓰인다. 어찌 보면 잘 먹고 잘 사는 시대가 황금기의 본래적 의미에 가장 근접한 것일 수 있다. 본래적 의미에서 황금기란 고대에 여러 철학자가 설명했던 개념으로 최초의 인간들이 살았던 시대를 말한다. 그래서 사람에 따라 황금 '세대' 라고 말하기도 한다. 여기서 최초의 인간은 에덴의 아담과 이브를 말하는 건 아니지만 어딘가 흡사한 점이 있기는 하다. 요지는 아주 오래 전, 지금의 문명이 생기기 이전에, 사람들은 아주 평화로운 시대를 살고 있었다는 것이다. 전쟁도 없고 범죄도 없으며 자연이 주는 것만으로 충분히 먹고 살았던 세상이었다. 그때는 사람들이 신과 좋은 관계를 유지하며 살았다. 땅이 부족함 없이 먹을 것을 주었기에 농사도 지을 필요가 없었다. 늙지도 않았다. 몸은 늙지 않지만 마치 잠드는 것처럼 죽었다. 그러다가 이 세대가 모두 사라지고 신이 다음 세대의 사람들을 만들었는데 이들은 황금기의 사람들만 못했다. 그래서 은기라고 했다. 이런 식으로 사람들이 점점 하락하게 된 것이며 고대에 이미 바닥을 친 상태였다고 했다. 그러나 한 가지 희망적인 것은 언젠가 황금기가 다시 온다는 거였다. 이런 이야기는 인도에도 있다. 네 개의 시대를 나누어 그것이 순차적으로 나타나며 끊임없이 윤회한다는 전설이다.

유럽에서 처음 이 이론을 내놓은 것은 기원전 7세기 혜시오드라는 철학자였다. 그 후 여러 학자들이 여러 가지 설을 내놓았고 지금까지도 이 이론은 철학자들과 점성술가, 예술가들을 긴장시키고 있다.

이를 모티브로 해서 수많은 문학과 예술작품이 만들어졌음은 물론이다. 그런데 철학자들이 설명할 때는 그런 문제가 없지만 시인들과 화가들이 황금기를 표현하려면 쉬운 일이 아니다. 그림이 필요한 것이다. 그 때 참 좋았다가 아니라 그 때의 모습은 이러이러 했다고 구체적으로 묘사해야만 했다. 두 가지 장면이 주로 그려졌다. 하나는 강가 혹은 바닷가의 경관이었는데 나일 강변의 모습을 본 뜬 것이었다. 또 하나는 평온한 풀밭에 양과 양치는 목동들이 있는 정경이었다. 이것이 나중에 소위 영국의 풍경식 정원이라는 것을 만들어 낸 근거가 된다. 그러나 그 전에도 이미 여러 번 모방되었었다.

고대 후기의 어지럽고 불안한 사회 분위기 속에서 사람들은 황금기의 도래를 기다렸다. 지금이라면 황금기가 다시 온다는 말에 웃고 말겠지만 당시에는 심각했었다. 마치 주문이라도 외우는 것처럼 많은 양의 시와 그림이 쏟아져 나왔다. 황금기 그림을 묘비명에 그려 넣기도 하고 교회의 부조장식에도 슬쩍 끼워 넣기도 했다. 그러면서 어느 틈에 이런 장면들을 로쿠스 아모에누스locus amoenus라고 부르기 시작했다. "사랑스러운 곳" 이라는 뜻이다. 그러면서 이 사랑스러운 곳이 하나의 그림으로 고정되기 시작했다. 아름다운 나무들이 둘러싸고 있는 곳, 시원한 그늘에 샘물이 흐르고 융단 같은 풀밭이 펼쳐져 있는 곳, 풀밭에는 꽃이 향기롭고 사방에서는 새소리가 들려오는 곳. 이것이 "사랑스런 곳" 의 모습이 되었던 것이다. 고대 로마의 귀족들이 정원을

로쿠스 아모에누스가 이런 곳이었을까? 왼쪽은 클로드 로랭의 그림 (1657년, 드레스덴 갤러리 소장)

만들 때 당연히 이 모티브를 본 땄을 것이다. 그래서 그들은 정원을 로쿠스 아모에누스라고 불렀다. 그러다가 고대 로마가 사라져 버렸다. 게르만족들이 휩쓸고 지나간 자리에 로쿠스 아모에누스는 없었다.

그 빈자리를 수도원의 약초원이 채웠다. 채소밭이 채웠다. 나무 정원, 즉 묘지가 만들어졌다. 로쿠스 아모에누스에 대한 기억도 희미했다. 정원은 이제 실용 정원으로 이해되었다. 파라다이스도 있었지만 이는 상징적이고 추상적이었다. 정원 개념이 극과 극이 되었다.

그러다 로쿠스 아모에누스를 다시 기억해 낸 사람이 있었다. 스페인의 성聖 이시도르(~636)였다. 그는 세빌랴의 주교였는데 고대의 지식을 모으고 정리하여 중세에 전하는 데 크게 기여한 것으로 평가받고 있다. 성 이시도르는 당시 온 세상의 지식을 모아 신학과 결합시킨 것을 정리하여 스무 권의 책으로 내놓았다. 고대문화와 신학에 대한 백과사전이었다. 이 책들은 곧 전 유럽으로 퍼져 수도원에서 열심히

복사되었다. 그 수도사들 중에 다음 한 구절을 유심히 읽은 사람이 더러 있었을 것이다. "로쿠스 아모에누스는 농사 등의 실용적인 목적으로 쓰이지 않고 오로지 사랑을 위해서 있는 장소이다." 애초에 이 정의를 내린 것은 로마의 한 문법 학자였다. 그것을 성 이시도르가 '수집'하여 그의 백과사전에 넣었다. 그 후에도 백과사전이 편찬될 때면 로쿠스 아모에누스는 똑같이 설명되었다. 사랑을 위해 있는 장소. 학자들은 용어를 설명하기는 했지만 그 사랑을 위한 장소가 어떻게 생겼는지는 말하지 않았다. 그건 시인들의 몫이었다. 우리의 무훈시와 연가를 지은 시인들이 바로 로쿠스 아모에누스의 달인들이었다.

무훈시와 연애시 속의 로쿠스 아모에누스

중세의 무훈시에 아서 왕만 모델을 섰던 것은 아니다. 알렉산더 대왕이며 트로이 전쟁 등 역사적 사실들을 다시 불러들여 이야기를 만들기도 했었다. 그 중 프랑스의 '브느와' 라는 작가가 1165년에 "트로이 이야기"를 써서 선풍적인 인기를 끌었던 적이 있다. 이야기 중에 파리스의 판결이 벌어지는 장면이 있는데, 장소는 커다란 나무 아래였다. 이 나무는 넉넉히 그늘을 던졌고 나무 아래에는 샘물이 있었으며 이 샘물에서 시원한 개울이 흘러나왔다. 이런 장면은, 거기다 풀밭에 피어 있는 꽃들과 새들의 노랫소리를 보탠다면 거의 모든 서사시에 반복되어 등장한다. 고대의 장면을 노래한 중세의 서사시 속에 고대의 로쿠스 아모에누스가 귀환한 것이다.

영웅 디트리히가 있다. 그는 벌써 5일째 말을 달리고 있다. 끝없이 깊은 숲과 늪과 험한 골짜기를 지나야 한다. 그러다가 마침내 바닷가에 도착한다. 바닷가에는 거대한 절벽이 위협적으로 서 있고 검은 파도가 밀려오고 있다. 그 파도 속에서 사탄이 부르짖는 소리가 들리는 것도 같다. 이 때 디트리히는 거기서 멀지 않은 곳에서 로쿠스 아모에누스를 발견한다. 커다란 피나무 한 그루가 그늘을 드리우고 서 있다. 나무 주변으로는 풀밭이 펼쳐져 있다. 풀과 꽃이 허리까지 자라고 있고 장미와 클로버가 달콤한 향을 풍긴다.

이와 유사한 장면을 불멸의 사랑 이야기 트리스탄과 이졸데에서도 볼 수 있다. 트리스탄과 이졸데, 두 젊은 연인들은 어두운 숲 속을 헤맨다. 벌써 이틀째다. 그러다가 숲이 밝아지는 곳에서 작은 동굴을 발견한다. 동굴 앞에는 피나무가 세 그루 서 있다. 그리고 그 옆에선 샘이 솟고 있다. 물론 푸른 풀밭이 있고 향기로운 꽃들이 가득하다. 산들 바람이 불어오고 어디선가 지지배배 새소리가 들려온다. 이 때 트리스탄은 바로 하루 전에 지나온 위험스런 곳을 떠올린다. 거긴 짙은 숲과 높은 절벽만 있어 범접할 수 없었는데 여기는 낙원이구나라고 노래한다.

위의 두 얘기에서 로쿠스 아모에누스를 의식적으로 위협적인 경관과 대비시켜 놓음으로써 '사랑스런 곳'이 아늑한 보금자리로 다가오게 만든 것이다. 디트리히는 세상에 당할 자가 없는 힘센 영웅으로 묘사되고 있다. 게르만족의 신 테오데리히의 변신인 것이다. 이런 디트리히로 하여금 클로버와 장미가 피어 있는 장면을 보고 기쁨의 환호를 지르게 하는 것. 그게 로쿠스 아모에누스다. 이들은 그런데 우리가 생각하는 정원이 아니다. 자연 경관의 일부일 뿐이다. 그렇다면 디트리히 왕이 나중에 자기의 성에 이런 정원을 만들었을까? 로마 사람들은 그렇게 했었다. 시인들이 읊은 로쿠스 아모에누스를 화가들이 그림으로 옮겼고 귀족들이 그 그림과 같은 정원을 만들었다. 나중에 수백 년이 더 지난 다음 영국에서 똑같은 일이 벌어졌다. 중세 사람들은 어떻게 했을까? 그들도 그렇게 하지 않았을까?

지금의 눈으로 보면 이상향의 그림이 단순해 보인다. 어떤 무훈시를 보거나, 연가를 듣거나 소설을 읽거나 모두 이 모습에서 한 치도 벗어나지 않는다. 우리에겐 오히려 높은 절벽과 검게 달려드는 파도가 더 멋지게 보일 수도 있다. 까짓 풀밭의 클로버에 감격할 것이 뭐 있나.

여기엔 두 가지 원인이 있을 것이다. 우선 중세와 지금의 자연에 대한 개념이 서로 많이 다르다는 것이다. 중세 사람들은 지금 우리들이 숨 막히게 아름답다고 느끼는 위대한 자연을 다르게 인지하고 있었다. 그것은 위험이 도사리고 있는 곳이었고 극복해야 하는 환경이었다. 또한 신들과 마법사들이 살고 있는 성역이기도 했다. 사탄도 거기 속했다. 파도에서 사탄의 목소리를 들은 디트리히 왕을 보면 안다. 말을 타고 빨리 지나쳐야 하는 곳이지 바라보고 감탄할 대상이 아니었다.

자연에 대한 그들의 개념이 선택적이었기 때문에 정원을 이루는 요소 역시 몇 개로 한정되어 있었고 그것으로 족했을 것이다. 위험이 가득한 모험에서 돌아왔을 때 피나무가 몇 그루 서있고 맑은 샘이 흐르는 풀밭은 휴식이었고 안도였을 것이다. 무엇보다도 사람과 가까운 곳이었다. 집이었다. 게다가 늘 들어오던 로쿠스 아모에누스의 그림이 그들의 시각을 한 장면에 고정시켰었다. 사랑스런 곳은 이렇게 생겨야한다는 사회적 언약이었다. 그리고 반복되어 등장하는 피나무와 장미, 클로버와 샘물이 가지고 있는 높은 상징성도 중요했다.

상징 속의 상징 - 로쿠스 아모에누스의 상징적 요소들
클로버
그냥 지나치기 쉬운 풀이다. 풀밭에서 늘 볼 수 있는 클로버에 무슨 상징성이 있을 것인가 생각할 수도 있다. 그저 심심풀이로 네 잎 클로버를 찾는 것 외에 네 잎 클로버가 행운을 가져다준다고 진정으로 믿는 사람은 그리 많지 않을 것이다.

그런데 클로버는 기사들에게 바쳐진 풀이다. 그리고 시인의 풀이다. 무훈시에서 기사들이 클로버가 피어 있는 풀밭을 지나간다면 그건 이별을 뜻하는 것이다. 전쟁터로 가는 것이다. 죽을 수도 있는 길이었다. 그래서 부활의 의미를 같이 담아주었다. 무덤에도 클로버를 심어주었다. 부활의 힘 뒤에는 작은 클로버의 커다란 생명력이 숨어 있다. 그래서 봄을 상징하기도 했다.

이렇듯 클로버는 많은 상징성을 가지고 있는 풀이다. 특히 클

로버를 가장 중요시 여기는 곳이 아일랜드이다. 국가의 수호 성인 성 패트릭의 풀이기 때문이다. 성 패트릭이 아일랜드에서 그리스도교를 전파하려고 하는데 성부 성자 성신의 삼위일체를 설명할 길이 없어 두 리번거리던 차에 클로버의 세 잎이 눈에 들어왔더란다. 그래서 그것을 따가지고 사람들에게 보여주며 바로 이렇게 똑같은 것 세 개가 모여서 하나가 되는 것이라고 설명했더니 다들 알아들었다는 것이다. 그 이후 세 잎 클로버는 삼위일체의 상징이 된다. 지금도 성당에서 클로버 모양으로 생긴 창문을 많이 볼 수 있다.

　　그러나 이 이야기의 뿌리는 역시 켈트족에게 있다고 한다. 클 로버는 켈트족에게 이미 행운의 상징으로 불렸다. '클로버 풀밭에서 산다' 는 말이 있는데, 이는 잘 먹고 잘 산다는 뜻이다. 바로 본래적인 의미에서 로쿠스 아모에누스인 것이다. 트리스탄에게는 이졸데가 있 는 곳이 로쿠스 아모에누스였다. 그래서 이졸데가 트리스탄을 만나러

장미와 클로버를 연결
하여 만든 창문 문양.
전체적으로 장미 문양
이지만 세 잎과 네 잎
클로버를 같이 넣었다.

중세에 다양한 상징성
을 가지고 있던 클로버.
이졸데가 이 꽃으로 화
관을 만들어 쓰고 트리
스탄에게 영원한 사랑
을 약속한다.

갈 때 클로버 꽃으로 만든 화관을 쓰고 갔다. 클로버는 사랑의 상징이기도 했다. "나는 너를 오늘도, 내일도 그리고 앞으로도 영원히 사랑하겠다"라는 뜻이다. 이졸데가 클로버 꽃으로 화관을 쓰고 간 것은 트리스탄을 영원히 사랑하겠다는 뜻을 전하기 위해서였다. 그리고 그녀는 그 말을 지킨다. 이쯤 되면 무훈시나 연가에 왜 클로버가 빠질 수 없는지 납득이 가기 시작한다.

네 잎 클로버를 선물한 상대를 신중히 선택하는 것이 좋을 것이다. 이런 것을 꽃말Language of flowers이라고 하는데 꽃말은 단순히 그 꽃이 어떤 것을 의미한다는 것이 아니고 언어를 대신한다는 것이다. 내가 하고 싶은 말을 꽃으로 하여금 대신하게 하는 것이다. 그렇기 때문에 꽃을 전해주면서 "사랑해"라고 말하면 영 틀린 거다. 말로 하거나 꽃을 주거나 둘 중의 하나를 택해야 한다.

신 의 정 원 , 나 의 천 국

샘물의 상징성

샘물의 상징성은 끝도 없다. 샘은 모든 물의 원천이다. 물은 생명의 원천이고. 그러므로 태고로부터 샘물이 있는 곳에 성소가 마련되었었다. 예언의 장소이기도 했고 영원한 젊음을 주는 곳이기도 했다.

그리스 신화에 나오는 샘물은 세 가지 유형으로 분류된다. 헤라 여신이 목욕을 하고 영원한 젊음을 간직한 생명의 샘이 있고 님프들이 애꿎은 사람들을 끌고 들어가는 죽음의 샘이 있다. 아폴로에게 바쳐진 델피 신전은 샘들이 솟는 자리에 지어졌다. 그리고 이 신전은 일 년에 한 번 오라클이 대대적으로 예언을 하는 장소였다. 예언과 운명의 샘이다.

켈트족의 샘도 역시 영원한 젊음을 주는 샘이다. 하지만 다가갈 수 없는 '다른 세상'에 있다. 그래서 신비한 요소가 좀 더 강하다. 이 샘은 티르나녹이란 전설의 나라에 있는데 이 나라는 아일랜드 서쪽에 있다고 한다. 엘프와 유니콘이 사는 영원한 젊음의 나라이다. 여기를 가려면 마법의 말을 타고 가야하며 가는 길이 몹시 험하고 어렵다. 켈트 문화의 독특한 점은 다른 민족들과는 달리 세상을 이 세상과 저 세상, 즉 살아 있는 자들의 세상과 죽은 자들의 세상만으로 나눈 것이 아니라 그 사이에 여러 층의 '다른 세상other world'이 있다고 여겼던 점이다. 거기에는 엘프처럼 사람과 흡사하지만 더 뛰어난 능력을 가지고 있는 다양한 존재들이 산다. 사람들도 다른 세상으로 넘어가는 길목을 찾으면 그리고 다른 세상에 살고 있는 존재들이 이를 원하면 넘나드는 것이 가능하다고 보았다. 『반지의 제왕』에서 영원한 젊음을 가진 아름다운 엘프들이 살고 있는 나라가 그 중 하나이고 마지막 장면에서 배를 타고 떠나는 곳 역시 바로 그런 곳이다. 켈트 문화에서 이해하고 있는 다른 세상들은 그리스에서 말하는 황금기, 은기처럼 순차적으로 진행되는 것이 아니라 동시에 존재하는 것이며 인간처럼 낮은 수준의 존재들은 높은 수준의 존재들을 인지하지 못하지만 그 반대는 성립된다는 것이다.

스칸디나비아 쪽의 샘은 거인 신화와 관련되어 있다. 그들에게는 세 거인이 지키는 세 개의 샘이 있다. 첫 번째는 열두 개의 강의 원천이 되는 샘이고 두 번째는 성서의 선악과와 같은 역할을 하는 지식의 샘이며, 세 번째는 신성한 우주의 나무 이그드라실 혹은 위그드라실에게 물을 주는 샘이다. 첫 번째 샘은 악의 샘이고 세 번째 샘은 선의 샘이다. 이 샘에서 신들이 모여 회의를 한다. 신성한 장소다. 두 번째 지식의 샘은 시간이 흐르며 신한 샘과 의미석으로 결합한다.

이 샘의 이름이 우르드인데 이는 사람의 생명과 운명과도 연결되어 있다. 샘 옆에 있는 위그드라실 나무에 운명의 여신들이 살며 사람의 운명의 옷을 짜기 때문이다.

게르만족의 샘은 오히려 사람과 더 밀접하게 얽혀 있다. 여기서도 샘은 생명의 샘이며 동시에 죽음의 샘이다. 우물은 지하세계로 통하는 문이었다. 그런데 이 지하세계가 컴컴한 지옥이 아니라 푸른 풀밭에 정원이 있고 상냥한 여신이 살고 있는 그런 곳이었다. 이 여신은 땅의 어머니였고 기후를 관장하는 여신이었다. 이렇게 켈트족과 게르만족은 죽은 후의 세계를 어두운 막장의 세계로 보지 않았으며 죽음은 일시적인 현상이고 다시 살아 돌아온다는 윤회를 믿었었다. 그래서 나중에 성직자들이 얘기해 준 유황불이 펄펄 끓는 지옥을 그리 두려워

했는지도 모르겠다.

물이 고여 있는 옹달샘 등은 예언하는 샘이었다. 특히 성탄절에 예언하는 샘에서 물을 세 번 마시고 종이 세 번 울리기 전에 교회로 뛰어 들어가며 오른쪽 어깨 뒤로 넘겨다보면 자신의 미래가 보인다는 얘기가 있었다. 이 풍습이 꽤 성행하여 교황이 금지령을 내려야 할 정도였다. 어쩐지 이 얘기에서 신데렐라가 보인다. 그리고 예언하는 샘이 거울로 변하여 백설 공주 계모의 방에 걸리게 되지 않았을까 짐작된다.

성경, 특히 구약성경에 샘에 얽힌 일화들이 많다. 성서에 나오는 샘 혹은 우물은 많은 의미를 가지고 있다. 사랑과 여성성, 싸움과 화해, 영토. 아브라함의 둘째 아내 하갈이 우물가에서 천사를 만나는 장면, 하갈이 장차 아랍인들의 조상이 될 이스마엘을 낳게 될 것이라는

젊음의 샘, 루카스 크라나흐 그림(1546년 그림)

예언을 듣는다. 이삭과 레베카(리브가)가 만나는 곳도 우물 옆이고 야곱과 라헬도 우물가에서 만난다.

이삭은 많은 우물을 판 사람이다. 아버지가 팠다가 메워진 우물도 다시 판다. 그럴 때마다 영토를 넓히고 사회적 영향력도 키워간다. 우물마다 이름도 지어주었다. 싸움, 화해, 넓은 영토. 우물을 판다는 것은 그 지역의 영토를 차지한다는 뜻이 된다. 이는 이삭의 우물을 통하여 아브라함의 부족이 성장하여 장차 이스라엘이 되는 것을 암시하는 것으로 여겨진다.

예로부터 성소에 가면 병이 낫는다는 생각에 많은 사람들이 샘과 온천을 찾아 들었다. 그들 중 많은 것들이 지금도 생수의 공급원이 되거나 아니면 온천 관광지가 되어 있다. 이런 식으로 성스런 샘의 의미가 계속 대물림하게 된다. 유럽의 초기 기독교 교회들은 원주민들이 성소로 이용하던 장소에 지어진 경우가 많았다. 그 중 대표적인 것들이 이탈리아 몬테 산탄젤로의 성 미카엘 성당과 프랑스의 샤르트르 대성당이다. 성 미카엘 성당은 아예 샘이 나오는 굴속에 파고들어가며 지은 성당이다. 이곳에 들어가면 모든 죄가 다 씻어진단다. 지금도.

사막에서 외로운 수도 생활을 하면서 가장 문제가 된 것은 물공급이었을 것이다. 최초의 수도사들은 사막 거주자들에게 물 찾는 법을 배웠다. 이 지식은 계속 전수되었고 그 후 수도원을 지을 때마다 우선 찾는 것이 물, 즉 샘이었다. 라이헤나우 수도원의 건설 신화에서도 성 피르미니우스가 섬에 첫 발을 디딘 곳에서 샘이 솟았다. 이 샘은 실용적 측면에서도 중요했지만 종교적 관점에서도 핵심적인 의미를 가졌다. 6세기경이 되면 수도원의 물 공급 기술은 이미 수준급에 올라있었다. 성수를 마련하고 기도하기 전에 손 씻는 의식에도 필요하였으며 무엇보다도 에덴에서 흐르던 생명의 물을 간직하는 것이 중요하였다. 그래서 클로이스터의 중앙에 있던 샘 혹은 분수의 디자인이 시간이 갈수록 화려해졌고 종국에는 누각 같은 집을 지어 그 안에 분수를 모셔 두었다. 지금 성당의 클로이스터에 분수가 아닌 분수 하우스를 볼 수 있는 곳이 적지 않다.

무훈시 중에 마법의 샘을 중심으로 이야기가 전개되는 것이 있다. 이번엔 아서 왕의 기사 이웨인이 겪는 모험이다. 그가 모험 중에 만

블라우베렌 수도원의 분수 하우스

난 샘은 시원하고 맑았다. 비도, 햇빛도, 바람도 아무 영향을 미치지 못하는 완벽한 샘이다. 그 옆에는 커다란 피나무가 한 그루 서있다. 나무에는 새들이 모여 아름답게 노래한다. 슬픈 사람들이 이 노래를 들으면 슬픔이 가시고 행복해진다.

그런데 이 샘을 지키는 기사가 있었다. 이웨인은 결투 끝에 이 기사를 죽이고 기사의 아내와 혼인을 한다. 그리고 다시 길을 떠난다. 떠나면서 여인에게 돌아온다는 약속을 하는데 약속한 시간에 돌아오지 못한

다. 그래서 여인으로부터 저주를 받고 여러 위험한 모험에 휘말리게 된다. 우여곡절 끝에 다시 여인에게 돌아간 이웨인은 이 샘물을 지키는 기사가 된다는 이야기이다.

이 이야기에서 샘물이 가지는 상징성은 다양한 해석의 여지를 남긴다. 그러나 여기서 주목해야 할 것은 약속의 개념이다. 그리고 이것은 샘물이 아닌 피나무에 주어신 역할이다.

피나무의 상징성

한국의 초등학생도 아는 "성문 앞 우물곁에 서 있는 보리수"는 1822년 빌헬름 뮐러의 시에 슈베르트가 곡을 붙인 것이다. 다른 책에서도 이미 한 번 얘기한 적이 있는데 슈베르트 노래의 성문 앞 보리수는 사실 보리수가 아니라 피나무의 일종이다. 그냥 넘어갔으면 좋겠지만 피나무와 보리수는 달라도 너무 나른 나무이기 때문에 그럴 수가 없다.

성문 앞 피나무 아래 우물가. 오래된 도시 어디에서나 만날 수 있는 정경이다.

더욱이 피나무의 상징성을 설명하는데 이 노래 가사처럼 적당한 것을 찾기가 쉽지 않기 때문이다. 노래를 한 번 끝까지 불러보면;

성문 앞 우물가에 서 있는 보리수(피나무)
나는 그 그늘 아래 단 꿈을 보았네.
가지에 희망의 말 새기어 놓고서
기쁘나 슬플 때나
찾아 온 나무 밑
찾아 온 나무 밑

피나무*Tilia spec.*는 게르만족에게 참나무보다 더 사랑받던 나무였다. 참나무가 천둥신이나 제우스신에게 바쳐진 호전적 남성의 상징이라면 피나무는 부드러운 어머니 같은 나무다. 게르만인들도 그리스인들도 사랑의 여신에게 이 나무를 바쳤다. 그래서 피나무는 여성적인 것, 부부간의 사랑, 화합, 평화, 정의 그리고 고향을 상징하는 나무가 되었다.

앞의 무훈시에서도 샘이나 우물가에 피나무가 서있는 장면을 이미 여러 번 봤다. 그러니까 성문 앞 우물가의 장면은 19세기의 로쿠스 아모에누스인 것이다. 그리고 노래의 주인공 겨울 나그네가 기쁘나 슬플 때나 자꾸 이 나무 밑으로 찾아오는 것은 상당히 복합적인 의미가 있다. 비록 가사에 나타나 있지는 않지만 이 장면에서 여인의 자취가 분명 느껴진다. 아마도 피나무와 우물이 함께 만들어 내는 분위기일 것이다. 옛 여인에 대한 그리움, 혹은 고향에 대한 그리움, 고향 같았던 여인에 대한 그리움 그리고 마음의 평화, 깊은 휴식과 같은 잠. 아마도 겨울 나그네는 이런 것들을 찾아 자꾸만 발길이 성문 앞 우물가에 닿는 것일 지도 모른다. 피나무 아래서 낮잠을 자면 마술에 걸린다는 말이 있다. 이상한 요정의 세계로 납치되어 간다. 그래서 달콤한 꿈을 꾸게 되는 것이다. 빌헬름 뮐러가 이 시를 썼던 19세기 초는

춤추는 피나무. 시골에 가면 아직도 이렇게 피나무 수관 아래 설치해 놓은 무대를 볼 수 있다 (출처: Benreis).

낭만주의 시대였다. 시대의 멜랑콜리가 슈베르트의 음악에도 깊이 배어있다. 그러나 피나무는 본래 그렇게 멜랑콜리한 나무가 아니다. 오히려 명랑한 나무다.

그래서 마틴 루터가 이런 말을 했다. "피나무 아래 사람들이 서 있으면 그건 평화를 뜻하는 것이다. 피나무 아래서 우리들은 늘 먹고 마시고 춤추며 즐거워하니까. 피나무는 우리의 평화와 즐거움의 나무다."

지금도 남아 있는 곳이 있는데 피나무 아래 무대를 만들어 춤을 추는 풍습이 있었다. 그런데 무대의 위치가 독특하다. 수관 바로 아래에다 설치하는 것이다. 많은 사람들이 올라가 춤을 추니 그 무게를 지탱하기 위해 돌기둥 일곱 개 혹은 열두 개로 받쳤다. 그건 피나무가 위그드라실을 대신해서 우주의 나무 역할을 하기 때문이다. 수관 아래는 데몬들의 영역이다. 줄기에서 첫 번째 가지가 나오는 곳이 인간에게 속하는 공간이다. 그리고 나무 꼭대기에는 신들이 살고 있다. 그래서 첫 번째 가지가 시작되는 위치에 무대를 세운 것이다.

그리고 이런 피나무 아래서 마을의 법정이 섰었다. 전해지

피나무 아래에서 벌어지는 법정, 디볼트 쉴링 그림(1513년)

신 의 정 원 , 나 의 천 국

는 피나무 법정 판결 문서를 보면 "피나무 아래에서 판결하나니"로 시작된다. 그러므로 피나무는 맹세를 뜻하기도 한다. 연인들이 피나무 앞에서 한 사랑의 맹세는 절대로 깨서는 안 되는 것이다. 그러면 우리의 겨울 나그네처럼 평생 춥게 방황해야 하는 것이다. 그는 나뭇가지에 사랑의 말을 새겨 넣었다고 했다. 아마 겨울 나그네는 그 맹세를 지키지 못해서 떠도는 벌을 받았고 그래서 자꾸 돌아와야만 했던 것일 게다. 이리와 나에게 와서 쉬어. 편안함을 찾을 수 있을 거야. 피나무 잎이 흔들리며 이렇게 말하는 것처럼 들린다고 그는 노래한다.

샘가에 피나무가 서 있는 정경. 이것은 꼼짝할 수 없는 여인의 세계다. 구약성서에 나오는 여인들도 그렇고 샘물과 관련된 설화나 전설은 모두 여인의 주변을 맴돈다. 그래서 로쿠스 아모에누스는 여인인 것이다.

여인과 정원, 장미와 죽음

여인은 동서고금을 막론하고 늘 꽃으로 상징되었다. 꽃 뿐 아니라 정원 자체가 여인이 되었다. 여인을 꽃이라 일컫는 것은 흔한 일이다. 그러나 여인더러 "너는 정원이다"라고 말하는 것은 그리 흔하지 않다. 그런데 알고 보면 이 전통의 뿌리가 꽤 깊다.

고대 이집트의 시에서 이렇게 말하고 있다.

"너는 뜨거운 한 여름 향기로운 정원, 너는 한 떨기 꽃."

중세의 기사들에게도 정원은 여인이었고 사랑이었다. 여인에 대한 사랑의 표현을 정원 노래로 대신했다. 그리고 정원은 사랑의 보금자리였다.

피나무 아래
부드러운 초원이
우리의 침대라네.
거기 조심스레 꺾어놓은 꽃과 풀이 보일 거야.
숲가의 계곡에선
나이팅게일이
트랄라랄라
노래한다네.

그가 꽃으로 아름다운 침대를 만들었네.
우리는 그 얘기를 하며 지금도 웃지.
누군가 길을 따라 그 옆을 지난다면
장미를 보고 알 수 있을 기야.
트랄라랄라
거기 내 머리가 뉘어 있었던 걸.

장미가 드디어 나타났다. 사실 고대로부터 정원은 에로스와 비
너스가 지배하던 곳이었다. 사랑스런 곳, 로쿠스 아모에누스에 비너스
처럼 잘 어울리는 존재가 또 있을까. 장미는 비너스의 꽃이다. 보티첼
리의 "비너스의 탄생"이란 그림을 보면 막 거품 속에서 탄생한 비너스
주변으로 장미꽃이 비처럼 내리는 것을 볼 수 있다. 거품이 장미로 변
한 것인데 장미는 이렇게 비너스와 함께 탄생한 꽃이다. 사실 장미는
최상의 사랑의 언어이다.
　　"장미는 신의 열정이 형상으로 변한 것이다"라거나 "장미는

보티첼리의 비너스의
탄생. 비너스의 탄생과
함께 물거품이 연분홍
장미가 되어 쏟아진다.

지구가 만든 것 중에서 가장 완벽한 것이다" 등등 시인이라면 누구나 다 장미에 대해 한마디씩 했다.

트리스탄과 이졸데가 죽었을 때 사람들은 트리스탄의 무덤에 장미를 심어주고 이졸데의 무덤에는 포도덩굴을 심어준다. 말하자면 트리스탄의 무덤에는 이졸데를 심어주고 이졸데의 무덤에는 트리스탄을 심어준 것이다. 덩굴들이 서로 엉켜 영원히 함께하게 되었다는 것이다. 이렇게 그들은 맹세를 지켰다.

"장미 정원"이라는 제목이 붙은 서사시가 있는데 아름다운 장미 정원을 격투의 현장으로 만드는 별난 얘기다. 그런데 이런 '장미 정원에서의 결투' 얘기가 의외로 많다. 장미 정원이라고 하면 연애시에 속해야 할 것 같은데 무훈시이다.

로랭 왕의 장미 정원

높은 산꼭대기, 지금은 돌무더기와 바위만 보이는 곳에 아주 오래전 로랭이라는 왕이 가꾼 아름다운 장미 정원이 있었다. 로랭 왕은 지하세계 난쟁이들의 왕이었다. 그들은 지하에 번쩍이는 수정궁을 짓고 살았다. 그 지하세계로 가는 문 앞에 눈부신 장미 정원이 있었다. 수많은 귀한 장미들이 피어있고 아름다운 향이 어지러울 정도였다. 그러나 누구라도 이 장미를 꺾는 사람은 왼팔과 오른발을 잘라버리겠다고 왕은 엄포를 놓았다. 장미 정원에는 울타리 대신 명주실이 둘러져 있었다. 일종의 덫을 놓은 것이다.

신부감을 찾던 로랭 왕은 어느 날 이웃나라의 아름다운 공주를 납치해왔다. 공주가 납치당하자 앞에서 이미 등장한 바 있던 영웅 디트리히 왕이 용감한 기사들을 거느리고 로 랭의 왕국으로 왔다. 그리고 하필 장미 정 원에서 험한 결투가 벌어진다. 로랭 왕은 장사 열두 명의 힘을 낸다는 허리띠와 투 명 망토가 있었지만 (지그프리트에게 빼앗긴) 그 의 움직임에 따라 장미가 쓰러지는 것을 본 디트리히가 결국 로랭 왕을 사로잡았 다. 그래서 포로가 되어 잡혀갔다. 잡혀가 며 그는 이렇게 말했다. "모두 장미 탓이 다. 앞으로는 낮에도 밤에도 아무도 장미 들을 못 보게 될 것이다"라고 저주를 내린

장미 정원에서의 결투 장면, 배경에 그려져 있 는 꽃이 장미다.

다. 그런데 왕이 한 가지 잊은 것이 있었다. 새벽이었다. 그래서 새벽이 면 멀리서도 산위의 장미들이 분홍빛으로 빛나는 것이 보였다. 이렇게 해서 불행한 로랭 왕과 장미는 사람들 기억 속에 남게 되었다는 이야 기다.

이 이야기에서 눈에 띄는 것은 비록 납치당한 공주가 등장하기 는 하지만 그건 장미 정원을 결투의 장으로 만들기 위한 핑계에 불과 하다. 공주는 납치당하는 것 외에 아무 역할도 하지 않는다. 여기서 로 랭 왕과 장미는 죽음과 삶, 겨울과 봄을 상징한다. 게르만족의 장미 설 화를 보면 로키라는 무서운 신이 나온다. 그는 끝없이 악하고 그러면 서도 선하다. 바람과 불을 관장하는 신이다. 그래서 봄을 가져다준다. 그는 겨울의 여신에게 장미의 웃음을 웃으라고 강요한다. 겨울의 여신 이 웃으면 봄이 오는 것이다. 그리고 온 땅이 장미덩굴로 뒤덮인다. 백

년의 잠을 자는 공주도 장미덩굴에 뒤덮여 있다. 공주의 백년의 잠은 죽음이고 겨울이다. 지그프리트 왕자가 공주를 깨워 봄을 다시 부르는 것이다. 지하세계의 왕 로랭은 겨울이고 왕이 미처 생각하지 못했던 새벽이 곧 봄이다.

게르만족들은 장미 울타리로 신성한 수림을 둘러쌌었다. 죽은 자의 영혼이 장미덩굴에 깃들어 산다고 생각했다. 죽었지만 살아있는 것. 삶과 죽음 사이를 오가게 하는 장미덩굴. 신성한 수림은 조상들의 묘이기도 했다. 그 안에서 제를 지내고 검무를 추었다. 그리고 격투 경기를 벌였다. 그래서 격투장이나 경기장을 장미 정원이라고 불렀다. 로랭 왕의 장미 정원이 그래서 결투장이 될 수 있었던 것이다. 기사들은 피와, 상처, 죽음 그리고 죽음을 가져다주는 검을 모두 장미라고 불렀다. 특히 디트리히 왕은 자기 검을 늘 장미라고 불렀다. 결투와 죽음은 이웃이었고 그래서 장미는 쓰러진 자의 피를 뜻하기도 했으며 이긴 자의 승리의 선물이기도 했다. 어떤 장미 정원 이야기에선 장미 정원의 결투에서 승리한 기사들에게 장미 화관을 만들어 씌워준다. 로마에서도 5월 축제 때 조상들 묘에 장미를 가져다 놓는 풍습이 있었다. 이것을 장미 축제라고 불렀다. 그보다 더 먼저 그리스의 아프로디테는 트로이 전쟁에서 헥토르가 죽자 그의 몸에 장미 오일을 발라준다. 이렇게 장미는 죽음과 연관되어 있었다.

기독교가 들어오고 신성한 장소에 성당이 세워지면서 장미의 종교적 상징성도 그대로 건너갔다. 장미는 그리스도의 피를 상징했다. 그리고 시간이 흐르면서 교회의 상징이 되었다. 장미 문양이 교회의

300

창문과 천정과 문을 장식하는데 빠지지 않게 된 이유다. 그리고 천주교에서 묵주라고 하는 것의 본명은 '장미 정원rosarium, rosary' 혹은 '장미 화관rosenkranz' 이다. 장미는 성서의 식물이 아니다. 성서에 많은 식물 이름이 나오지만 장미는 없다. 이것은 게르만 문화가 교회에 전한 선물이었다.

　　이런 생각이 든다. 만약에 게르만의 여신 문화가 없었다면 마리아 숭배가 그토록 성행할 수 있었을까? 그들은 기독교에서 마리아를 발견했다. 마리아는 그리스도의 어머니이기 이전에 여신이었고 여성성의 최고의 상징이었다. 지금까지 내려오던 여신 숭배의 전통을 마리아에게 고스란히 이입시켰던 것이다. 로마인들이 왔을 때 비너스를 받아들였고 기독교가 왔을 때 마리아를 환영했다. 근본적으로는 달라진 것이 없었다. 여인은 사랑의 대상이고 그 사실에는 변함이 없었다. 그래서 마리아를 사랑했다. 뜨겁게 사랑했다. 그 때 그려진 성모 마리아의 그림을 보면 성스러움과 사랑스러움을 동시에 가지고 있다. 그것이 여신의 본질이었다. 마리아는 세속적인 사랑스러움의 징표들로 둘러싸여 있다. 사람의 사랑과 신의 사랑이 마리아에서 만나는 것이다. 그리고 세상에서 가장 사랑스럽고 아름다운 꽃 장미가 마리아에게 바쳐진다. 이제 장미가 비너스에게서 마리아에게 넘어갔다.

성모 마리아. 아름다운
속세의 여인 같다.

신 의 정 원 , 나 의 천 국

성모 마리아와 정원

"굳게 문 닫힌 정원은 나의 누이 같아라. 봉인된 샘.
너의 동굴은 석류와 같아라. 단 열매가 가득한 낙원.
향신료와 몰약과 계피와 유향이 있고
정원의 샘은 레바논에서 흐르는 물처럼 달고 시원해라."

구약성서의 아가서에 나오는 구절이다. 아가서는 진한 에로틱이 구절
마다 묻어 있는 시이다. 이스라엘의 왕 솔로몬과 술람미라는 여인이
서로 주고받은 사랑의 편지라지만 시구절 중에 솔로몬이 언급되고 있
는 것 외에는 솔로몬이 썼다는 근거가 없다. 언어를 분석한 결과 솔로
몬 시대에 쓰인 것이 아니라는 판정도 나왔다. 누가 썼는가는 중요한
게 아닐 것이다.

　아가서는 시편과 함께 중세 수도원에서 가장 많이 읽혔던 시
다. 노래 중의 노래라는 본뜻이 아니더라도 이 시들은 아름다움의 극
치를 보여주고 있다. 다만 남녀 사이의 진한 애정을 표현한 것이기 때
문에 처음부터 논란의 대상이 되었었다. 이 시가 에로틱한 시인가 아
니면 신과 인간 사이의 사랑을 은유한 것인가에 대해 기독교는 지금도
토론을 그치지 않고 있다. 유대교에선 신과 인간과의 사랑을 은유한
것이라는 입장을 확고히 하고 있다. 중세의 기독교도 이를 이어받아
은유시라는데 추호의 의심도 하지 않았다. 그리스도는 신랑이고 교회
는 신부라는 설을 비롯하여 다양한 해석을 내어놓았다. 그 중 시 속의
술람미라는 여인이 성모 마리아의 알레고리라는 해석이 가장 유력했
다. 이는 마리아 숭배에 결정적인 역할을 한다. 그래서 바로 위에서 인

장미 정원의 마리아, 마
틴 숀가우어 그림(1450
년경, 콜마의 성 마틴
수도원 소장)

신 의 정 원 , 나 의 천 국

용한 구절 "정원은 나의 누이고 나의 신부이며, 문 닫힌 정원이고, 봉인된 샘"이 마리아 상징의 핵심으로 부각된 것이다. 성모 마리아는 정원이고, 문 닫힌 정원과 봉인된 샘은 마리아의 영원한 처녀성에 대한 은유이다. 이로 인해 마리아가 정원에 앉아 있는 그림이 대표적인 마리아 아이콘이 되었다. 그리고 이 정원은 호르투스 콘클루수스hortus conclusus, 즉 문 닫힌 정원이라고 불렀다. 이는 곧 정원을 뜻하는 대표적인 용어가 되었다.

이런 그림에서 마리아는 늘 사방이 담이나 울타리로 막힌 정원에 앉아 있다. 담과 울타리는 장미덩굴로 뒤덮여 있다. 정원과 장미, 고대로부터 여인의 아름다움과 사랑을 상징하던 것들이 이제 마리아의 상징이 된 것이다. 그리고 백합이 주어졌다. 백합은 비너스가 시샘하여 내친 꽃이다. 그것이 이제 마리아에게 가서 마리아의 처녀성과 순결을 상징하는 꽃이 되었다. 붓꽃, 세이지, 함박꽃, 딸기, 클로버 그리고 매발톱이 차례로 마리아에게 바쳐진다. 여신에게 바치던 식물들, 약초들이 이제 모두 다 마리아의 것이 되었다.

"마리아 당신은 모란, 수선화, 마가렛, 백합, 회향, 민트, 세이지입니다"라는 노래도 있고 "마리아 당신은 수많은 꽃이 피어있는 푸른 초원입니다"라고 노래하기도 했다.

그 때 교회가 가지고 있던 문제는 마리아가 예수의 어머니로서 신약에 비로소 등장한다는 것이고 구약과 아무 관계가 없다는 데 있었다. 정통성과 신성의 문제였던 것이다. 마리아를 구약의 아가서와 접목시킴으로써 마리아의 태고성, 즉 신성이 마련된 것이다. 그리고 마리아를 상징하는 최고의 꽃, 장미를 클로이스터에 심어 마리아와 에덴의 관계도 형성했다. 이로써 마리아는 태초를 지키는 여신이며 다시 돌아올 천국을 상징하는 여신이 된 것이다. 처음이자 마지막, 이 세상에 속하고 하늘에 속한 존재. 가톨릭에서 가지는 마리아의 절대성은 이렇게 성립된 것이다.

　　이것을 정원의 관점에서 다시 바라본다면 유럽 문화에서 정원을 거의 신성시여기는 것이 어디서 유래한 것인지 짐작할 수 있다. 마리아의 알레고리로 쓰이다가 마리아 덕분에 가치가 상승한 것이다. 콘라드 폰 멩엔베르크라는 신학자는 정원과 샘과 시냇물에서 성삼위일체를 본다고도 했다. 그리고 그리스도도 정원에 비유되었다. 정원은 에덴, 그리스도, 마리아, 새 예루살렘 그리고 세속의 사랑을 모두 상징하는 복잡한 상징체계의 중심에 서게 된 것이다.

그림으로 보는 정원 - 정원이 사랑의 알레고리가 되다

기욤의 정원

장미 설화로 돌아가 보자. 기욤이 묘사한 정원은 유럽의 정원이라기보다는 오리엔트 정원에 가깝다. 풀밭에 온갖 꽃이 피어있고 동방에서 옮겨 온 나무가 사방에 있으며 맑은 샘과 분수에서 물이 흘러나와 수로와 연결된다. 정원은 바둑판처럼 여러 개의 정방형으로 나뉘어 있고 그 사이를 수로가 지나간다. 그리고 뽕나무, 호두나무, 육두구나무, 무화과나무, 대추나무, 월계수나무들이 섰 있고 길 옆에는 민트와 회향이 피어있다. 그 밖에 사과나무, 배나무, 복숭아나무, 자두나무, 체리나무 등도 물론 섰 있다. 나무들은 서로 수관이 마주쳐 시원한 그늘을 만들고 있다.

이는 전형적인 오리엔트 정원의 모습이다. 문제는 당시에 이런 정원이 실제로 만들어졌었는지 아니면 상상의 산물인지 확실치 않다는 것이다. 실제로 오리엔트식의 정원을 만들었다는 기록은 프리드리히 2세(1194~1250) 밖에 없다. 십자군 전쟁에 출정하여 피 한 방울 흘리지 않고 술탄과 평화협상을 맺은 바로 그 황제이다. 당시 시칠리아는 신성로마제국, 즉 독일의 영토였다. 프리드리히 황제의 어머니가 시칠

세빌랴의 오렌지 정원. 바닥에 가로세로로 격자형으로 수로가 지나가고 나무들의 수관이 서로 마주쳐 시원한 그늘을 만들고 있다. 기욤이 묘사한 정원과 흡사하다(출처: John Picken).

리아의 공주였고 나중에 아들에게 영토를 물려주어 그는 시칠리아에서 성장했다. 독일에서는 오히려 외국인 취급을 받았다고 한다. 시칠리아는 비잔틴에서 가까웠다. 그래서 프리드리히 황제는 오리엔트의 영향을 특히 많이 받았다. 그가 뉘른베르크에 오리엔트 정원을 지었다는 기록만 남아 있지 그 사실을 확인할 수 있는 그림이나 삽화 등 아무것도 전해지지 않는다. 만약에 남아 있는 것이 있다고 하더라도 오리엔트 정원은 예외에 속하는 거였고 실제 유럽의 중세 정원의 전형이라고 볼 수 없는 것이다. 우리가 지금 찾고 있는 정원이 아니다.

기욤의 정원 안에서 노니는 인물들은 '예의', '쾌활함', '아름다움', '넓은 마음', '정중함', '젊음' 이런 '개념' 들이다. 이들은 또한 궁정풍에서 요구하고 있는 덕목들이기도 한다. 갓 스무 살의 주인공이 정원에 들어가서 이런 개념들을 만난다는 것은 곧 궁정풍의 교육을 받는다는 것을 뜻한다. 이리저리 둘러보던 주인공은 소나무 아래서 대리석으로 된 못을 발견한다. 그 물을 들여다보니 거기 장미덩굴이 물에 비치고 그 중 한 송이가 유난히 예뻐 그만 반하고 만다. 사랑을 배운 것이다. 그래서 장미를 꺾으러 가는데 사랑의 신 아모르가 길을 막아서며 그의 가슴에 다섯 개의 화살을 쏜다. 이 화살들 역시 여느 화살이 아니다. 사랑과 관계된 '덕목' 들의 알레고리이다. 아픔, 순수함, 자유로움, 친구들 그리고 친절함이다. 그 순간에 아모르와 청년은 주종의 관계, 즉 왕과 기사 사이의 관계를 맺는다. 이제 아모르가 청년에게 야망이라는 이름을 준다. 사랑을 아는 사람이란 뜻이다. 이어서 아모르는 사랑에 이르는 길이 얼마나 멀고 험한지 낱낱이 일러준다. 잠 못 이루게 하는 사랑의 끔찍한 아픔, 그 아픔은 장미에게 다가가 사랑을 얻어야 치유될 수 있는 것이다. 그러나 그러기까지 친구에게 받을 수 있는 위로가 있고, 또 사랑에 대한 달콤한 생각, 그리고 사랑하는 사람을 바라보는 달콤한 눈길이 바로 사랑의 고통에 대한 대가라고 설명한다. 이렇게 사랑으로 이르는 길은 곧 기사가 되는 길과 일치하는 것이다. 기욤의 장미 설화 앞부분은 말하자면 궁정풍 사랑과 기사도에 대한 교과서 격인 것이다. 그의 언어가 그려내는 장미 정원과 인물들은 깨끗하고 맑고 아름답다.

장미 설화의 삽화(1380년경)

　　1380년경에 그려진 삽화 중에서 아망이 연못을 들여다보는 장면을 그린 것이 하나 있다. 장미를 발견하는 결정적인 순간이다. 그런데 이 그림은 기욤의 시에서 느꼈던 것과는 분위기가 아주 딴판이다. 주인공이 스무 살의 순진한 청년이 아니라 방금 십자군 전쟁에서 돌아온 피 묻은 기사 같다. 하늘에서는 그리스도가 이 광경을 내려다보고 있다. 그리고 흰 옷을 입은 여인이―'한가함'일 것이다―청년을 보고 있는 것이 아니라 하늘의 그리스도를 올려다보고 있다. 기욤이 장미 설화를 쓰고 나서 백오십 년 후에 그려진 것이다. 그러니 기욤의 시대, 즉 1235년대의 정서를 표현한 것이 아니다. 기욤은 종교를 전혀 언급하고 있지 않다. 그러나 1380년은 이미 검은 옷을 입은 승려들이 사람들의 일상에 깊이 침투하여 윤리적 감시자로서 경고의 손가락을 치켜세우던 시대였다. 성당에서 쓰는 기도책의 삽화 중 십계명을 그림으로 설명한 것들이 있다. 그 중 여섯 번째 계명—개신교에서는 일곱 번째 계명— 간음하지 말라는 계명의 알레고리로 하필 정원이 택해진다.

16세기에 플뢰트너라는 작가의 "사랑과 죽음"이라는, 한류드라마 제목을 연상케 하는 삽화가 하나 있다. 정원의 잔디벤치에 앉아 있는 연인을 그려놓았는데 옆에는 '죽음'이 모래시계를 높이 들고 기다리고 있다. 저 뒤에서는 사탄이 음흉한 표정으로 덫을 놓고 있다. 그리고 광대가 한 쪽에서 비웃고 있다.

사랑과 죽음, 페터 플뢰트너의 목판화(1535년 경)

사랑의 정원 - 오명을 쓰다

이미 프롤로그에서 살펴 본 "파라다이스 정원"이란 그림을 다시 꺼내 볼 차례이다. 이 그림은 정원의 이중적 은유 체계를 아주 잘 드러내고 있다. 담으로 둘러싸인 정원에서 성의 여주인과 주변 인물들이 한가로운 시간을 보내고 있는 장면을 보여준다. 아주 평화롭고 단란하다. 중앙에는 여주인이 앉아 책을 읽고 있고 흰 대리석 탁자에 마실 것과 간식거리가 놓여 있다. 뒤편 담 주위에는 높은 화단이 보이고 오른쪽으로부터 말바, 붓꽃 등이 활짝 피어있다. 왼쪽 담에 붙어 피어있는 세이지와 장미도 보인다. 풀밭에도 꽃들이 가득 피어있다. 은방울꽃, 앵초, 꼬리풀, 매발톱 등을 알아볼 수 있다. 그리고 오른쪽 가장자리에 흰 백합이 서 있다. 앞쪽에서는 한 여인이 샘에서 물을 긷고 있고 여주인의

신 의 정 원, 나 의 천 국

여동생쯤 되어 보이는 여인이 아기와 놀고 있다. 나무 열매를 따고 있는 여인도 보인다. 오른쪽에는 남자 세 명이 나무 주변에 모여 뭔가 재미나게 얘기하고 있는 것 같다. 실제의 정원이 이와 흡사했을 것으로 여겨지는 그림이다.

그러나 이 그림은 성자와 성녀들이 모여 있는 장면이기도 하다. 중앙에 책을 읽고 있는 여주인이 성모 마리아라는 것은 의심의 여지가 없다. 그렇다면 발치에서 악기를 가지고 놀고 있는 아이는 예수일 것이다. 그리고 세 명의 성자와 세 명의 성녀가 각각 마리아의 왼쪽과 오른쪽에서 수행하고 있다. 왼쪽 여인들 중 나무에서 열매를 따는 것은 성 도로테아다. 과일바구니가 그녀에게 주어진 상징물이기 때문에 알아볼 수 있다. 하녀의 옷을 입고 물을 긷고 있는 여인은 하녀의 수호성인 성 마르타이며 아이와 함께 악기를 연주하고 있는 여인은 교회 음악을 수호하고 있는 성 세실리아이다.

남자들 중 금빛 날개를 달고 있는 것이 대천사 미카엘이다. 그 발치에 쪼그리고 있는 원숭이는 굴복당한 데몬의 상징이다. 이 원숭이 때문에 금빛 날개의 천사가 미카엘임을 알 수 있다. 반쯤 누운 채로 천사 미카엘을 바라보며 이야기를 하고 있는 사람은 성 게오르그이다. 그의 뒤, 즉 그림 제일 앞쪽에 엎어져 있는 작은 용의 형상이 이를 말해 주고 있다. 이 용은 성 게오르그가 굴복시킨 세상의 악의 상징이다. 대천사 미카엘과 성 게오르그는 본래 각별한 사이였다고 전해진다. 그리고 선 채로 나무를 끌어안고 있는 젊은이는 마리아의 남편 요셉이다. 그의 뒤에 서 있는 백합이 요셉을 상징하는 꽃이기 때문이다.

정원을 둘러싸고 있는 높은 담이 마리아의 상징이라는 것은 위에서 보았다. 우연히 서 있는 것 같지만 가장 왼쪽에 서 있는 장미와, 가장 오른쪽의 흰 백합 그리고 앞쪽 중앙에 서 있는 모란은 모두 마리아를 상징하는 대표적 꽃으로서 삼각형으로 배치되어 마리아의 상징성을 완성하고 있다. 그리고 마리아와 요셉을 같이 그리되 나란히 그리지 않고 흰 백합으로 하여금 두 사람이 연결되게 함으로써 결혼의 순결함을 은유하고 있다. 궁정 생활의 한 부분을 보여주기도 하며 동시에 하늘 왕국에서 사는 '마리아의 가족과 그 일행'을 보여주는 이중적 구조를 가지고 있는 그림이다.

이 그림은 일반적인 마리아 정원과는 다른 점이 있다. 보통은 마리아를 크게 부각시키고 정원은 심하게 압축시켜 보여준다. 이 때

신 의 정 원 , 나 의 천 국

정원이 마리아의 알레고리로 쓰인 것이기 때문에 실제 정원과 같을 필요가 없다. 그런데 이 그림은 단지 실제 정원에서 귀족들이 단란한 한때를 보내고 있는 것처럼 보일 뿐이다. 하지만 귀족들이 정원에서 즐거운 시간을 보내고 있는 다른 그림들과 이 그림은 근본적인 차이가 있다. 남자는 남자끼리 여자는 여자끼리 앉아 있는 것이다. 마치 공자님이 그린 그림 같다. 그건 이 그림이 "사랑의 정원"에 대응하여 순결한 결혼을 보여주려는 계몽의 목적으로 그려진 것이기 때문이다.

15~16세기에 특히 정원 그림이 많이 그려졌는데 "파라다이스 정원"은 이것 한 점 뿐이고 나머지는 거의 모두 "사랑의 정원"이라 불렀다. 교육의 목적으로 교회나 제후들의 청탁을 받아 그려진 것들이다. 다만 표현 방법론에 차이가 있었다. 그 중에 마이스터 E.S.로만 알려진

작은 사랑의 정원, 마이스터 E.S.

후기 고딕 작가가 특히 사랑의 정원을 전문으로 그렸는데 그의 동판화가 여러 점 전해진다. 그 중 "작은 사랑의 정원"과 "큰 사랑의 정원"이 제일 잘 알려져 있다. "작은 사랑의 정원"을 보면 첫 눈에는 세 쌍이 정원에서 즐거운 한 때를 보내는 것처럼 보인다. 그러나 디테일에서 새로운 사실들이 발견된다. 중앙에서 체스를 두고 있는 여인은 작은 돈주머니를 차고 있다. 왼쪽의 여인도 목걸이를 들고 있다. 몸을 파는 여자들이다. 오른쪽 구석의 광대는 편지를 전해주고 있다. 광대는 이 경우 중매 역할을 맡는다. 그리고 올빼미 한 마리가 울타리에 앉아 지키고 있고 솔개 세 마리가 보인다. 낮에 눈이 안 보이는 올빼미가 앉아 있는 것은 어리석음의 상징이다. 나무에 앉아있는 맹금류는 무언가 좋지 않은 조짐을 나타낼 때 주로 그린다. 그러므로 이 그림은 경고의 그림인 것이다. 그럼에도 불구하고 그림에서 풍겨오는 밝고 당당한 분위기는 이 그림을 경고로만 받아들이기에 석연치 않게 한다. 교회의 청탁을 받은 것이어서 경고하는 여러 상징물들을 넣기는 했지만 작가가 말하고 싶었던 것은 따로 있지 않았을까? 정원은 울타리와 나무 두 그루만으로 간단히 처리해 버렸다. 그 이유는 위에서 이미 살펴보았다.

　　"큰 사랑의 정원" 역시 체스 두는 그림과 별반 다르지 않다. 장소로 보아서는 정원이라기보다 오히려 야외에서 피크닉을 하는 장면처럼 보인다. 배경에 성이 두 개 보인다. 아마도 이 두 성의 주인들이 만나서 야유회를 하는 지도 모르겠다. 등장인물들의 복색이 높은 신분들임을 보여준다. 다섯 쌍의 남녀가 있고 광대와 악사가 앞쪽에 배치되어 있는데 그림의 중심이 오른쪽 중앙에서 약간 위로 올라가 있어 긴장감이 도는 구도이다. 돈주머니를 차고 있는 여인이 다행히 보이지 않아 그림을 액면 그대로 받아들이고 싶다. 울타리에서 까불고 있는 원숭이와 오른쪽의 한 쌍을 유심히 바라보는 솔개만 아니었으면. 맹금류의 상징성은 이미 보았다. 원숭이는 성욕을 상징한다. 마이스터 E.S.가 고민했음을 나타내 주는 것이 두 마리의 개들이다. 개는 충성을 상징하는 것이니 개를 각각 원숭이와 매에게 대비시킴으로써 아직은 컨트롤되고 있는 상황을 암시하려는 건지도 모르겠다. 여기도 정원은 최소한의 인테리어만으로 처리해 버렸다.

　　그러나 정원 알레고리의 극치를 이루었던 것은 히에로니무스의 "즐거움의 정원", 혹은 "쾌락의 정원"이라는 3단 그림이 아닐까 싶다.

에덴보다 즐거운 동산 - 히에로니무스의 쾌락의 정원

히에로니무스 보스라는 네덜란드 화가는 유명한 3단 그림을 두 개 남겼다. 그 중 "쾌락의 정원"이라는 충격적인 그림이 많은 대화거리를 낳고 있다. 1500년경에 그린 이 그림은 현재 스페인 마드리드의 프라도 미술관이 소장하고 있다.

목판에 직접 그렸는데 세 부분으로 나뉘어 있고 병풍처럼 접게 되어 있다. 접으면 겉에 투명한 지구의 그림이 그려져 있다. 안쪽을 보면 왼쪽부터 "에덴 동산", "쾌락의 정원" 그리고 "음악적 지옥"이라는 세 개의 그림이 보인다. 보통 성당의 제단을 장식하는 그림의 형식을 빌고 있지만 내용으로 보아 종교적 그림이 아니라 궁정의 귀족들을 즐겁게 하기 위해 그린 것이라는 해석이 있다.

그 중에 논란의 대상이 되고 있는 것이 가운데 그림이다. 교회에서는 오랫동안 이 그림을 쾌락에 대한 경고의 의미로 해석해왔다.

히에로니무스 삼부작 겉장(1500년경 그림, 마드리드 프라도 미술관 소장)

신 의   정 원 ,   나 의   천 국

그러다가 20세기 중반에 새로운 해석이 나오면서 사람들이 이 그림을 다시 자세히 들여다보기 시작했다. 이 그림이 경고가 아니라 사실은 사람들이 그리워하고 있는 유토피아적 꿈의 세계를 묘사하고 있다는 해석이었다. 이후 이 해석이 폭넓은 공감을 얻고 있다. 에덴처럼 여겨지는 곳에 아름다운 사람들과 동물, 식물들이 서로 어울려 명랑하고 생동감 넘치는 장면을 연출하고 있다. 화려한 상상의 세계이며 어디에고 어두운 그림자가 없다. 심지어는 악마들까지도 물장구를 치며 즐겁게 노는 것처럼 보인다.

　　왼쪽 에덴의 그림이 오히려 아래 한 구석에 더러운 웅덩이와 추악한 상상의 동물들이 그려져 있어 경고하는 느낌을 준다. 에덴과 쾌락의 정원은 색상이나 구도로 보아서 하나의 그림으로 묶어서 생각해도 좋을 것이다. 태고의 에덴과 사람들이 상상하는 유토피아가 같은 것임을 말하지만 결정적인 차이는 에덴에 아담과 이브 그리고 그리스

히에로니무스 삼부작. 왼쪽부터 에덴, 쾌락의 정원, 음악적 지옥

도 세 사람만 단출하게 있는데 비해 쾌락의 동산은 많은 사람과 동식물로 바글거린다는 점이다. 그리고 딸기, 체리 등의 열매가 사람보다 크게 그려져 있고 그 열매 속에 사람들이 들어가 즐거워 어쩔 줄 몰라 하는 장면들이 인상 깊게 다가온다. 마치 열매를 먹었다는 이유로 쫓겨난 에덴의 벌을 보상하려는 것처럼 보인다. 이 그림을 자세히 들여다보고 있으면 명랑하고 유머러스한 장면들 덕에 저절로 기분이 좋아진다. 세 번째 그림, "음악적 지옥"은 앞의 두 그림과 전혀 관계가 없다는 듯 완전히 분리되어 있다. 색상과 구도도 의도적으로 어긋나게 만들었다. 이 그림이 음악적 지옥이라고 불리는 이유는 악기들이 지옥의 고문도구로 묘사되어 있기 때문이다. 마치 달리의 그림을 보는 것 같은데 실제로 히에로니무스는 초현실주의에 많은 영향을 주게 된다. 자세히 보면 특히 이 지옥의 그림에서 히에로니무스의 뛰어난 유머감각이 여실히 드러난다. 치음엔 어두운 색상 때문에 섬뜩하지만 자세히 보면 하나도 무섭지 않다. 지옥이라기보다는 오히려 놀이동산 같다. 바로 여기서 음악적 지옥은 앞의 두 그림과 만나게 되는 것이다. 그는 엉뚱하게 악기들을 지옥의 고문도구로 쓰고, 지옥의 간수들에게 우화적인 형상을 입힘으로써 지옥을 우스꽝스럽게 만들고 있고 이를 통해서 지옥의 존재 자체를 부정하고 있는 것이다. 절대 성당에 가지고 들어갈 수 없는 그림이었던 것이다.

히에로니무스는 여기서 중요한 질문을 하나 던진다. 사랑이 없는 에덴이 과연 파라다이스일까? 트리스탄이 대답한다. 아니요. 이졸데와 같이 누운 풀밭이 파라다이스인데요.

비너스의 귀환 - 르네상스로 가는 길

젊음의 샘

그렇다면 기사들의 정원은 알레고리로만 쓰였고 실체는 없었던 것일까? 그렇지 않음을 앞에서 이미 살펴보았다. 자바 성의 정원, 볼펙 성의 정원, 부르크하우젠 성의 정원들. 단순한 풀밭과 나무로만 이루어져 있지만 이곳이 즐거운 정원이 되게 하는 것은 이용하는 사람들의 몫이었다. 기사들의 정원은 즐거운 동산이었음에 틀림이 없다. 당시에는 봄부터 가을까지 대부분의 시간을 옥외에서 보냈다. 떠돌아다닌 것도 이유가 되겠지만 정착한 후에도 마찬가지였다. 그 로맨틱한 중세의 성이 실은 상당히 불편한 곳이었기 때문이었다.

> *"성이라는 것이 산 위에 있거나 평지에 있거나 간에 당최 편하지가 않아. 아늑한 맛이 없단 말이야. 왜냐하면 방어와 보호가 우선이니까. 해자로 두르고, 담을 높이 쌓고 그리고 좁아터져요. 가축들이며 마구간도 성 안에 다 들여놓아야 하잖아. 거기다 방어선을 구축하려면 무기도 저장해야지. 꽉 차버리는 거야. 여기저기서 화약 냄새도 나고 사방이 개똥이고. 냄새 정말 끝내준다니까. 나그네들은 또 왜 그렇게 많이 드나드는지. 도둑, 강도들도 그 중에 끼어있을지 누가 아나. 늘 성문을 열어두니 말이야. 그러니 양들 매에 소리며 소들 음매 소리에 개 짖는 소리며 농부들 악쓰는 소리하며 마차 덜컹거리는 소리. 숲이 가까이 있으니 늑대소리도 들리고……."*

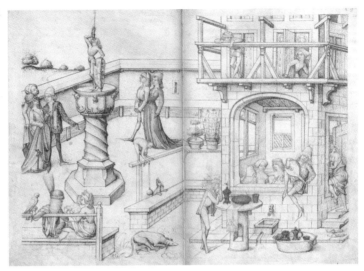

    한 기사가 친구에게 쓴 편지다. 성은 춥고 좁고 불편했다. 그리
고 바깥으로 향하는 에너지는 직접적이며 다급한 거였다. 당시의 무훈
시나 연가를 읽고 있으면 넘치는 활력과 삶에 대한 배고픔이 느껴진
다. 사람의 생애에 비유하자면 중세는 마치 사춘기 혹은 청년기와 같
았다. 생명력과 에너지가 넘치던 시대였다. 돌로 된 성의 공간들은 비
나 적을 피할 때 쓸모 있었다. 봄부터 가을까지 거의 모두들 옥외에서
생활했다. 오락거리도 모두 바깥에 있었다. 모험도 사랑도 모두 바깥
에 있었다. 지금의 안락한 거실이나 서재, 아늑한 침실, 혹은 카페나 레
스토랑, 오락실, 이 모든 역할을 정원이 다 떠맡았었다. 정원이 비좁을
때는 성 밖에 탁자를 내놓고 놀았다. 먹고 마시는 것은 물론이고 카드
놀이도 하고 체스를 두기도 하고 노래하고, 심지어는 욕조를 내놓고
목욕도 했다. 정원은 항상 많은 사람들로 북적거리고 시끄럽고 명랑하
였다. 즐거운 장소였던 것이다.

1470년에 이탈리아 작가가 그린 "젊음의 샘"이란 그림이 있다. 밀라노의 스포르짜 가문의 청탁을 받아서 점성학 책을 만들며 그려 넣은 것 중 하나이다. 이 책은 행성들과 그 행성들을 주관하는 신, 그리고 행성의 영향을 받는 여러 가지 일들을 묘사하고 있다. 그 중 "젊음의 샘"은 금성 비너스 그림에 연결하여 그린 것이다. 젊음의 샘은 비너스의 담당이라는 뜻이겠다. 도시로 판단되는 배경을 두고 정원이 하나 있다. 사방이 높은 담으로 막혀 있고 가장자리에 나무들이 심겨있으며 잔디밭 중앙에 커다란 분수가 있다. 인물들은 모두 젊은 사람들이다. 본래 늙은이들이었

는데 젊음의 샘에서 목욕을 하고 젊어진 건지도 모르겠다. 분수 안에도 젊은이들이 들어가 놀고 있고 주변에는 음악가들과 연인들이 보인다. 경쾌한 분위기이다. 음악가들은 아마도 비너스 찬가를 부르는 중일 것이다. 이 그림은 경고장으로 그린 "사랑의 정원"과는 전혀 다른 이야기를 하고 있다. 모래시계도 없고 덫을 놓는 사탄도 없다. 액면 그대로 받아들여도 좋을 것이다. 파라다이스 정원도 아니다. 성스러움을 상징하는 그 어느 것도 볼 수 없다.

같은 "사랑의 정원"이라도 부정적인 상징물을 빼 버리면 문자대로의 사랑의 정원이 된다. 같은 시기에 위의 마이스터 E.S.의 "큰 사랑의 정원"과 거의 흡사하지만 상징물을 하나도 넣지 않은 그림이 있다. 이 그림을 그린 작가 역시 마이스터 W.H.로만 알려져 있다. 마이스터 W.H.의 그림은 E.S.의 사랑의 정원에 대한 말없는 시위처럼 보인다. 마이스터 E.S.의 그림보다 십여 년 후에 그려진 것이다. 배경도 구도도 거의 같은데 다만 '군더더기'를 다 제거했다. 배경에 두 채의 성이 멀리 보이는 것도, 앞 쪽에 정원을 크게 그린 것도 흡사하다. 단순하지만 그래서 오히려 사실적인 느낌이 강하다. 특히 마이스터 E.S.가 목재로 된 차단기 두어 개로 정원을 처리하고 마는데 비해 그는 높은 담을 두르고 양 쪽에 두 개의 출입문을 정성스레 그려놓았다. 바닥의 꽃도 사실성에 있어 크게 차이가 난다. 지금까지 과장되게 묘사되었던 풀밭과 풀꽃들이 정상적인 풀밭으로 표현되고 있는 것이다. 앞 쪽에는 우물이 하나 있는데 이 역시 판타지의 산물이 아니라 실제 정원에 있었을 법한 소박한 것이다.

그러나 결정적인 차이는 다른 데 있다. 여기 처음으로 '길'이

등장한다는 것이다. 뒤편 산위에 있는 성으로부터 시작된 길이 능선을
타고 내려와 산 아래 평원에 마련된 정원에 도착한다. 여기서 왼쪽의
정문으로 들어 와 정원을 한 바퀴 돌고 다시 오른쪽의 쪽문으로 나가
는 것이다. 이런 것들로 미루어보아 이 그림은 알레고리가 아님을 알
수 있다. 원근법을 정확히 구사함으로써 우리가 알고 있는 보통 풍경
화의 느낌을 전해 준다. 풍경을 있는 그대로, 눈에 보이는 대로 묘사한
것이다. 그러므로 이 그림 속의 정원은 실제 있었던 정원이라고 보아
도 무방할 것이다.

그리고 여기서 또 확인할 수 있는 것은 성 밖의 평원, 혹은 수
렵원에 정원을 제법 넓게 만들어서 이용했다는 것이다. 이는 토너먼트

를 정원에서 했다는 기록과도 일치하는 것이며 또 무훈시에서 이웨인이 묘사한 정원의 모습과도 일치한다. 그는 모험에서 돌아와 여장을 풀고 성에서 나와 개천을 건너 정원으로 들어간다. 정원에는 은퇴한 늙은 기사가 그의 아내와 앉아 있고 딸이 두 사람에게 책을 읽어주고 있다. 단란한 가족의 한 때를 보여주는 한가로운 풍경이다.

장미 설화의 삽화 중 가장 잘 알려진 것이 1490년에서 1500년경 사이에 벨기에 작가가 그린 것이다. 중세 정원을 설명할 때 필수적으로 등장하는 유명한 그림이다. 가장 화려하고 가장 잘 보존된 것이기도 하지만 여기서 처음으로 정원다운 정원의 모습을 볼 수 있기 때문이다. 알베르투스의 정원과 흡사한 점이 많다. 우선 정원을 두 구역으로 나눈 점이 눈에 띈다. 그리고 한 쪽은 잔디밭에 나무가 가장자리로 빌려 나 있어 사람들이 '즐길 수 있는' 공간을 주고 있다. 나무 밑에는 잔디벤치가 있다. 오른쪽 정원에는 화단이 마련되어 있어 이것이 화원임을 알 수 있게 해 준다. 다만 이 두 구역을 가르는 트렐리스가 새로운 요소로 등장한다. 이 결 고운 트렐리스와, 정원을 가득 채우고 있는 대형분수, 대리석 수반, 정원 출입문의 형태와 장식, 그리고 선명한 오렌지나무는 분명 오리엔트의 영향이다. 또한 분수에서 흘러나온 물이 수로를 타고 흐르는 것도 마찬가지이다. 여기서 분수의 형태는 상상의 산물로 보는 것이 옳을 것이다. 이와 유사한 분수를 히에로니무스의 판타지 그림에서 이미 보았다. 장미 설화 자체가 꿈속의 이야기이기 때문에 시인도 화가도 환상적인 정원을 보여주는데 주력하였을 것이며 신비한 오리엔트에서 모티브를 빌려왔을 것이다. 벨기에는 교역의 중심이었으므로 오리엔트의 영향이 실제로 많았던 고장이었다.

그런 점을 다 무시하더라도 이 정원은 일단 구도를 갖추고 있다는 점에서 상당히 중요한 자료가 되는 것이다.

르네상스로 가는 길

위의 그림들을 살펴보고 있으면 서서히 윤곽을 드러내는 것이 있다. 히에로니무스의 알레고리, 장미 설화의 삽화, 젊음의 샘, 보티첼리의 그림들이 두 가지 면에서 서로 공통점들을 보이고 있는 것이다. 우선 사랑의 정원에 대한 개념에서 부정적 시선이나 종교적 시선이 느껴지지 않는다는 것이고, 그 다음은 그림의 기법이 점점 사실적으로 변해가고 있다는 것이다. 그림이 언어의 도구로 쓰인 것이 아니라 스스로 이야기를 시작했다는 뜻이다. 내용과 기법이 일치하고 있는 것이다. 이 작품들은 1470년에서 1500년 사이에 탄생한 것들이다. 새 시대의 기운이 느껴지지 않는지. 르네상스가 시작되고 있는 것이나.

정원에서도 같은 조짐이 이미 시작되고 있었다.

이탈리아에 페트루스 데 크레스센티라는 석학이 있었다. 그는 1305년에 농업에 대한 저서를 발표한다. 총 열두 권의 분량이다. 그 중 마지막 책에서 정원을 상세하게 묘사하고 있다. 알베르투스 정원이 설계된 지 40년 후였다.

크레스센티 역시 특정한 정원을 설계하고 있는 것이 아니라 알베르투스와 마찬가지로 이상적인 정원을 염두에 두고 있었다. 규모가 약 10헥타르 되는 큰 정원이다. 축구장을 열 개쯤 합친 크기와 맞먹는다. 이를 세 구역으로 나눈다. 그리고 전체를 세 겹으로 둘러싼다. 첫 번째는 수로이고 두 번째는 장미덩굴이며 세 번째는 담이다. 그리고 세 구역 사이에도 담을 쌓아 서로 분리한다. 제일 북쪽 구역엔 숲을 조성하여 수렵원으로 쓴다. 가운데 부분이 우리의 즐거운 정원이다. 이 부분은 정사각형으로 된 잔디밭이다. 그리고 세 번째 구역은 화원이다. 여기에 잔디벤치가 있고 주변에 나무를 심어 그늘을 준다. 잔디밭의 중앙에는 분수가 있다. 북쪽과 동쪽이 열려 있고 남쪽과 서쪽은 막혀 있다. 그리고 여기에 집을 짓는다. 집 바로 앞에는 정면으로 길이 나 있고 그 양쪽에 물고기 연못이 각각 하나씩 배치되어 있다. 집 앞에서 시작한 이 길은 수렵원까지 일직선으로 연결되어 있다. 길 좌우에는 가로수를 심는다.

이 정원은 알베르투스 정원과 기본 구조를 같이 하고 있지만 결정적인 차이점이 두 개 있다. 하나는 집을 함께 감안했다는 점이며 다른 하나는 드디어 길이 등장한다는 것이다. 여기서도 르네상스의 전주곡이 들려오는 듯하다. 1305년의 일이니 상당히 이른 시기였다.

도시 속의 정원이나 평지에 세워진 성들을 묘사한 그림에서 언제부터인가 바둑판처럼 정돈된 화단들이 나타나기 시작했다. 주로 담장 안쪽에 바로 붙여서 약초나 채소를 심은 것들이다. 같은 작가가 그린 장미 설화의 삽화 중에도 그런 그림이 하나 있다. 이는 장미 정원을 묘사한 것이 아니라 장미 정원으로 가던 중 관찰한 도시의 봄 풍경이다.

작가가 플란더스 출신임은 묘사된 건축들의 모습에서 확실해진다. 집들이 다닥다닥 붙어 있는 중세 후기의 '밀집된' 도시 풍경 중에 제법 넓은 약초밭에서 주인 내외와 하인, 정원사들이 부지런히 일을 하고 있는 장면을 보여준다. 주인 내외의 복색으로 보아 부자 상인

노르망디 몽생미셸의
성곽 정원. 외벽과 내벽
사이에 조성되어 있다.

신 의 　정 원 ，　나 의 　천 국

임이 틀림없다. 도시의 신흥귀족층들인 것이다. 그렇기 때문에 넓은 집을 짓고 큼직한 약초밭 혹은 채소밭을 조성할 수 있었을 거였다. 중세의 큰 도시는 이미 인구 밀집 현상이 일어나 일반 서민들은 비좁은 셋집에서 살았었다.

그러므로 중세의 정원이란 주어진 상황에 따라 제각각 만들었던 것이며 필요에 따라 조성했던 것이다. 구애받을 형식도 없었다. 기사들의 떠들썩한 잔디 정원이나 도시의 약초원들이 모두 공존했을 것으로 여겨진다. 수렵원에 마련했던 정원에는 길을 만들었을 것이고 성의 외벽과 내벽 사이의 공간에는 길을 만들지 않았을 것이다. 여러 유형의 정원들이 동시다발적으로 존재했을 것이다.

다만 이 구슬들이 아직 꿰어지지 않고 있었을 뿐이었다. 알베르투스가 수도원 정원들을 모아 하나의 즐거운 정원을 설계했다면, 크레스센티는 도시와 시골에 흩어져 있는 여러 유형의 정원들을 한 데 모으고 정돈했다. 이는 마치 하나씩 따로 불리던 노래들을 한 데 모아 소나타를 만든 것과 흡사하다. 이제는 제시부가 있고 전개부 그리고 재현부가 있는 음악의 형식처럼 정원도 형식과 구조를 갖추기 시작한 것이다. 이것이 르네상스에서 화려한 악장으로 성장하고 바로크에서 웅장한 교향곡으로 완성되는 것이다. 이와 동시에 정원이 이제는 상징과 알레고리의 굴레를 벗어버린다. 그림이 언어의 보조 역할을 그만두고 그림으로 존재하기 시작한 것처럼 정원도 이제 정원으로 존재하기 시작한 것이다. 그래서 고유의 문법을 갖게 된다. 이것이 알베르투스와 크레스센티의 진정한 공이다.

클로버가 만발한 풀밭
에 나무 몇 그루. 중세
에서 시간이 멈춘 것 같
다.

330

그런데 크레스센티는 자신이 설계한 정원이 귀족들의 정원이라고 못을 박는다. 일반 시민이나 농부들은 실용적인 차원에서 머물러도 좋다는 거였다. 이 정원 설계도는 이후 상속자가 많아진다. 이탈리아뿐 아니라 독일, 프랑스, 폴란드까지 그 자취를 따라가 볼 수 있다. 그리고 정원의 이용계층을 나누는 것도 함께 모방된다. 서민과 귀족으로만 나누는 것이 아니라 왕족의 정원, 귀족의 정원, 상인의 정원, 기술자의 정원 그리고 농부의 정원, 이렇게 다섯 개의 유형으로 나누고 있는 경우도 있다. 이것이 신분에 차별을 두자는 것인지 아니면 직업에 따라 알맞은 정원 유형이 따로 있다는 합리적인 사고에서 출발한 것인지는 앞으로 따져봐야 하겠지만 그보다는 이제 막 자립한 정원이 누적되었던 에너지를 마구 분출하는 것처럼 여겨진다. 이것은 또 다른 이야깃거리가 된다.

에필로그

중세엔 튤립이 없었다

아마도 이십일 세기의 시대 정신일 것이다. 한국에서도 텃밭이 커다란 화두가 되고 있는 것처럼 유럽에서도 중세 정원 쪽을 바라보는 시선이 뜨겁다. 라이헤나우 수도원 정원이 9세기의 모습으로 부활하였고 카롤루스 대제의 식물 목록이 정원의 평면도를 대신했다. 장미 정원이 오랜 잠에서 깨어나고 정원박람회가 중세의 성을 찾아갔다.

신 의 정 원 , 나 의 천 국

자바 성에게 우위를 빼앗긴 위쎄 성에서 그리 멀지 않은 곳에 랑제라는 성이 있다. 검은 백작 폴케 3세가 루아르 강변을 누비며 지었던 수많은 성과 요새 가운데 가장 먼저 세워진 것 중의 하나이다. 10세기의 일이었다. 백년전쟁 때 영국군이 벽 하나만 달랑 남겨놓고 모두 철거한 다음 1465년 그 자리에 다시 지었다. 같은 해에 완공되었으니 상당히 급하게 지은 셈이다. 급하게 완성한 덕분에 한 가지 양식으로 지어졌고 그 이후로도 전혀 변하지 않았기 때문에 성 자체가 후기 고딕 박물관이라고 해도 과언이 아니다. 건축의 외관은 처음부터 변하지 않았었고 중간에 변형되었던 인테리어는 다시 제자리로 돌려놓았다. 정원만이 숙제로 남아 있었다.

　　이 성은 도시 한 가운데 놓여있어 멀리서부터 성을 바라보며 다가가는 기분을 맛보지 못한다. 골목을 돌면 갑자기 눈앞에 튀어나와 사람을 놀라게 한다. 또 하나 특이한 점이 있다. 들어가는 입구이다. 여느 성과는 달리 당당한 성문이 없다. 건물 벽에 나 있는 아치형의 작은 문으로 들어가야 하는데 그것도 계단을 올라가야 한다! 말 탄 기사더러 어쩌라는 건지 그것부터 걱정이 되는 상황이다. 지금은 흔적만 남았지만 성 앞에 해자가 있었고 해자를 건너는 다리가 계단식으로 되어 있다. 그 뿐 아니라 계단이 한 번 꺾이기까지 한다. 좁은 공간에서 꽤 큰 단차를 극복해야 할 때 쓰는 방법이다. 물론 효과적인 방어법이 될 수도 있겠다. 적들도 말을 타고 침입할 수 없으니 말에서 내려 칼을 뽑아들고 한 사람씩 차례대로 올라가야 하는 것이다. 그러니 중세의 전쟁이 아니라 현대식 특공대 작전을 펼쳐야 했을 것이다.

그러나 정작 이렇게 계단을 만든 이유는 따로 있다. 이는 성 안쪽의 마당이 성 바깥쪽보다 상당히 높기 때문이다. 그렇지 않다면 군이 계단을 만들 이유가 없는 것이다. 계단을 올라가서 작은 문을 통과해 보면 그 이유를 알 수가 있다. 안쪽에서 계단을 또 올라가야 비로소 '마당'에 이를 수 있고, 이 마당은 또 뒤로 가면서 점점 높아진다. 그래서 마당 전체를 두 단의 테라스 형태로 나누었다. 마당이 끝나는 곳에 검은 백작이 10세기에 지은 요새의 잔재가 있고 여기서부터 가파른 언덕이 시작된다. 숲으로 덮인 이 언덕을 넘으면 루아르 강이 펼쳐진다. 결론적으로 말하자면 이 성은 다른 성들처럼 언덕에 우뚝 서서 강을 바라보고 있는 것이 아니라 언덕을 등지고 도시 쪽을 바라보고 있는 것이다. 이것 역시 특이한 상황이다. 그

334p : 랑제 성. 골목을 돌면 갑자기 나타나 사람을 놀라게 한다.

335p(왼쪽) : 랑제 성은 좁은 계단을 올라가야 성문을 지나갈 수 있다.

335p(오른쪽) : 검은 백작이 세운 성 중에 지금 남은 것은 이 벽 하나 뿐이다.

신 의 정 원 , 나 의 천 국

러나 이 성이 신축된 시기를 감안하면 이해가 간다. 중세가 끝나가고 있었던 것이다. 강 쪽을 바라보며 적을 견제하기 보다는 도시 쪽으로 관심을 돌려야 했던 시기였다. 그래서 성에 말을 타고 들어갈 수 없는 구조가 만들어졌고 그 덕분에 마당에 정원을 만들 수 있었다.

이 정원의 이력이 재미있다. 2007년도까지는 미니어처 바로크 정원이었다. 중앙에 분수가 있고 정사각형의 화단이 좌우 대칭으로 반복 배치되어 있는 방식이다. 사진을 보면 오른쪽 좀 높은 곳에 긴 화단이 있는 것이 보인다. 주목으로 테두리를 두른 이 화단은 쓸모없어진 성곽 위에 조성한 것이다. 그러다가 2008년도에 정원을 다시 조성했다. 그리고 나서 2009년도 정원의 모습은 많이 달라져 있었다. 기본 구조에는 손을 대지 않았지만 바로크의 잔디와 일년초를 버리고 중세의 약초를 심은 것이다.

프랑스에는 화려한 정원이 많다. 프랑스 뿐 아니라 유럽의 정원은 화려하다. 이젠 셀 수도 없게 많아진 야생화와 튤립들이 그 화려함의 주인공들이다. 지난 수백 년간 지속적으로 식물 품종이 증가하여 한 때 보물처럼 여겨졌던 튤립도 당연한 도시 정원의 일부가 되어 버렸다. 만약에 랑제 성의 정원사가 자바 성의 정원사처럼 이십일 세기의 색과 다양성에 대한 욕심을 버리지 못했다면 그래서 중세의 약초 속에 수십 종의 야생화와 튤립을 섞어 넣었다면 랑제 성은 완벽한 후기 고딕 박물관이 되려는 꿈을 실현하지 못했을 것이다. 이런 점에선 랑제 성의 손을 들어주어야 한다. 중세 성의 정원이 어땠었는지 실은 아무도 정확히 모르지만 이러했을 수 있다는 가능성은 분명히 제시하고 있다. 지금 복원된 중세 성의 정원들은 중세 정원의 실체가 얼마나 잡기 어려운 것인지를 잘 보여주는 산 증거들이다.

중세에는 튤립이 없었다. 튤립이 유럽에 전해진 것은 16세기 중반이었다. 새 시대의 꽃이었다. 튤립에게 주어진 상징성이 없다는

랑제 성의 변화과정. 2007, 2008, 2009

신 의   정 원 ,   나 의   천 국

것에서 그 사실을 확인할 수 있다. 마법의 시대가 끝났던 것이다. 그림이 그림이 되고 정원이 정원이 되었다. 사실 정원의 역사가 제대로 시작된 것은 르네상스 이후라고 볼 수 있다. 와글거리던 신들을 몰아내고 사람이 세상의 중심에 선 시대가 왔던 거였다. 그리고 또 오백 년이 흘렀다.

툴립은 16세기에 비로소 유럽에 도입되었다. 그래서 툴립은 상징성을 얻지 못했다.

그런데 중세가 다시 살아 돌아 왔다. 중세를 바라보는 뜨거운 시선은 비단 약초밭에 국한된 것이 아니다. 중세의 성들도 다시 잠에서 깨어나고 있다. 각종 이벤트의 무대로 성을 이용하는 것은 늘 있던 일이었다. 볼거리와 재미로 중세의 삶을 재현해 놓고 관광객들을 유혹하던 일은 흔했다. 그런데 한 이십 년 전부터는 기사들의 토너먼트도

피터 브뤼겔의 명작 "봄"(1635년). 농부들이 튤립을 심느라 분주하다.

개최하기 시작했다. 저러다 말겠지 싶었는데 그게 아니었다. 이제 그 열기가 점점 더 심해져 해마다 봄이 되면 곳곳에 토너먼트 홍보 포스터가 나붙는다. 베를린 올림픽 경기장에서도 5월이면 국제기사토너먼트 대회가 열린다. 그뿐이 아니다. 중세의 성에서 중세풍의 웨딩드레스를 입고 결혼하는 것이 큰 유행이다.

유럽 뿐 아니라 미국에서도 중세풍 토너먼트 시합이 벌어지고 있다는 소식이 들려온다. 카우보이들이 기사로 변장한 것이다. 중세를 겪지 못한 미국에서 유럽의 중세 문화에 대한 향수가 깊은 것은 여러 정황으로 미루어 짐작할 수 있다. 성전기사단이 십자군 전쟁 때 예루살렘에서 가지고 온 보물이 하필 미국에 전해져 거기서 보관되고 있다거나 중세의 마법사들이 미국에 나타나 제자들을 키우고 있다거나 식의 판타지 영화가 만들어지고 유럽의 성을 사서 그대로 옮겨다 놓기도 하지만, 장미 설화 필사본을 프랑스 다음으로 가장 많이 소장하고 있는 나라가 미국이다. 중세의 시인들이 미국을 알 리 없었건만 그들의 혼과 중세의 마법은 이렇게 강한 매력을 가지고 있는 것이다. 아마도 신비가 필요한 시대인 것 같다.

이제 다음 이야기를 전하러 어디로 가야할지 정해야 할 순간이

신 의 정 원 , 나 의 천 국

왔다. 기사들의 성에서 내려와 상인들이 점령한 도시로 갈 것이다. 중세의 도시를 배경으로 이야기를 펼친다면, 로마가 세웠던 유럽의 위성 도시들이 어떻게 중세의 도시들로 발전해 갔으며 수도원 학교에서 독립한 대학과 대학생들이 도시의 모습을 어떻게 형성하고 바꾸었는지 알아보아야 할 것이다. 그리고 비잔틴과의 대대적인 교역으로 성장한 제노바와 베니스의 상인들이 어떻게 지중해를 장악했는지, 어떻게 쾰른의 상인들이 라인 강을 타고 템즈 강으로 건너가 런던과 교역했는지 이야기해야 할 것이다. 그리고 이 상인들의 배를 타고 유럽에 전해진 비잔틴의 신비로운 정원 모습과 식물들이 정원 문화에 어떤 영향을 미쳤는지 알아보아야 할 것이다. 정원은 다른 물목들과는 달리 말 등에 얹어 가지고 올 수도 없었으며 상선에 견인해 올 수도 없었다. 짐작컨대 그리고 싶었을 것 같다. 그러나 사실 오리엔트의 정원이 유럽 정원 문화에 미친 영향은 그리 크지 않았다. 정원은 기후와 주어진 자연환경의 영향을 크게 받는다. 그리고 도시 구조와 건축 구조 그리고 삶의 형태에 의해 크게 좌우된다.

그러므로 다음에는 중세 도시들에 잠입하여 그들이 살았던 모습을 가까이에서 지켜보고자 한다. 도시에는 어떤 마법이 숨어 있는지 궁금하다.

참고문헌

1. 시대 ; 중세를 이해하는데 다음 책들이 큰 도움을 주었음.

■ 페터 아렌스: "어둠에서 여명으로 - 중세의 유럽", 울슈타인 출판사, 2005

    (ARENS, Peter: Wege aus der Finsternis - Europa im Mittelalter, Ullstein-Verlag. 2005)

■ 디터 브로이어스: "기사, 승려 그리고 농부들 - 재미있는 중세 이야기", 바스타이 뤼베 출판사, 2007

    (BREUERS, Dieter: Ritter, Moenche und Bauersleut. 11. Aufl. Bastei Luebbe. 2007)

■ 장 강펠: "대성당 건축가들", 도이칼리온 출판사(카타리나 크라머가 독일어로 번역), 1996

    (GIMPEL, Jean: Die Kathedralenbauer. Deukalion, aus dem Französischen von Katharina Kramer. 1996)

■ 악셀 하우스만: "아헨, 카롤링거 가의 궁전", 마이어&마이어 출판사, 1995

    (HAUSMANN, Axel: Aachen. Residenz der Karolinger. Meyer & Meyer Verlag. 1995)

2. 중세 정원 일반에 대해서는 다음 책들을 참고하였음.

■ 카롤-슈필엑케 등: "고대로부터 중세까지의 정원", 필립 폰 차버른 출판사, 1995

    (M. CARROLL-SPEILLECKE u.a.: Der Garten von der Antike bis zum Mittelalter. Verlag Philipp von Zabern. 1995)

■ 클레멘스 알렉산더 빔머: "정원 이론의 역사", 과학도서출판사 다름슈타트, 1989

    (WIMMER, Clemens Alenxander: Geschichte der Gartentheorie. Wissenschaftliche Buchgesellschaft Darmstadt. 1989)

■ 마리 루이제 고트하인: "정원의 역사 I & II", 디더리히스 출판사, 1926

    (GOTTHEIN, Marie-Luise: Geschichte der Gartenkunst. Eugen Diederichs in Jena. 1926)

3. 시와 그림에 표현된 중세의 정원

■ 디터 헤네보가 오랜 세월에 걸쳐 전 유럽에 흩어져 있는 그림들을 조사한 결과를 아래의 책으로 묶은 것이 크게 도움이 되었음.

    (Hennebo, Dieter: Gärten des Mittelalters. Lizenzausgabe für den Buchclub Ex Libris Zürich ©Artemis Verlag. 1987)

■ 힐데가르트 크레치머: "예술작품에 표현된 상징과 상징물 사전", 레클람 출판사, 2008
  (KRETSCHIMER, Hildegard: Lexikon der Symbole und Attribute in der Kunst. Reclam. 2008)

■ 마이어 타쉬/페터 코르넬리우스/마이어호프 편저: "담 너머의 파라다이스, 중세의 정원 - 중세의 24장의 그림과 텍스트", 인젤출판사, 1998
  (Mayer-Tasch, Peter Cornelius / Mayerhofer, Bernd (Hrsg.): Hinter Mauern ein Paradies, Der mittelalterliche Garten, Mit 24 Abbildungen sowie zeitgenössischen Texten. Insel Verlag. 1998)

■ 헬가 폴크만: "에덴으로 가는 길 - 문학에서 본 정원사와 정원", 판덴획&루프레히트 출판사, 2000
  (VOLKMANN, Helga: Unterwegs nach Eden. Von Gärtnern und Gärten in der Literatur. Vandenhoeck & Ruprecht. 2000)

■ 볼프강 골터: "독일의 중세 문학", 마릭스 출판사, 1912/2005
  (GOLTHER, Wolfgang: Die deutsche Dichtung im Mittelalter. marix verlag. 1912/2005)

■ 만프레드 렘머 편저: "황금 장미 이야기 - 독일 중세의 서사시 모음집", 아나콘다 출판사, 2007
  (LEMMER, Manfred (Hrsg.): Der Goldene Rosenbogen, Deutsche Erzähler des Mittelalters. Anakonda Verlag GmbH. 2007)

■ 장미 설화를 이해하는 데는 크리스타 홀타이의 "장미 설화 I & II", 뒤셀도르트 대학 철학과 특강 자료가 큰 도움을 주었음.
  (CHRISTA Holtei: Der Rosenroman I &II. Universitaet Duesseldorf Phil. Fak. O.J.)

■ 장미 설화의 판본에 대한 상세한 설명은 에버하르트 쾨니히 저: "장미의 상징으로 본 사랑 - 장미 설화 바티칸 판본에 대한 설명서", 벨저 출판사, 1992를 참고하였음.
  (KOENIG, Eberhard: Die Liebe im Zeichen der Rose, Die Handschriften des Rosenromans in der Vatikanischen Bibliothek. Belser Anakonda Verlag. 1992)

■ 코덱스 마네세: "하이델베르크 대학 소장 중세 시와 시인들의 전기 필사본 및 삽도 모음집", 구텐베르크 출판사, 1988
  (CODEX MANNESSE. Die Miniaturen der Grossen Heidelberger Liederhandschrif. Buechergilde Gutenberg. 1988)

■ 그 밖에 레클람에서 출판한 서사시 단행본들 "에렉", "트리스탄", "이웨인" 본문

4. 수도원 정원은 다음 서적들을 참고하였음.

■ 최형걸: "수도원의 역사", 살림, 2004

■ 발라프리트 폰 데어 라이헤나우: "서기 827년에 발표한 라이헤나우 수도원의 호루툴루스 - 약초에 대한 시", 인젤 출판사, 1926년에 재판

(WALAFRIED von der Reichenau: Hortulus, Gedichte über die Kräuter seines Klostergartens vom Jahre 827, Neuaufgelegt bei Th. Keller, Insel Reichnau, Bodensee, nach einem Sonderdruck des Verlages der Münchner Drucke in Mnchen aus dem Jahre. 1926)

■ 토어벡이 편집한 "작은 수도원 정원", 토어벡 출판사, 2005(발라프리드의 라틴어 약초시를 현대 독일어로 해석한 소책자)

(THORBECKE hrsg.: Thorbeckes kleiner Klostergarten. Thorbecke Verlag. 2005)

■ 마르쿠스 슈타인: "수도원 - 전 세계의 믿음의 정신적 장소들", 파라곤 출판사, 2006

(HATTSTEUIN, Markus: Klöster, Spirituelle Orte des Glaubens in aller Welt. Parragon. 2006)

■ 올라프 슐츠: "독일의 가장 아름다운 수도원 정원 - 역사와 현장 그리고 식물", 도서출판 BLV, 2008

(SCHULZ, Olaf: Deutschlands schönste Klostergärten, Geschichte, anlage und Gestaltung, die Pflanzen. BLV Buchverlag. 2008)

■ 롤프 레글러: "물의 사원 - 수도원의 분수와 분수하우스", 벨저출판사, 2005

(Legler, Rolf: Tempel des Wassers, Brunnen und Brunnenhäuser in den Klöstern Europas. Belser Verlag. 2005)

■ 슈테파니 하우쉴트: "지상의 파라다이스 - 시토 수도원의 정원", 토어벡출판사, 2007

(HAUSCHILD, Stephanie: Das Paradies auf Erden. Die Gärten der Zisterzienser. Thorbecke Verlag. 2007)

■ 크리스타 바인리히 수녀: "수녀원 정원의 비밀 - 풀다 수녀원 정원의 13개월", 코스모스 출판사, 2009

(Weinrich, Christa OSB: Geheimnisse aus dem Klostergarten, 12 Monate im Gartenjahr. 2. Aufl. Cosmos. 2009)

5. 식물과 식물의 상징성은 다음 서적들이 많은 도움을 주었음.

■ 시모네 빌다우어: "마리아 상징 식물 - 상징성과 임상치료와 예술에 반영된 마리아의 비밀정원", 아테출판사, 2009

(Widauer, Simone: Marienpflanzen. Der geheimnisvolle Garten Marias in Symbolik, Heilkunde und Kunst. AT Verlag. 2009)

- 마리안네 보이허르트: "식물의 상징성", 인젤출판사, 2004

  (Beuchert, Marianne: Symbolik der Pflanzen. Insel Verlag. 2004)

- 볼프 디터 슈토를: "켈트족의 식물 - 멘자나 시리즈", 아테출판사, 2000

  (STORL, Wolf-Dieter: Die Pflanzen der Kelten. MensSana AT Verlag. 2000)

6. 중세의 성과 그에 얽힌 역사들은 다음의 서적 외에 각 성의 안내책자 및 홈페이지를 참고하였음.

- 오토 피퍼: "성 - 조성기법과 역사", 벨트빌트 출판사, 1994

  (PIPRER, Otto; Burgenkunde. Bauweisen und Geschichte der Burgen. Weltbild Verlag. 1994)

- 빌프리트 한스만: "프랑스의 정원 루아르 강변의 성, 교회 그리고 도시", 뒤몽출판사의 예술여행안내서, 2006

  (HANSMANN, Wilfred: Das Tal der Loire. Schloesser, Kirchen und Staedte im Garten Frankreichs. DUMONT. Kunstreisefuehrer. 2006)

삽화 출처

- British Library
- Bibliotheque Nationale de France
- Skriptorium 오스트리아 비엔나
- De Gruyter Reference Global
- Kunstkopie.de
- Codex anesse
- Dieter Hennebo
- Third Space 그래픽
- Wikipedia